法哲学叢書［第Ⅱ期］

5

仕事の正義

大澤　津

弘文堂

はじめに

1　本書のねらい

　本書は、「仕事の正義」に関する、すべて書き下ろしの研究書である。本書において仕事とは、市場において金銭的報酬（主として賃金）を求めて行われる労働を指す[1]。社会人になると、ほとんどの人は仕事に従事して生計を立てる。そのため仕事をすることは、事実上、強制されているともいえる。もちろん、仕事をせずに生活できる人もいるが、それでもより高い収入を得るため、あるいは社会と関わるために仕事をする人は多い。さて、仕事のあり方、つまり、仕事から得られる利益や負荷には、道徳的に適切なものと適切でないものがある、ということは、多くの人にとって当たり前に思いつくことだろう。例えば、過労死や貧困をもたらすような仕事のあり方は適切ではない。他方で、ワーク・ライフ・バランスが整った仕事は、適切であると感じられる。このような意味での仕事のあり方を問うことは、仕事が事実上強制されている以上、切実なことだ。では、どのような仕事のあり方が、適切、あるいは不適切なのだろうか。これは、道徳的[2]な考慮や批判を要する問題だ。すなわち、自由や平等等の道徳的理念（価値）、そしてそれらから導かれる人や社会に関する理想像やルールに照らして、熟慮することである。本書は、このような熟慮を可能にしてくれる、英語圏の法哲学・政治哲学（以下、「法・政治哲学」という）[3]のいろいろな議論を通じて、適切な仕事のあり方とは何かを考えよう、というものである[4]。また、適切な仕事を実現するには、適切な社会と、それを支え

1　もちろん、仕事という考えにはそれ以外のもの、例えば家事労働等を含めることもできる。しかし本書では、紙幅の関係から議論を限定する。

2　「道徳的」という言葉については、一般的な理解で本書を読むのには間に合うから、特に説明はしない。つまり、自由や平等等の道徳的理念（価値）とそれらが生じる人や社会のあり方についてのルールや指針、特にこれらに照らして把握される、人や社会のあるべき状態に関することだと理解すればよい（cf. Anderson 1993, chap. 1; Becker 1986, chap. 1; Gaus 2010, I, App. A）。なお本書において、道徳的理念（価値）の追求やそれに関する考慮は、経済活動で追求される価値やそこでなされる考慮（主として、金銭的な価値の追求やそれに関する考慮）と対照的なものとして、際立つことになる。

3　本書が扱う種類の議論がなされる分野、つまり社会の正義を論じる分野は、法哲学と政治哲学の双方において主要であるから、本書では一括して「法・政治哲学」と呼ぶことにする。なお、筆者自身は政治哲学の研究に関して学術的訓練を受けた。

4　このように主題を定めたので、他の哲学分野、特に資本主義や労働に関して重要な議論をし

る人々が必要である。そこで本書が探究する「仕事の正義」とは、道徳的理念に沿うことができるような仕事のあり方と、それを実現するために社会や人々に求められることを指している。

本書の前提を述べておきたい。それは、仕事のあり方を決める多種多様な要素には、道徳的理念が働く余地が十分にあり、だからこそ道徳的熟慮も無駄ではない、という考えである。これらの要素のうち、法をはじめとする社会制度は、特に重要だろう。収入やワーク・ライフ・バランス、企業の組織にいたるまで、仕事のあり方に重大な影響を及ぼしている。人々がどう振る舞うかということも、見逃せない要素だ。職場のあり方等は、人々が何を考え、どう行動するかということにかかっているし、民主主義社会の諸制度は、民意によって左右されるからだ。こうして仕事のあり方は、社会制度と、それを定め動かす人々によって大方決まってしまう。重要なこととして、社会制度も人々も、道徳的理念によって動きうることに注意したい。社会制度、特に法は、自由や平等といった道徳的理念によって支えられている。また、人々の思考や行動の裏に、何らかの道徳的理念があることは珍しくない。例えば、長時間の仕事が常態化した社会をおかしいと感じる人の思考には、自由という道徳的理念を読み取ることができる。だから、社会制度や人々の思考と行動を通じて、道徳的理念は仕事のあり方を決める、重大な要素になりえるのである。

他方で、仕事のあり方は市場において完全に決まり、市場は金銭的利益への欲求のみが動かすのだから、道徳的理念等が働く余地はない、と思う人がいるかもしれないが、それは正しくない。市場は道徳的理念によって動くというより、金銭的利益を合理的に追求する場であるというのは、一面で正しい。そうでなければ、企業もビジネスパーソンも生き延びられないように作られているのだ。だが、近年では特にそうだが、企業もビジネスパーソンも、道徳的に社会から評価される傾向が強まっている。そしてこれ自体が、この人たちがいかに市場で利益をあげ、生き残れるかに直結してしまう。だから、従業員に過酷な労働を強いたり、環境に配慮しなかったりするビジネスはかつてに比べ減少している。また、企業やビジネスパーソンが道徳的な関心をそもそも持たない

ている批判理論を取り入れることはできていない。興味のある読者は、フレイザー／ホネット 2012、また成田 2023、特に第 8 章を参照されたい。

と考えるのは的を外している。なぜなら、市場を通じて需要(つまり、社会的必要)に応える企業とビジネスパーソンの役割は、同時に社会的問題を解決することにも結び付くのだから、道徳的理念への関心が発生しないと決めつけるのはおかしいのだ(cf. メイヤー 2021; 宮島 2021)。この点に気づくなら、適切な仕事のあり方を探求し追求、実施するのは、むしろ市場経済の主役である企業やビジネスパーソンにこそ求められるのだ、とさえ考えたくなるだろう。とはいえ、利益追求が市場を動かす原動力である状況、つまり資本主義が突然消えてなくなるわけでもないから、ここでは道徳的理念との難しい関係が発生することも事実だ。

　本書は、このような難しい関係を否定することなく、それを前提に仕事の正義を考える。だから、金銭的利益を重視する市場経済や資本主義は、長期的には変わりうるが、当面の間、事実上受け入れられ続けるものとして議論を進めることになる(なお、本書では、市場経済と資本主義とは用語としておおむね互換的に使われる)。それは、市場経済や資本主義の現状が道徳的に是認できるから、ではないし、それ以外の体制を否定したいから、でもない[5]。ビジネスの世界においてさえ、道徳的理念が以前より(少なくともポーズとしては)軽んじられなくなった状況において、現状の政治と経済の体制と制度を起点として、望ましい改善の方向はどこにあるのかを考える、という課題を設定し引き受けるのが、本書なのである。テーマは、収入、時間、仕事の質、企業と市場に限定したが、どれも重要なものだろう[6]。それぞれのテーマについて、関連する道徳的理念についての議論を用いると、どのようなことがいえるのかを提示してある。これらは、個別の問題や状況に対処する具体的な政策提言になるほどの、実践的明快さや内容を持つものではない。むしろ、人々の道徳的な考えを整理し、豊かにするための資源として活用されることを意図している。つまり、直ちに政策的であるより、やや文化的な意図を持って筆者は本書の執筆に取り組

5 　どちらかというと、筆者は経済的効率性それ自体を道徳的理念と勘違いする近年の一般的傾向に否定的である。経済的効率性は道徳的に善くも悪くもなく、それが社会的福利の増進や分配的正義の実現といった道徳的理念に結び付くときにのみ道徳的に有意味であり、それらに背くなら当然、そうならない。なお、後にも述べるが、本書では筆者自身の立場を説くより、論争的であることを強く意識している。

6 　失業等のいくつかの重要な問題は、紙幅の関係で扱えなかった。特に、外国人労働者に関する課題は喫緊の度を増しているので、興味のある読者は、Holtug 2021; 岸見 2021; 岸見 2023等を参照されたい。

んだ。本書を通じて読者は、例えば政治家や財界人が生産性向上を叫ぶことの是非や、努力しても低収入しか得られない就職氷河期世代が味わう絶望感といった、より現実的な課題や問題について、これまでとは違った観点から理解し、熟慮された意見を持てるようになるのではないか。

　なお、本書は仕事の正義論を扱うものではない。つまり、各章を経由して、仕事の適切なあり方を定める、多少なりとも普遍的で一貫した、何らかの道徳的原理を決めることを目指していない。仕事の適切なあり方は、いろいろな道徳的理念に基づく考慮を繰り返す中で決まり、また、技術進歩等の社会的状況によって変化もするというのが筆者の本書における理解である。だから、本書の各章は独立しており、どこから読んでも理解できるよう、各章を読む際にはそれより前の章の知識を求めていない。ただし、第１章と第２章、第４章と第５章では共通する関心を扱うことになるので、あわせて読むと理解が深まると思う。

　読了後に明瞭になると思うが、こうして仕事の正義を考える先に漠然と見えてくるのは、市場や企業に人々の人生をゆだねる、現在の社会のあり方の適切さを根本から考えるべきだ、という問題である。これは、実に古くからある問題だとはいえ、刷新され続ける英語圏の法・政治哲学の枠組みを用いて、改めて検討するということもまた必要だろう。本書は端々でこの問いを扱っているともいえるが、正面から受け止めて自らの議論を提起するにはいたっていない。仕事の正義を考えるというのが本書のテーマだから、その射程には収まらないのだ。これに取り組むことは、今後の課題としたい。

2　本書の特徴

　筆者は、次のような読者を想定して本書を構成した。なお、以下の掲記順は重要さとは関係がない。

　第一に、法学系の学部や大学院に所属する学部生（３・４年生）と大学院生である。実は、以前の弘文堂・法哲学叢書から裨益した読者の一人が学生時代の筆者である。興味のある分野において行われている議論の全体像と論点をつかむべく、それぞれの本を手に取ったが、各巻の著者自身の議論も含め、得るところ大であった。本書はその体験に基づき、仕事の正義に関する重要な議論

の全体像を把握し、多くの観点に触れられるよう、文献紹介をかなり詳しく、多めにしてある。教科書ではないので、それぞれの議論は筆者が合理的に再構成したものであり、つまみ食いのようなところもある。だが、可能な限り元の議論に沿うよう、また、議論の全体を紹介するよう努めた。加えて、比較的近年の文献を意図的に多くし、かつ参照注も細かくしたので、興味があれば原著やその翻訳にあたってもらいたい。日本語翻訳があるものは、できる限りそちらを優先して用いたのもそのためである。たとえ英語でしか読めない文献であっても、関連する部分を（場合によっては人工知能の翻訳で）読めば、最新の議論への理解が進むだろう。今後の学習や研究に役立つと思う。なお、第5章は、法学系の学生に向けて経済学的な説明を行う部分が多いため、やや分量が過剰になっている。読者によっては冗長に感じるだろうが、ご寛恕を願いたい。

　第二に、仕事の正義について最も強い興味を抱くであろう社会人、中でもビジネスパーソンである。研究書という性質上、内容を簡単にはできなかったが、じっくり取り組めば理解できるように努めた。事前の知識は求めず、議論の紹介では具体例を多く入れた。手前を読み返す手間をなくすため、説明の繰り返しもいとわなかった。また、関心を得やすいよう、各章は、社会人が仕事に関連して抱くかもしれない、いろいろな考え（愚痴や文句が多い）から始まっている。道徳的理念を使ってそれらに肉付けすると、どのようなことがいえるのかを考えながら、いろいろな議論が紹介されることになる。本書は読み物としても成立するようになっているが、それは社会人読者を考慮した結果である。普段は接しない議論ばかりで戸惑うかもしれないし、説教臭くて嫌気がさすかもしれない。だが、ここで重要なのは、これらの議論に納得することではない。大切なことは、道徳的観点からみると、社会が違う見え方をする、ということに気づくことだと思う。経営者、会社員、投資家、政治家や公務員等、人々は社会の特定の立場で、その立場に特有の社会観や価値観、そして言葉（つまり、理解の枠組み）を通じて、ものを見て、判断をしている。このように立場が違うと、例えばあるべき最低賃金という問題一つ取っても、話がかみ合わなくなりがちである。民主主義的な社会運営も、当然難しくなる。ここで、自分の立場に由来する枠組みをあえて離れてみることは有益である。自分の考えがすべてではないということがわかり、うまくいけば、他人の話も聞いてみようか、

という気になるからだ。道徳的議論は、まさにこのような形で、他人との意見交換に向けて自分の立場を相対化する作業を可能にしてくれる話の宝庫である。道徳的観点の組み合わせから、どのような理想的社会像が出てくるのか、そしてそれが、自分が何となく抱いてきた理想像とどう違うのか、じっくり考えてみてほしい。哲学の研究者でなければ適切な道徳的思考ができない、などということはまったくないのだから、紹介される議論や筆者の議論の方がおかしい、ということもあるだろう。その場合には、ぜひ筋の通った批判を考えてみてほしい。自分の思考が、より論理的に明瞭になるだろう。読者が自らのものの見方、考え方を精査し、豊かにするために活用してくれるなら、本書の役割は十分果たされている。

　第三に、もちろん研究者である。文献紹介等は研究者にとっても役立つだろうが、それよりも重要なのは、紹介される議論への批判であろう。章によって偏りはあるが、批判も随所で行っている。筆者は分析的なアプローチをベースに研究者になる訓練を受けたので、それを活かすよう心がけた。紙幅の関係から荒削りだが、研究者の興味を引き、今後の学術的議論の進展に資する問題を提示できていれば幸いである。また、研究者の多くは、教育者でもある。先にも述べたが、本書には教育的意図もあるので、大学と大学院での学修に活用する文献として使いやすいよう、論争的な議論を多く行っている。この際、特定の哲学的な立場を擁護できるかどうか、という論争よりも、一般的な学生にとって関心を持ちやすい現実的な点での論争（例えば、卓越主義は是か非か、という論争ではなく、高収入は是か非か、という論争）を扱っている。本書を通じて、常識に挑戦するような発想にいたるようにすることが、重要な目標である。このため、本書は使える主義主張は何でも使い、それらを通じて、現実社会に関して道徳的観点からの批判を行うという、応用的な態度に徹している[7]。筆者にはもちろん筆者自身の哲学上の立場があるのだが、それを説くよりも、論争的であることを強く意図した[8]。

---

7 ｜ そのため、ある理論の批判を徹底して行うより、一応その妥当性を認めて使ってみる、ということが本書では普通に行われる。なお、残念だが、紙幅の関係と筆者の能力の問題で、リバタリアニズム、ケアの倫理、フェミニズム、社会主義等は活用する余裕がなかった。他方で、日本において近年、ジョン・ロールズ（John Rawls）に代表されるような、道徳的理念として平等を最も重視するタイプの法・政治哲学がかなり知られるようになったことに鑑みて、本書ではそれ以外のタイプの議論も積極的に扱うように努めた。

このように多様な読者を想定したので、研究書としては異色のものになったと思う。文献紹介、理論研究、応用研究の三つを組み合わせて成立している本書は、特に理論研究書としては中途半端だという批判もあるだろう。この批判は甘受する。実に筆者は、文献紹介の量をどうするかについて相当悩んだ（自分の議論を増やせば、論点の取りこぼしを減らし、厳密さも増すからである）。しかし、英語圏の研究がすさまじい勢いで分量を増すために、紹介も翻訳も追いつかない日本の現状を考えて文献紹介は充実させ、また近年の大学教育の実情に鑑みて、行間をできるだけ読まなくてよいようにした[9]。あわせて、法・政治哲学の研究は、理論の究明のみならず、その成果を応用し、社会に還元することも含むのだということを強調しておきたい。近年、いわゆる応用的な法・政治哲学の研究はかなり盛んになった[10]。その黎明期において、イギリスの著名な研究者であるアダム・スウィフト（Adam Swift）とスチュアート・ホワイト（Stuart White）は、次のように主張している。

　　「私たち［哲学研究者］の一部が、翻訳——難解でありときとして専門的な書物や学術雑誌論文を、同胞市民や政治家たちですら意味をとれるようなものへと翻訳すること——のプロジェクトを行うのでなければ、私たちの学問分野は本来であれば担うことのできる重要な役割［まともな民主主義の活性化を助けること］を果たすことにはならないだろう。」（スウィフト／ホワイト 2011、94 頁）

　筆者は二人の考えに賛成であり、本書が専門家向けの研究書にとどまることなく、このような役割の一端を担うことができるよう願っている[11]。

8　　また、このような理由から、本書では概念研究そのものはほとんどしていない。いわゆる分析的政治哲学の中心は概念分析であるが、本書は応用研究であるため、そこまで踏み込むことはない（概念分析については、井上彰 2022 が大変有益だから、興味のある読者は参照されたい）。もちろん、これは概念分析が応用的意味を持たないということではない。厳密な議論と応用的関心が結び付いた例として、かなり専門的だが、スタイナー 2016; 井上彰 2017 を参照されたい。

9　　人工知能による翻訳や要約の作成が可能な時代に、翻訳書の作成や詳細な文献紹介は不要だという考えもありえるが、大学教育の実践経験から、必ずしもそうとはいえないと筆者は考えている。

10　　論証を応用的な政治哲学の中心と考える点で本書とはやや趣が違うが、松元 2015 はこの点で画期的な日本語の文献である。

11　　もっとも、法哲学に限定すれば、その実践性から、もともとこのような志向を強く持っている。近年の成果として、例えば、瀧川編 2016; 瀧川編 2024 を参照。

はじめに ……………………………………………………………………… i

目　　次 …………………………………………………………………… viii

| 第 1 章 | 高収入 ——————————————————————— 1 |

Ⅰ はじめに ——「社会への貢献が大きい者は、高収入に
　値するのだ」——————————————————— 1

Ⅱ 功績の構造 ————————————————————— 3

Ⅲ 功績の諸基礎と収入のあり方 ————————————— 4

　1 努　　力（4）

　2 貢　　献（8）

　3 美　　徳（26）

　4 必　　要（28）

Ⅳ 功績の考えの根本にあるもの ————————————— 31

　1 人への適切な評価（32）

　2 社会的関係の問い直し（34）

Ⅴ おわりに —————————————————————— 39

| 第 2 章 | 低収入 ——————————————————————— 40 |

Ⅰ はじめに ——「こんなに低い収入で、仕事をすることに
　価値などあるのか」————————————————— 40

Ⅱ 仕事のサービス生産費用をまかなう ————————— 42

Ⅲ 市場の徳性を探す ————————————————— 49

　1 美徳への報酬（49）

　2 貧困の改善（52）

Ⅳ 市場を通じた社会道徳としての信頼 ————————— 57

　1 社会に対する信頼を考える（57）

　2 公共的理由のリベラリズム（59）

　3 公共的理由から信頼へ（61）

　4 社会的ルールの内実（63）

　5 社会に対する信頼の崩壊を防ぐ（66）

Ⅴ 事後的救済の可否 ————————————————— 69

　1 福祉国家への懐疑（69）

　2 自尊心を損なわないための条件（71）

Ⅵ 市場の道徳と福祉国家 —————————————— 72

	1 福祉国家と美徳（72）
	2 堅固な根拠のある理念を選ぶ（73）

Ⅶ **おわりに** ——————————————————— 75

第3章 | # 時間 ——————————————————————————— 77

Ⅰ **はじめに** ——「仕事が多過ぎるから、もっと時間が欲しい」—— 77

Ⅱ **自己実現のための時間** ————————————————— 82

    1 自己実現の不平等を是正する（82）

    2 強制を終わらせる（85）

    3 私生活の変化（87）

Ⅲ **自由時間** ————————————————————————— 89

    1 自由のための資源としての時間（89）

    2 自由時間の決定と分配（91）

    3 個別的事情（93）

    4 共同活動と経済（95）

    5 勤勉さを克服する（96）

Ⅳ **自由をめぐる根深い問題** ——————————————— 99

    1 互恵性が求めるもの（99）

    2 市場参加を皆に迫るべきなのか（101）

Ⅴ **社会の生産性と自由の拡大** ————————————— 103

    1 互恵性の抱える問題（103）

    2 生産性向上という解決策（105）

    3 なぜ生産性に注目すべきなのか（107）

Ⅵ **おわりに** ——————————————————————— 110

第4章 | # 仕事の質 ——————————————————————— 112

Ⅰ **はじめに** ——「こんな仕事、早く辞めたい」——————— 112

Ⅱ **意味ある仕事を求める** ——————————————— 115

    1 意味ある仕事への期待（115）

    2 意味ある仕事の重要さ（116）

    3 意味ある仕事を促進する（118）

    4 中立性はそれほど重要なのか（119）

    5 道徳的覚醒は可能なのか（121）

Ⅲ 従業員の考えや理念の尊重を求める —————— 124

1 平等の理念と侮辱（124）

2 政治的な場所としての企業（126）

3 二院制を取り入れる（127）

4 二院制企業は機能するのか（129）

5 二院制企業は支持されうるのか（132）

Ⅳ 不正なき企業組織を求める —————————— 136

1 不正なき企業組織の理想（136）

2 不正の起きる場所（138）

3 不正を防ぐための方策（141）

4 誰が企業を道徳的にするのか（144）

5 公的空間への視点（147）

Ⅴ おわりに ———————————————————— 148

| 第5章 | **企業と市場** —————————————————— 150 |

Ⅰ はじめに ──「自分はいったい、どうなるのだろう」 —— 150

Ⅱ 効率的生産を可能にする要素としての道徳 ————— 155

1 生産性と道徳（155）

2 正義の実現と企業・政府（166）

Ⅲ「見えざる手」を受容する ————————————— 172

1 市場と自由（172）

2 政府の役割に対する評価（180）

Ⅳ 支配欲と向き合う ——————————————————— 188

1 支配欲という問題（188）

2 支配欲の実態と脅威（190）

3 市場正当化論の射程（193）

Ⅴ おわりに ———————————————————— 194

謝　辞 ————————————————————— 196

参考文献 ————————————————————— 200

事項・人名索引 ————————————————— 208

| 第1章 |

高収入

I　はじめに
――「社会への貢献が大きい者は、高収入に値するのだ」

　本章が扱う課題は、仕事を通じて得られる収入である。特に、高収入だ。賃金といってもよいが、起業家や経営者が働いて得るお金も含むので、収入としておこう。仕事から得られるお金の不平等は、実に古くから人々の道徳的疑問の的であったから、社会的道徳の古典的な問題といってよいだろう。社会や時代によって、この不平等は、大きくも小さくもなりえるが、消えてしまうことはない。賃上げが一般化した社会でさえ、この問題は継続する。そして、高収入者と低収入者では、いかなる人生を送ることになるのか、また、社会からどのような扱いを受けるのかについて、明確な違いがある。他方で、人間が人格または人としての価値において平等であることは、少なくとも今日の民主主義的な社会で、社会通念の上で十分に受け入れられている。そのため、収入による人生の差違は、やはり道徳的な問題にならざるをえないし、両者の差違はそもそも、手放しで好ましいとは考えられないのである。実際に政府は、何らかの形で両者の人生の差違を埋める努力を行う。多くの場合、それは課税を通じた所得再分配や公共サービスの充実等による。

　ところが、高収入者からみて、このような措置は多くの場合、不満の種にもなる。その理由はいろいろある。単に貪欲や吝嗇（ケチ）によることもあるが、多くの場合、何らかの道徳的な主張がされる。「社会への貢献（contribution）が大きい者は、高収入に値するのだ」という考えは、そのような主張の一つの典型だ。つまり収入の高低は、ビジネスを通じて自らが行った社会的貢献の大きさに応じて決まるべきであり、ビジネスで成功した人はまさにそのような貢

献をしたのだから、高収入を得るにふさわしい、と言うのである[1]。もしそうなら、高収入に対する課税は、ふさわしさの観点からみて成功した人が道徳的に値するもの、つまり正当にその人自身に属するものを奪うことだから、大きな問題である。高収入者の不満は、単なる貪欲や吝嗇の現れではなく、まともな道徳的主張であることになるだろう。

だが、本当にこのような道徳的主張は成立するのだろうか。これが、本章が検討する課題である。法・政治哲学の世界では、ある人が何かに値するとの主張は、功績（desert）の主張と呼ばれる。そこで、われわれがここで検討する課題は、高収入への功績の主張は可能か、というものであることがわかる。つまり、高収入を得ている人は、自らがそれにふさわしい（だから、正当にそれが自らに帰属すべきだ）といえるか、という問いだ。もし、そういえるなら、その意味するところは大きい。少なくとも、課税を活用した格差是正や福祉の充実が道徳的に適切かどうか、考え直すきっかけになるからだ。ある人に正当に所属しているものを取り上げることは、一応の問題にはなる。そこで、「社会への貢献が大きい者は、高収入に値するのだ」というような主張が出てくるわけだ。一見するともっともらしいのだが、ビジネスで成功した自分は何かに値するという考えは、本当に成立するのだろうか。本章の結論をあらかじめいってしまえば、この主張の根拠は薄弱である。それどころか、功績の考え方を用いると、むしろ低収入者の社会的立場を真剣に考えるべきだ、とするやや意外な結論さえ出てきてしまうのだ[2]。なお、「社会への貢献が大きい者は、高収入に値するのだ」という考えに表れる「社会への貢献が大きい者」の部分を、「行った努力（effort）が大きい者」や「美徳（virtue）がある者」等の言葉に置き換えた主張も十分に想像できるから、本章ではそれらも含めて検討する。

1　これは、著名な経済学者のグレゴリー・マンキュー（Gregory Mankiw）が行った議論としても知られている（Mankiw 2010）（その批判としては、サンデル 2021、第 5 章を参照）。また、デイヴィッド・ミラー（David Miller）も、同様の発想を実にありきたりなものとして扱っているから（ミラー 2019、129-130 頁）、ある種の常識的な発想であるとでもいえるのだろう。他方で、功績という概念は法・政治哲学分野ではかなり古くからあるのに、人気がない。それは本章を読むとわかるように、結局のところ、極めてとらえ難い概念だからである。

2　なお、収入の不平等は正義論の主要テーマである。その意味で、本章が提供できる議論は極めて限られている。興味のある読者は、正義論の研究に取り組むことをお勧めする。本格的な入門書として宇佐美ほか 2019、また、より平易だが要所を押さえた入門書として齋藤・谷澤 2023 等を参照。

Ⅱ　功績の構造

　自分や他人が、何かに値すると考えること、つまり功績の考えは、極めて日常的である。例えば、自分が日々努力して、資格試験に合格したとしよう。その際には、自分は合格に値するだけの努力をしたのだ、と思うだろう。また、毎日厳しい練習に励む音楽家が、何かのコンクールで優勝し、名声を得たなら、その音楽家は自らを名声に値する、と思うだろう。合格や名声が、それに値する人に与えられる社会は、そうでない社会より道徳的に望ましい。こう考えられることに、異論はあまりなさそうである[3]。すなわち、誰かが何かに値するという判断は、道徳的に望ましい社会を考える際の、重要な要素なのだ。高収入に値する、との考えもまた、このような要素として、自然に多くの人の念頭に浮かぶ。ある意味、実に単純でありふれた考えだ。

　しかし、よく使われるわりに、功績という考えがどのようなものなのか、日常生活で詳しく整理されることはあまりない。そこで、まず功績とはどのような考えなのかを整理しよう。一般的に、功績の考えは、以下のような形を取るとされる（Kinghorn 2021, p. 49）。

「Ａ氏はＹゆえに、Ｘに値する。」[4]

　例えば、本章で問題にしている高収入への功績は、「Ａ氏は、その仕事を通じた貢献ゆえに、高収入に値する」という主張だと理解される。ここで、功績の主張の根拠となるＹは、「功績の基礎（desert bases）」（ファインバーグ 2018、119 頁）と呼ばれる[5]。これには多様なものがあり、貢献はもちろん、努力や美徳等といったものも思いつくだろう。ある人が社会的貢献をしたり、人格的に

3　他方で、この裏返しには、値しないという事実もある。例をあげるなら、親の七光りである。ある音楽家が、大した努力もせずに、著名人である親の七光りで名声を得たとするなら、その音楽家は名声に値しない。また、犯罪に対する刑罰のように、ネガティブなものに値するということも、もちろんある。これらも重要な点なのだが、以下では扱わない。

4　キングホーン（Kinghorn 2021, pp. 49-50）が指摘するように、この定式は多くの理論家（e. g. ファインバーグ 2018、120-121 頁; McLeod 1999; Kristjánsson 2005, p. 51; Olsaretti 2003, p. 4; Mulligan 2018, p. 65）が共有するものである。

5　邦訳では「デザート根拠」であるが、本文に合わせて訳を変えた。

優れていたりするなら、社会的に報われることがその人にふさわしい。そのような考えだ。では、人々が高収入をはじめとする社会的利益を得るべき理由を功績から説明する場合、その功績の基礎となるものには、具体的に何が含まれるべきなのだろう。この問いこそ、功績をめぐる学術的な議論の主要テーマの一つである。

このテーマについて、いろいろな考えが提案された。本章との関係では、先ほどのセリフにも出てきた貢献、そしてほかにも、努力や美徳のアイデアが、特に目を引く。というのも、これらの功績の基礎は、高収入に値すると人々が主張する際、よく聞かれるものだからだ。そこで、「自分は、功績の基礎 Y ゆえに、高収入に値する」との主張ができるのかという問いには、Y に入りうるこれら三つの功績の基礎に応じて、取り組む必要がある。また、高収入との関係からだと思いつきにくいかもしれないが、必要（need）も功績の基礎になりえる。例えば、重病で治療の必要がある人は、まさに治療を受けるに値すると考えられるだろう。必要ゆえに高収入に値する、と考えるのは何か変だが、より一般的には功績の基礎になり、また本章の展開上必要なので、これも検討することになる（その理由は本章を読んでいくとわかる）。以下では、努力、貢献、美徳、必要の順で考えていこう。

Ⅲ　功績の諸基礎と収入のあり方

1　努　　力

ある人が高収入に値するのは、努力したという事実による。このような考え方は、ごく一般的なものだろう。学校生活の一コマを考えてみよう。ある生徒が毎日勉強して、テストで良い成績を修めた。別の生徒が、家に帰ってうらやまし気な顔をしていたら、家族から、良い成績を修めた生徒の努力を見ならうように、諭されるかもしれない。子どもの頃から説かれる基本的な教えによれば、努力は称賛すべきであり、人は努力によって、社会的な利益を得るに値するようになるとされているのだ。だから、同じ考え方を高収入にも適用したいと思うのは、ごく自然である。

ところが、法・政治哲学の世界では、努力という観点から功績を考えること

は、あまり人気がない。それは、努力によって功績を考えようとすると、いろいろと不都合が生まれるからである。なぜ、そうなるのだろうか。まず、努力を基礎として功績を考えた貴重な例である、ウォーチェク・サドゥルスキ（Wojciech Sadurski）の議論を簡単にみてみよう（Sadurski 1985）[6]。そして、努力という考え方から功績を議論することの問題を確認しよう。

　サドゥルスキの功績に関する議論の中心にある考え方は、補償である。ある人が、社会のために、何らかの負担を背負ってくれたとしよう。この人に何ら利益を与えることなく放置することが、道徳的に善いことであるとは思われないだろう。つまり、社会のために引き受けてくれた負担分に対して、その補償（簡単にいえば、埋め合わせ）となる利益を与えなければ、社会は正義にかなわない、ということだ。この考えを前提にすると、人は何らかの社会的負担を引き受けた場合、それに対する補償に値するようになる、と考えることができる。本章の冒頭で提示した表現を使うなら、社会的負担が、功績の基礎となって、人々がいろいろな利益に値するようになる、といえるのだ（Sadurski 1985, pp. 116, 130, 144-147）。

　では、社会的負担とは何だろうか。サドゥルスキによれば、それは意図的な努力である。まず、ある人が、社会に利益をもたらすような努力を行った場合、この努力を負担と見なすべきだという（Sadurski 1985, pp. 116, 134-135）。しかし、社会的に有用なら、どんな努力でもよいわけではない。そこには社会的な利益を目指すという意図が必要である。偶然の影響を排除するという考えからだ（Sadurski 1985, pp. 137-138）。具体例を考えると理解しやすい。

　例えば、ある人が、犬を飼っていたとしよう。この人は、あまり人付き合いが好きではなく、近隣の住民と話すこともなかったし、そもそも社会を気にもかけなかった。この人は、単に自分の楽しみのために犬を飼っていた。犬を飼っていたのは屋外であったが、非常によく面倒を見ていたので、犬は健康に日々を過ごしていた。さらに、躾もしっかりしていたので、吠えることもなく、周囲に迷惑をかけなかった。さて、この犬がある日の夜中、初めて気まぐれを

6　｜　サドゥルスキの議論を包括的に紹介・検討したものとしては、亀本 2015、第 5 章がある。亀本 2015 は、現代正義論における功績概念を包括的に検討した文献として重要であるから、サドゥルスキの議論も含め、より精緻な理論研究に興味を持った読者は参照されたい。

起こし、けたたましく吠えた。不審に思った隣の家の住民が外を見ると、数人が、向かいの家に侵入しようとしていた。この人たちは泥棒であったのだが、事件は未然に防がれた。

　以上の例において、この犬は社会的利益をもたらしたといえるだろう。犯罪を防いだからだ。泥棒の犯罪が成功すれば、地域全体が不安に陥るから、その社会的利益は意外と大きい。さて、犬の飼い主は、犬の養育に関わるいろいろな負担を背負ってきた。日々のエサ代から、躾、また散歩といった世話等である。犬が健康で、犯罪を未然に防ぐことができたのは、これらの負担のおかげである。ここで、飼い主が、犯罪の防止という社会的利益を実現したことを理由に、自らの負担を社会は補償をすべきだ、というのは適切だろうか（例えば、これまでのエサ代を、自治体に要求することは適切だろうか）。

　もし適切ではないと思うのであれば、その理由は、犬による犯罪の防止が、偶然に起きたことだからではないか。飼い主は、そもそも隣人や社会を気にしてはいない。そして、犬を世話するために行われた日々の負担は、すべて自分の楽しみのためなのである。それが偶然、社会に利益をもたらしたからといって、その負担への補償を社会に求めることはできない、というわけである。もちろん、泥棒を防いでもらった家の人が、個人的に好感を持って何かを贈ることはありえるが、それは社会が行うべき補償とは異なっている。このような事情から、社会的に有用な努力の中でも、意図して社会に利益をもたらすものだけを功績の基礎にしようというのが、サドゥルスキの考えである。

　以上のサドゥルスキの議論を参考にして、高収入の人が、自らがそれに値すると主張するなら、次のように言うかもしれない。自分は、ビジネスを通じ社会に利益をもたらそうという意図で努力したから、高収入に値するのだと。これは実に、多くの社会的成功者が考えそうなことでもある。ある人によってなされた努力の事実と、得られた社会的利益と、そして何より、社会への善意があるなら、社会がその人の負担に報いることに、何の問題があると言うのだろうか。

　残念ながら、この主張はあまり成功しない。努力による功績の主張が許されるようになると、大きな社会的不都合が発生するからだ。功績に関する研究も多いデイヴィッド・ミラー（David Miller）の指摘を参照して、次の三つのポイ

ントを考えておこう（cf. Miller 1999, pp. 183-184）。

　一つ目には、不得意だが自分の好きなことを仕事にした場合だ。努力への補償が、社会的利益への大きな損失を生んでしまうのだ。例えば、数学が不得意ではあるものの、数学的知識が必要なデータサイエンスを仕事にした人を想像してみよう。この人は、数学が不得意だが、嫌いだということはない。むしろ、数学が難しいからこそ憧れを抱いており、そのため、データサイエンスの世界を志望したのだ。あわせて、仕事の結果が大いに社会の役に立つことも、志望動機であった。さて、データサイエンス業界での人材の需要が大きかったので、この人は就職に成功したと考えよう。問題はここからである。数学が不得意なこの人は、他の人より多くの努力をしないと、通常の仕事を終えることができない。ここで、この人が善意から大いに努力して仕事を終えた場合、自分には高収入という補償があるべきだ、と主張できるだろうか。できない、と思う人が多いのではないか。この人の努力の多さの理由は、数学が不得意であることだ。なぜ、数学の不得意さに、大きな金銭的補償を与える必要があるのだろうか。同じようにデータサイエンスによる社会的貢献を考え、しかも数学が得意な人は、もっと少ない努力で仕事を終えていくだろう。もし、数学が不得意で多くの努力をする人に高収入を与え、数学が得意で仕事をすぐに終える人に、それより低い収入を与えるなら、数学の能力がある人は、この仕事には就かなくなる。こうして、データサイエンスという仕事がもたらす社会的利益自体が、激減していくかもしれない。優秀な人が、業界から消えていくからだ。

　二つ目は必要以上の努力が問題になる場合だ。上の例に戻ろう。数学が得意でデータサイエンスの仕事に就いた人が高収入を目指すなら、努力の量を増やす必要がある。そうであれば、無駄な作業工程を増やすことが選択肢になるだろう。仕事に取りかかるまでに必要以上の段取りを踏むとか、納品時の点検の回数をとにかく増やすとかするならば、行うべきことは増えるから、その分、余計な努力が必要になる。余計な努力といえども、事故を未然に防ぐ効果があるかもしれないから、このような努力にも社会的利益がありえる。だが、最終的に作業は非効率になり、この人の仕事は滞る。こうして、多くの人の能力が無駄になるから、社会全体として、大損失を被るだろう。やはり、上の例と同じ問題が起きるのだ。

最後に、努力の背景にある意図を確認することの難しさだ。社会的利益を目指して努力がなされたことを確認することは、ほとんどできない。人の心の問題だからだ。人の私生活に関する情報（インターネットでの検索履歴や、オンラインショッピングの購入履歴も含む）を探っていけば、何らかの人物像を想定でき、そこから善意を推し量ることはできるかもしれない。だが、このような状況は多くの人にとって気持ちの悪いものであり、いわば社会的不利益そのものだから、論外だろう。

　結論として、社会的利益のためになされた努力を基礎として、人々の功績を考え、高収入を正当化するという方法は、適切だといえそうにない[7]。最終的に社会的利益をもたらさないケースが生じうるからだ。そうであれば、努力ではなく、社会的利益そのものに注目してはどうだろうか。ミラーによれば、実に、功績を考える際に重要なのは、社会への貢献であって、努力は貢献を可能にする限りで意味を持つという（Miller 1999, p. 184）。そこで、貢献を基礎とする功績の議論の可能性を探ってみよう[8]。

2　貢　献

　これからみるのは、起業家（entrepreneur）の高収入に関する話である。起業家は、新たなビジネスの創造を通じて、大きな利益をあげる。そして、そこから自身の莫大な収入も得ることになる。まさに、高収入者の典型ともいうべき存在だ。そこで、もし功績が高収入を正当化する、というのなら、起業家の高収入について正当化できる議論が必要である。また、起業家は努力というより、偶然や思い付きで多くの収入を得ることがある。例えば、発明を趣味にしていた人が、たまたま考えたアイディア製品が、これまた偶然、SNSで話題を集め、成功する、ということは十分に考えられる。いわゆる濡れ手で粟だから、このような起業家の高収入には、反発する人が出ることも考えられる。だが、その起業家の製品やサービスの大きな恩恵を受けている人は、さほど気に

7　これはサドゥルスキの功績に関する議論全体を否定するものではない。ここではサドゥルスキが論じた功績の定義を参照して、努力による功績の考えのポイントを再構成しただけであるからである。

8　サドゥルスキは、貢献という考え方をあえてとらない。それは、運の問題が関係するからである（Sadurski 1985）。運については、後に述べる。

しないかもしれない。起業家は社会への貢献という観点から、高収入に値するという考えを、われわれは普通に抱きうるからである。以上を考えると、努力ではなく、社会への貢献を功績の基礎として高収入を正当化できるかを考える上で、起業家は重要なケースになる。このような考えを整理した、スコット・アーノルド（Scott Arnold）の議論（Arnold 1987）を概観してみよう。

(1) 市場への貢献を通じて功績を考える議論の妥当性

アーノルドによる議論のポイントは、ごく簡単にいえば、市場という社会制度の目的に照らして、起業家は利潤（企業の利益から、諸費用を差し引き、自分のものとして手元に残る収入）を受け取るに値する、というものである[9]。市場は、人々の必要を満たすことを目的とする社会制度だが、その目的を首尾良く果たすためには、いろいろな資源が適切に使われなくてはならない。この際、起業家は極めて重要な役割を演じるという。また起業家の手元に利潤を残すことが、市場の目的が果たされる上で良い効果を持つとされる。そこで、起業家には、利潤を享受するに値するという意味での、自らの功績を主張するだけの十分な理由があるというのだ（Arnold 1987）。大きな利潤は、起業家の高収入の主要な源泉でもあるから、利潤の正当化は、高収入の正当化につながる。

アーノルドの功績の議論は、市場という制度を中心として展開される。この際、注目されるのが、ある制度を通じて、誰が何を受け取るべきかを決める、制度上のルールである。つまり、何らかの利益や損失を受けるべき人を決めるルールと、何を受け取るかに関するルールである[10]。一般的に、社会制度が運用されていれば、これらのルールに基づいて、人は何かを得るための資格（entitlement）を受け取ることになる（Arnold 1987. pp. 391-394）。例えば、高齢者の年金制度を考えてみよう。年金制度では、何を誰に与えるかということに関するルールが細かく定められており、それによって年金の受給資格が発生する。もし、これらのルールがなければ、年金制度はそもそもありえないだろう。様々な制度は、このような受取り資格を決めるルールを土台に作られている。

9　ここでの起業家はほぼ資本家と同じだと考えてよいが、両者は役割において異なっている（Arnold 1987, pp. 387-388; Shapiro 2015, p. 1168）。アーノルドの想定する市場の像は単純化されているので、現実的な経済の実態に詳しい人は、具体的な話というより、抽象化された話として読む方がわかりやすいと思う。

10　これらのルールはそれぞれ、「達成ルール（achievement rules）」と「報酬ルール（reward rules）」と呼ばれる（Arnold 1987, p. 392）。

さて、これらのルールには、適切なものもあれば、そうでないものもあるだろう。そこである制度が定める、利益や損失の受取り資格や、利益や損失として受け取られるものが、果たして適切かどうかを考える観点が必要になる。アーノルドによれば、それこそが功績なのだ。アーノルドはこれを、「制度的功績（institutional deserts）」と呼ぶ（Arnold 1987, p. 390）。制度的功績は、ある制度において、本来、誰がどのような理由から、何を受け取るべきかを考える観点を提供するものだ。ここである人々が、適切な理由から、あるもの A を受け取るべきだと考えられるなら、その人々は A を受け取るに値するといえる。すなわち、制度的功績が成立するのだ。そして、実際の制度において用いられている、利益や損失の受取り資格を決めるルールが適切かどうかは、制度的功績の観点から検討できるという。つまり、受け取られるものが本当に適切なのかどうか、また、人々が本当にそれを受け取る資格に値するのかを考えればわかる、というのだ（Arnold 1987, pp. 391-394）。例えば、先の年金制度の話で、受給開始年齢に関するルールが適切かどうかを考えるとしよう。その際には、本来、人々が年金の受給に値するといえる年齢は何歳かを、きちんと理由をあげて決めることができれば、実際のルールが適切かどうかわかる、ということである。

　では、制度的功績を明らかにするには、どうすればいいのだろうか。アーノルドによれば、制度の存在理由を考えれば、誰がどのような理由によって、何に値するか、わかるという（Arnold 1987, pp. 390-394）。例えば年金制度は、法の目的に示されるように、高齢になった際に生じうる生活の危うさに対して、皆で協力して対処することにある、と考えられる[11]。そうだとすると、年金を受け取る資格に値するのは、高齢者である。また、得るべきものは生活の足し、すなわちお金である。つまり、高齢者が、高齢に達して生活が不安になりえるという事実から、現金を受け取るに値する、というのが、年金に関する制度的功績になる。もし、あまりにも低い金額しか与えられないとか、中年者にも与えられるとかいう年金制度があれば、制度的功績の観点から批判できる。

　これらの考察をもとに、アーノルドは、市場という制度における起業家の制

11　国民年金法には、「国民年金制度は、日本国憲法第 25 条第 2 項に規定する理念に基き、老齢、障害又は死亡によつて国民生活の安定がそこなわれることを国民の共同連帯によつて防止し、もつて健全な国民生活の維持及び向上に寄与することを目的とする」（1 条）とある。なお、一般に年金というと老齢年金を指すことが多いので、その他の年金はここでは考えない。

度的功績を考える。まず、市場の目的だ。アーノルドは、市場は人々の必要を満たすことを目的とするという。この目的の下、起業家は、欠かすことのできない役割を果たす。それは、変わりゆく人々の好みや必要に応じて、新しい財やサービスを提供したり、また、これまでよりも低コストに製品を提供する方法を見出したりして、人々の必要がより良く満たされていくようにすることだ。つまり、市場が効率的に人々の必要を満たすことを可能にしているのは、起業家の働きなのである（Arnold 1987, pp. 388-389, 396-397）。ここで起業家は、まさにビジネスで成功した際、利潤を自らのものとするべきだと考えることができる。なぜならそれによって、①起業家は人々に必要とされるビジネスを行うことにさらに熱心になり、②能力のある起業家の手元に（利潤を投資し、活用して）さらに事業を拡大するための資金が集まり、③同じような成功を夢見る起業家が多数生まれることで、一部の成功者が利潤を独占的に享受することがなくなるからである（Arnold 1987, pp. 397-398）。こうすれば、人間の能力や様々な資源を無駄にすることなく、市場は人々が必要なものを安定して供給し続けることができるだろう。そこで起業家は、ビジネスにおいて成功した際に、利潤という報酬を受け取るに値するのである。それは何より、人々の必要がより良く満たされ続けるためである（Arnold 1987, p. 398）[12]。これが起業家に関する制度的功績である。

　起業家の高収入は、このような制度的功績の範囲内にあれば、正当化できるようにも思われる。つまり、起業家が多くの収入をビジネスから得ることによって、ますます能力を発揮し、良いビジネスを作り続け、また競争の中で力に磨きをかけるなら、それは市場が人々の必要を満たすために不可欠だから、この起業家は高収入に値する、といえるのではないか、ということだ。重要なのは、このような高収入の正当化は、人々の必要をより良く満たすという社会的貢献によって行われている点だ。努力による正当化と違って、不得意なことへの補償とか、無駄な努力への金銭の付与であるとか、私生活情報の収集とか、そういったことを心配する必要はない。そもそも努力など気にせず、ビジネスの成功者には、その社会的貢献によって高収入を与える、といっているだけだ

12 　他方で、この裏返しとして、ビジネスにおいて失敗した起業家は、損失を被るに値する（Arnold 1987, p. 398）。

からだ。実際の社会のあり方ともほぼ一致しており、受け入れやすい。

　だがよく考えると、問題が二つ見つかる。一つ目は、制度的功績は、高収入を常に正当化してくれるわけではない、ということである。市場の目的に照らして、収入の上限はどこにでも設定することができる。そうであれば、あまりにも高い収入は、正当化されない可能性もある。例えば、異常なまでの不平等を引き起こす高収入が認められた場合、起業家ならざる一般人は極端に貧しくなり、必要を満たすための資源を持たず、場合によっては生活が成り立たないことも考えられる。こうなれば、市場は意図された機能を果たしている、といえなくなる。あるいは、不平等が政治を不安定化させれば、ストライキや、ひどい場合には内戦が起こり、市場は麻痺してしまう。そこで無制限な高収入を、制度的功績から直ちに正当化することは難しい。むしろ、ダニエル・シャピロ（Daniel Shapiro）が指摘したように、現在の市場の適切さを、功績という観点から問い直すのがアーノルドの意図であるとするなら、高収入は積極的な批判的検討の対象にさえなる（Shapiro 2015）[13]。そして現に、拡大する不平等がもたらした様々な社会問題はよく知られるようになっているから、制度的功績の考えは高収入を疑うために活用されるべき時に来ているともいえる[14]。

　第二に、運の問題がある。ある起業家がビジネスで成功するかどうかということは、運によるところが大きい。もし優秀な起業家が、常に成功するビジネスを創造できるというのであれば、市場は少数の真のエリート起業家による企業に占められていくだろう。また、株式市場においても、この起業家が創造し、関わった企業の株価は、極めて高くなり、それが続くかもしれない。だが、長期的にみれば、そんなことは起きていない。むしろ、ビジネスや株式の世界には、栄枯盛衰がつきものである。それは、ビジネスが成功するかしないかということが、かなりの程度で運によるからではないだろうか。そうであれば、アーノルドが起業家の手元に利潤を預ける理由としていた、有能な起業家の成功の見込みなるものは、何らかの夢想ではないかと考えられる[15]。つまり、われ

13　シャピロ（Shapiro 2015）は、縁故資本主義への批判に、功績の概念を活用することを考える。Miller 1999, p. 142 も参照。

14　アーノルドの議論が行われたのは、社会の不平等が比較的穏やかだった 1987 年であることに注意が必要である。

15　起業家の能力に関するアーノルドの考えは、以下のようなものだ。すなわち、起業家は同時に、資本の行き先を左右する重要な立場にいる者であることが多く、常に市場と対峙するこ

われは成功した起業家を事後的に優秀と見なしているだけであって、本当のところは、多くが運の問題だった、ということさえ考えられるのだ。この発想を延長するなら、ある起業家が優秀であることを理由として、今後の活躍に期待し、高収入に値すると認める議論は、根拠を失うだろう。優秀も活躍も、すべて運の産物に過ぎず、将来は予見できないからである。

かくして、制度的功績という考えを用いて、高収入を正当化しようという方法には、極めて大きな限界があることがわかる。ここでは、アーノルドの議論を通じて、制度的功績という考えについて検討したが、議論をさらに進めよう。貢献に基づく功績の考えを利用して、収入の正当化を行う議論に関しての提案や批判は、より大きな文脈でもなされている。それは、貢献という考えそれ自体がそもそもどう成立するのか、という核心的な議論である。

(2) 社会への貢献をどのように計測するのか

社会への貢献に基づいて、ある人の高収入を正当化するには、貢献と収入の大きさについて、比例の関係（proportionality：比例性）を想定することが必要である。つまり、より多く社会に貢献すれば、より高い収入に値し、より少ない貢献しかできなければ、より低い収入に値する、という考えである。この点は多くの理論家が認めており、ここでは前提としておこう[16]。

さて、仕事に由来する高収入が社会への貢献によって正当化される場合、その根拠は経済的貢献である。つまり、日々の仕事によって経済的な価値が生み出されることによる、社会への貢献だ。上に述べた比例性の考えに従ってこれをさらに整理すると、仕事を通じてより多く社会に対して経済的な貢献をした者は、より高い収入に値する、という主張になる。平均的な収入の人や低収入の人よりも高い収入を、仕事を通じたより大きな社会的貢献に基づく功績で正当化するためには、この主張が成立する必要がある。つまり、この主張は理解可能で、納得できるものでなければならない。

だが、根本的な問題として、そもそもこのような経済的貢献をどのように測ることができるのかというものがある。経済的貢献を客観的に測ることがそも

とになるから、その過程を通じて能力が確かなものになっていくのだ（Arnold 1987, p. 397）。しかし、この議論のより深い根拠は示されておらず、疑わしい。
16 Miller 1999, pp. 64, 197; Arnold 1987, p. 393. Cf. Sadurski 1985, pp. 119, 137-138.

そもできないのであれば、より多いまたは少ない貢献によって、より高いまたは低い収入に値する、ということができなくなってしまう。だから、経済的貢献の計測ができるかどうかは、先の主張が理解可能であるかに関わる、重大な問題なのである。

　この点について、ミラーは、競争的な市場で決まる財の価格が、その財を提供した人の経済的貢献の量を示す、という議論を行っている（Miller 1999）[17]。もし、この議論が成立するなら、人々の仕事がもたらす収入は、それ自体がその人の貢献の量を表すことになる。そこで、高収入の人がいれば、その人は（そもそも、その収入の高さが示すように）多くの貢献をしているのだから、その収入に値するのだ、といえることになるだろう。この議論は、最終的に肯定されないのだが、以上がどういうことか、まずは解説をしよう。

　議論の前提として、経済学の一般的な洞察を理解しておこう[18]。それは、市場での価格の決まり方である。経済学の理解によれば、十分に多くの売り手と買い手がいる市場、いわゆる競争市場においては、誰も財やサービスに付く価格をコントロールする最終的な力を持たない。では、誰がそのような力を持つかといえば、市場全体の動きである。例えば、ある社会で、イチゴ鯛焼きという比較的珍しいお菓子をはじめて提供する人が現れた、と想像してほしい。物珍しさから、イチゴ鯛焼きは飛ぶように売れた。お菓子に目がない人などは、かなりの高額、例えば 1,000 円を払っても、このイチゴ鯛焼きを買ってもよいと思うかもしれない（なお、小豆餡鯛焼きは、どの店でも 1 つ 250 円ほどで売られている）。売り手は、例えば 600 円ほどの価格を付けて、大きな儲けを手にするだろう。しかし、こんなうまい話であれば、誰でも乗りたがる。3 か月もすれば、似たようなお菓子を売る人々が現れる。6 か月もすれば、最初の売り手より、ずっと安い価格設定で売る人も、続々と現れる。そして、最終的には、イチゴ鯛焼きの価格は、人々が妥当だと思うあたりに落ち着くだろう。例えば300 円ほどだ。このストーリーでは、どの売り手も、買い手も、イチゴ鯛焼きの市場における価格を、個人として決める力を持っていない。というのも、あ

---

[17]　ここで扱わなかった議論も含め、亀本 2011、497-522 頁はミラーの議論に関して包括的な検討を加えているから、あわせて参照されたい。

[18]　極めて大雑把なまとめであるから、より詳しくは専門的な入門書（ヴァリアン 2015; 神取 2014 等）を参照。

まりにも高い価格を付ければ、誰も買ってくれないから、商売が続かないし、あまりにも低い価格を付けても、儲けにならず、商売が続かないからである。結局、市場で落ち着いた価格を引き受けるよりほかはない。

競争的市場での価格はこのように決まるが、それがなぜ、社会的な貢献を測る指標になるのだろうか。それは、人の満足に関係するからである。つまり、人がある財やサービスに支払おうと考える金額は、その財やサービスを購入者がどう評価するのか、つまり、その人をどれだけ満足させてくれるかを表すと、とりあえずは考えることができる。これが、貢献の指標になるのだ（Miller 1999, pp. 127, 184-185; cf. Hsieh 2000, p. 95）[19]。もちろん、そうではないという意見もあるだろう。例えば、ある芸術家が数年かけて創り上げた彫刻が1万円程度で買われ、素人が暇つぶしに描いた絵が100万円で買われることがあるかもしれない。この際、大雑把にいうと、暇つぶしに描かれた絵が、精魂込めて創られた彫刻よりはるかに大きく、人を満足させるということになる。もし、人間の人生は、高度な芸術の追求に使われる方がより価値があると思う人がいるなら、このような価格の付き方が、社会的貢献の指標になることには我慢ができないだろう。思いつきで描かれた絵の社会的貢献より、完成まで数年かかった彫刻を評価したい、と思うからだ。だが、ミラーはこのような考えを拒絶している。というのも、芸術や学術の探求こそが良い人生だと、皆が考えることはないからだ（Miller 1999, pp. 184-185）。他方で、競争的な市場では、ある特定の考えを持った人々の思惑が、価格を決めてしまうことはない。提供された財やサービスは、誰も支配できない市場のふるいにかけられて、標準的な価格を割り振られていく。その意味で、市場の価格を基準にして社会的貢献を測る方が、多くの人にとって適切と感じられるのではないだろうか。それは、皆の満足を等しく扱っているからだ（cf. Miller 1999, p. 185; Hsieh 2000, pp. 95-96）。

そうであれば、とりあえず、次のように考えることができる。市場が競争的で、誰も価格をコントロールすることができない状況において、ある人が財やサービスを提供した場合、それらに付いた価格こそが、その人の社会的貢献の大きさを表す。そして価格が増すほど、その人の貢献は大きいと考えられるか

---

19 ミラーの議論には、標準的な経済学や法・政治哲学で一般的といえる意見ではないものが含まれるが、その是非を問うことが目的ではないから、それらも前提として進む。

ら、その人はまさに価格の増加分だけ、より高い収入を得るに値する。例えば、ある世界的コンサルティング会社の従業員が、平均的な収入の 10 倍の収入を仕事から得ているとしよう。もし市場が競争的なら、仕事というサービスの提供を通じて、平均的な収入の人よりも、おそらくずっと大きな社会的貢献をしているのではないかと、考えることができるわけだ。他方で、より平均的な収入よりもずっと低い収入を仕事から得ている人は、そもそも貢献が少ない、ということになる。平均的な収入の 10 倍の収入を得ているから、ちょうど 10 倍の貢献をしているというほど、厳密な量の対応関係、つまり比例性はない（Miller 1999, p. 127）。だが、高収入の正当化にはかなり役立ちそうである。

　しかし、この議論にも重大な問題がある。一つ目は、実際に存在する市場が競争的ではないことだ。つまり、現実の社会では、どのような人的ネットワークを持つかで、就職の機会や、仕事の機会が変わってしまう。友人や知人のネットワークで仕事を回すとか、有力者に仕事のあっせんを依頼することも行われている[20]。さらに、市場において独占的影響力を持つ企業の周辺で、このような仕事が行われることもある。これらのケースでは、仕事から得られる収入が、競争的市場よりも不当に高いことが考えられる。仕事をほとんどしていない人に収入が発生することさえある。このような場合、ミラーの議論は成立しない。仕事の提供者の活動が、市場全体から値付けされる、という過程を経ないからである。

　二つ目は、市場価格を利用して定める功績という考えが、本当に成立するのかを疑う議論だ。ニエン゠へ・シェ（Nien-hê Hsieh）が考察しており、モノやサービスの市場で決まった価格と社会的貢献の結び付きに、限界があることを指摘する（Hsieh 2000, pp. 95-99; cf. Sheffrin 2013, pp. 203-204）[21]。例えば、競争的な市場において、どこでも 250 円で売られているありふれたおにぎりを考えてみよう。ある人（A さん）は非常におにぎりが好きなので、500 円を出してもこれを買いたいと思っている。この人は B さんの店に行き、250 円で実際に購入した。他方で、別の人（C さん）は、250 円のおにぎりを買いたいと思っていた。

20　Cf. Preiss 2021, pp. 28-30.
21　ここでは、特に経済学に関する点において、厳密さを欠いた議論の展開をしているが、これは一般読者のわかりやすさを優先した結果である。シェは、この点に十分気を配って議論しているから、より正確な議論には原論文を参照されたい。

そしてDさんの店に入ったところ、ちょうどその金額のおにぎりがあったので、これを買った。ここで、おにぎりを売ったBさんとDさんについて、価格で測った社会的貢献の量は、同じである。つまり、どちらも250円だ。しかし、与えた満足という点では、Bさんの方が大きい。それは、Aさんが500円を出してもよいと思うおにぎりを、250円で買えたからだ。BさんはAさんに差し引きで250円分の得をもたらしたわけであり、このことも含めれば、Dさんより大きな貢献をしたといえる。同じことが、仕事についても当てはまる。競争的な市場において、ありふれた仕事から同じ500万円の収入を得ている二人（EさんとFさん）がいると考えてみよう。二人の貢献は一見、同じに思われる。どちらも同様の仕事というサービスを、同じ価格で売っているからだ。しかし、もしEさんの雇い主が、1,000万円を出してでも、Eさんに会社に留まってほしいと思っており、他方で、Fさんの雇い主が500万円を適切な給料だと思っているのなら、Eさんの方が大きな貢献をしているのではないか。市場の価格を、貢献を測る指標にすると、貢献の過大もしくは過小な評価が発生するのである。シェによれば、このような事情から、市場での価格を通じて功績を測ることは適切ではない。そうであれば、ミラーの議論を高収入の正当化に使うのは難しい[22]。

(3) 妥協点を探る

上記(1)と(2)の議論から、経済を通じた社会的貢献によって高収入を正当化しようという試みには、いろいろな問題点があることがわかっただろう。第一に、社会的貢献という発想は、必ずしも高収入を正当化してくれない。市場経済が採用されている背景には、すべての人々の福利の向上という目的があるから、この目的にそぐわない高収入はそもそも正当化しようがない。第二に、運の問題である。経済を通じて社会に貢献できるかどうか（つまり有能さを発揮できるか否か）は、運に左右される。すると、有能な人に高収入という資源を与えて、より生産的に働いてもらい、皆の利益を目指すべきだ、とはいえない。第三に、ある人の仕事に対して付けられる市場での価格は、貢献を測る物差しとして使うことはできない。これらの問題から、われわれは社会的貢献と

22　スティーブン・シェフリン（Steven Sheffrin）による議論（Sheffrin 2013, pp. 203-206）もあわせて参照。

いう考えを用いて、高収入を正当化しようなどとは考えない方がよい、と一応は結論づけられる。

とはいえ、これで話が尽きてしまうわけでもない。社会的貢献という考え方を用いて功績を定め、適切な収入を考えるという発想を維持する他の方法もあるからだ。それは、妥協である。運の問題には、決定的とまではいえなくても、何らかの形で応答できるかもしれない。また、厳密に計測できなくても、貢献という考えを使うと、何らかの収入を定める指針が得られるかもしれない。貢献という考えは極めて一般的だから、妥協してでも、それを活用できないものだろうか、というわけである。そして実に、そのような議論を提供しているのが、トマス・マリガン（Thomas Mulligan）である。マリガンの議論（Mulligan 2018）は、アーノルドと同じく、貢献を中心に据えるものである点で、方向性を一にする。しかし、起業家の場合に限らず、より包括的に、功績と収入に関する議論を提供している。さらに、努力を含め、本章でこれまで検討した論点のほとんどが活用されるという点でも貴重な例だ。その意味で重要だから、やや詳しくみていこう。マリガンの議論を使えば、高収入を功績の観点から正当化できるだろうか。

(a) なぜ功績なのか

マリガンは収入と社会的貢献を結び付けるまとまった議論を提供しているが、はじめに、背景を説明しておこう。マリガンによれば、収入等を含む経済的な正義を定める際の軸になるのは、人々がある職業や収入に値するという考え、つまり功績の理念であり、また、功績の主要な基盤は、人々の利点（merit）なのだという（Mulligan 2018, pp. 67-69）。例えば、ある人が医師という職業に値するとわれわれが考える場合、それはその人の医師たるにふさわしい知識と技量という利点を根拠として、そのような結論が導かれるということだ。さて、マリガンによれば、人々の功績を決める利点はあらかじめ決まっているものではなく、場合によって様々だという。しかしその中でも、努力はほぼあらゆるケースで考慮されるべき利点になる（Mulligan 2018, pp. 127-129）。以下に概説するが、結果としてマリガンが適切だとする収入の決まり方は、努力を重視しつつ貢献を主軸に据えた、複雑なものとなっている。

マリガンの議論では、人々の収入は、次の二要素（段階）によって決まると

される。第一段階は、特定の仕事に就く機会であり、第二段階は、収入が決定されるあり方である（Mulligan 2018, chaps. 4-6）。

　第一段階である機会から確認しよう。社会に存在する様々な仕事を、人々にどう割り振るかは、大きな問題だ。歴史的には、特定の家系や階級が、社会的に有利な職業を独占するということもあった。しかし、今日の民主主義諸国では、機会の平等が一般的な考えである。つまり、人は出自や出身によらず、平等な職業的機会を与えられなければならないというものである。マリガンの議論は、この考え方を推し進めたものである。マリガンによれば、機会の平等を重んじることと、功績と利点によって人々の経済的境遇が決まることは、必然的に結び付いているのである（Mulligan 2018, p. 73）。これは、功績と利点を尊重することの目的と方法から導かれる結論だ。複雑な議論だから、順にみていこう。

　まず目的として、自律の尊重が掲げられる。ジョージ・シャー（George Sher）によれば、ある人の利点を根拠として、その人を特定の職業に就けることの目的は、その人が利点を通じて世界に対して変化をもたらす力を尊重することである。本章との関係では、自分の利点、つまり能力によってなされた仕事を通じて、社会の運営の一部を担う力といってもいいだろう。もし、ある職業的な立場への選抜が、これ以外の要素（例えば、出身地）によってなされたとするなら、このような力の有無は無視されてしまうことになる。このようなことが起これば、その人が自らの能力を通じて、社会に働きかけようとしていたこと、つまり主体性は無視されてしまう。いわば、重要さを認められない、すなわち代替可能で、性能さえも問われない社会の歯車のような扱いを、その人は受けたことになるのだ。だから、人々を尊重するというなら、人々の利点を通じた職業上の選抜を行わなくてはならないという（Sher 1987, chap. 7）。マリガンはこの議論を受け継ぎ、利点とそれにより定まる功績によって経済的境遇を決めることの目的は、人々の自律を尊重することにあると考える。ここで言う自律とは、シャーの言う主体性であり、社会に働きかけながら自分自身も変化させていくことで、人生を作り上げていく力である。人々は自らが選んだ経路（＝仕事）を通じて、社会に働きかけようとするが、そのためにいろいろな能力を身に付け、利点を構築していく。これこそが、人生を自らのものとして

展開させることにほかならない。だから、利点を無視して職業が決まり、経済的境遇が決められてしまうなら、自ら人生を形作ること自体が誰にとっても不可能になってしまうと考えるのである（Mulligan 2018, p. 100）。

　次に、個々人の功績と利点を定める際の方法について、重要な指針が示されている。それは「関連原理（aboutness principle）」（Mulligan 2018, p. 66）というものだ。この考えによれば、ある人の功績や利点は、その人に関する事実によって決められなくてはならない（Mulligan 2018, pp. 66-67）[23]。だから、例えば、父親や母親が優れた人物であることは、その子どもがある職業に就くに値するとか、そのための利点を有するなどと考える理由にはならない。経済的境遇は、当人の功績とその根拠となる利点によって、決まらなくてはならないのだ。そこで、当人の利点や功績と無関係である人種や出自といった要素に基づく差別的取扱いも許されない（Mulligan 2018, p. 103）[24]。

　人々の自律を尊重するために、当人の利点とそれを基礎とする功績によって仕事を割り振っていくということは、機会の平等を前提として利点による選抜を行うことを意味する。そうでなければ、当人の利点以外の要素（例えば、家柄）等が選抜に影響してしまうからである（Mulligan 2018, p. 71）。マリガンはさらにこの考えを徹底させ、求められる機会の平等を公正な機会の平等（fair equality of opportunity）[25]に拡大する。すなわちマリガンによれば、成人に達する前の段階において、人々は十分な健康と教育、その他の社会的支援を保障されなくてはならない（Mulligan 2018, pp. 74-75）。貧しさや劣悪な家庭環境等によって苦しみ、教育を受けられない未成年と、これらの点で恵まれた未成年がいた場合を考えよう。恵まれた環境で育った未成年は成人した後、恵まれない環境で育った未成年に比して、経済的に有利な立場に立つ。しかし、それは両者の生育環境という、当人の利点や功績と無関係の要素によるから、まったく両者の各々に値するものではないというのだ。そこで、人々が功績と利点から自らにふさわしいものを受け取る社会を作るには、未成年期における境遇差を減

23　関連原理の基礎的考えは、ファインバーグ 2018 を参照。

24　マリガンは、積極的差別是正策や多様性を推進するための雇用には反対である（Mulligan 2018, pp. 101, 111）。

25　周知の話ではあるが、この概念は、ジョン・ロールズ（John Rawls）の正義論において重要な地位を占める。ロールズ 2010、98-100 頁を参照。

らした上での機会の平等を徹底する必要があるという（Mulligan 2018, pp. 74-82）。

　こうして、収入を決める第二段階にいたる。すなわち、人々は職に就いた後に収入を得ることになるが、マリガンによれば収入を決定するべき要因は、人々の利点に基づく社会的貢献である（Mulligan 2018, chap. 6）。マリガンは、人々の功績を決める利点として努力を重視するが、努力は直ちに収入を決めるべきではないという。無駄な努力もありえるからだ（Mulligan 2018, p. 128）。そうすると、ビジネスの成功を通じた社会的貢献が功績の基礎としてふさわしいとも思えるが、努力をすることなく、単なる運によってビジネスを軌道に乗せる人もいる。このような社会的貢献は当人の利点によるとは言い切れず、むしろ他人や社会の事情がもたらしたものだ。先ほどの関連原理によれば、これは功績の基礎にはならない（Mulligan 2018, pp. 129-130）。このような事情からマリガンは、人々の「利点によって経済にもたらされた貢献（meritorious contributions to the economy）」（Mulligan 2018, p. 130）こそが、収入のもとであるべきだ、と主張する。つまり、適切な努力（利点の発揮）を行った上で仕事において成功した人が、高収入に値するということである（Mulligan 2018, pp. 128-130）。それは、ある人自身に関する利点とその功績がもとになって生じた高収入だから、その人にふさわしいのである。他方で、成人後、努力をせず、仕事に失敗したならば、それに見合った収入がふさわしいと言う（Mulligan 2018, pp. 155-156）[26]。

　(b)　収入の決まり方

　以上の考えに基づいて、マリガンは、各人にふさわしい収入を決めるための具体的な方法を提案している。それは一つの妥協案だ。人々の仕事を通じた社会的貢献のうち、どれほどが当人の利点によってもたらされたかを厳密に知ることは、実際問題として極めて難しい。そこで、人々の利点由来の貢献によらない収入を探し、それを抑制することを提案するのだ。マリガンが考えるのは、レントを防ぐことである（Mulligan 2018, pp. 131-141）。説明しよう。社会の生産活動には、いろいろな要素が必要だ。土地や機械、そして人々の仕事もその要素だ。これらの価格は、関連する市場がどれだけ競争的であるかによって変わる。例えば、ある企業が、自動車の生産に必要なある機械を製造する技術を独

26 ｜ だから、マリガンは平等主義者ではない。

占していたとしよう。他の企業はこの機械を真似た製品を売ることができないから、この企業は、かなり高い価格で機械を売ることができる。しかし、やがて技術が公開され、他の企業との競争が始まれば、価格は下がる。今の議論の文脈で、レントとはこの価格の差を指す（Mulligan 2018, p. 135）[27]。人々が仕事から収入を得る際、何らかの理由で他人との競争から守られている場合、その人の収入は、本人の利点と関わりなく（つまり、不当に）高い可能性がある。わかりやすい例をあげれば、コネがある（Mulligan 2018, pp. 136, 158-159）[28]。例えば、ある人が有力な政治家にコネを持っているために、有利な条件で契約を結ぶことができ、ある企業で出世し、高収入を得たなら、この収入はまったくその人にふさわしくない。同様に、近年では、社会的成功者がネットワークを作り、仲間内で仕事を回すケースもあるが、これもレントの発生源である[29]。このようなレントを抑制すれば、社会全体の収入の状況は、完全ではないが、適切なものに近づくということである。その方法としては、課税はもちろん、収入に上限を設ける制度や、一部の経営者に支払われている過剰な退職金への対策等があげられる（Mulligan 2018, pp. 188-189）。また、レントの抑制は公正な競争を促進する。結果として、市場で必要とされ、競争に打ち勝つだけの質を備えた財やサービスを生産できる人物に機会が与えられるようになる。これは、市場経済にとっても恩恵が大きいという（Mulligan 2018, pp. 137, 158）。

　レントに関連してもう一つ注意すべきは、（これまでのものとはやや違った）運の問題である。関連原理があるから、本人の功績や利点と無縁に、運によってもたらされた収入は、本来その人にふさわしいものではない。そしてレントは、偶然もたらされた人脈を通じて得られるように、単なる運の問題としてもたらされることも多い。そもそも、仕事での活躍を含め、市場での成功は運によってかなり決まってしまう（cf. サンデル 2021、202 頁）。そこでレントを抑制する理由には、運の影響の除去という目的もあるわけだ（Mulligan 2018, pp. 130, 136）。しかしこう言うと、人々の遺伝的特徴（才能や資質）も運の問題だから、その

---

27 ｜ レントについてのより一般的な説明は、ヴァリアン 2015、391-393 頁等を参照。
28 ｜ ほかには、スポーツ界のスター選手が得ている巨額の報酬もレントとして例示される。というのも、スター選手とそれ以外の選手の能力が大して違わなくても、スター選手は極端に大きい報酬を得ているからである（Mulligan 2018, p. 135）。
29 ｜ Preiss 2021, p. 28.

影響も除去すべきだと思われるかもしれない[30]。この立場を徹底すれば、そもそも努力する能力も遺伝の結果だということになりかねない[31]。そうすると、人々が持つあらゆる利点はすべて運の結果であり、本当の意味で本人に属さないから、功績なるものはそもそもありようがないことになる。人が何をしたとしても、何を得たとしても、すべてはその人の遺伝の影響下にあるから運の産物だ、とされてしまうのだ。そうなれば、功績によって収入を決めるなどということは、はじめから無理だと結論されないのだろうか。

　マリガンによれば、そうではない。それは、人々の遺伝的特徴が運の問題にならないからである。もし、遺伝が運の問題であるというなら、遺伝的な特徴は違うが同一の人物を2人、想定できることになる。しかし、それはできないのだ（Mulligan 2018, chap. 7）。まず、あることが運の問題であるとは、2つのありえる世界を比較できることだ、と考えよう。例えば、自分が宝くじで1,000万円の当選者になれるかどうかは、運の問題だろう。この場合、われわれは、自分が1,000万円に当選した世界と、しなかった世界を想定し比較することができる。そして、当選した世界に存在する自分を、運が良かったものと判断する。さて今、自分が、音楽家になる希望を持っているとしよう。ここで、音楽家に必要な遺伝的特徴を持つ自分がいる世界Aと、持たない自分がいる世界Bを想像して、比較してみよう。世界Aの自分は運が良く、世界Bの自分は運が悪いだろうか。この比較は意味を持たないと、マリガンは言う。なぜなら、世界Aにいる自分と世界Bにいる自分は、別人物だからだ（Mulligan 2018, pp. 170-173）。遺伝的特徴が異なってしまえば、同じ人物とはいえない。だから、世界Bにいる自分は、音楽への興味を失い、例えば公務員として生き、やがてそれに人生の意味を見出すことになるのかもしれない。世界Bの自分から考えて、自分の公務員としての人生が悪運の憐れむべき結果だと言われることは、ひどい侮辱に感じられるだろう。すなわち、遺伝的特徴は人格の構成要素なのだ。だから、それを運の問題としてとらえることは適切ではなく、むしろ遺伝的特徴を引き受けて形成した自らの利点に基づいて、自らに値するものを得る方がよいというのである（Mulligan 2018, pp. 70-71, 173-174, 176）。

30 ｜ いわゆる運の平等主義の発想である。
31 ｜ Cf. ロールズ 2010、140 頁。

⒞　功績概念の不透明さ

　そろそろ、マリガンの議論を本章との関係でまとめよう。マリガンの理想とする社会では、人々の収入は次のように決まる。

　まず、出生してから未成年期において、出自、あるいは性差や人種等に関係なく、十分な栄養や、教育等の社会で活躍するために必要な能力獲得の機会が保障される。やがて成年に達すれば、各人は自らの考えに従って、職業を選択し、収入を得ることになる。この収入は、市場経済において決まる[32]。すなわち、市場での仕事を通じてどれだけ活躍できたか、という意味での貢献を通じて決定する。だから、収入は平等ではない。しかし、社会における収入の構造は、各人の功績や利点と無縁の要素（運やコネ等）をできる限り除去できるように、あらかじめ調整されたものである。これが、マリガンの提示する適切な収入をもたらす簡潔な社会像だ。本章の観点からみると、マリガンの提案は、社会的貢献という考えを用いて収入の適切なあり方を決めようとする議論の二つの問題点に、対処しようとしたものと考えることができる。問題点を思い出そう。一つには、運の問題である。ある人が経済的に成功できたのは、単に運が良かったからではないか、という疑問から、社会全体のために成功者を優遇すること、つまり高収入を認めることには疑義が発生していた。二つには、貢献の計測である。経済的貢献を計測して、それに応じた収入を得ることが適切だ、という議論には、そもそもそのような計測ができないという問題があった。マリガンの考えを通じて、これらの問題には、レントの抑制という考えで一応対処することができる。まず、レントの抑制に焦点を合わせることで、功績やそれに応じた収入の厳密な計測を避けられる。また、運を含め、各人の功績や利点と無縁の要素が生む富を抑制することで、功績によらない収入を減らし、かつ公正なビジネスと競争が一般化した社会を作ることも、レントの抑制の役割であった。これができれば、運よりも実力で人々の経済的活躍が決まる程度が上がるのではないか。この状況下で、市場の競争に勝てる人物に対して高収入を認めれば、それは、有能な人々がより熱心にビジネスに励むインセンティブになり、社会に必要なものが作られるから、結果として社会全体を利する。このように考えるのだ（cf. Mulligan 2018, pp. 134-137）（なお運について、関連原理と

[32]　ただし、マリガンは社会主義を否定していない（Mulligan 2018, p. 127）。

遺伝的特徴の関係で、そもそも功績という考え自体を危うくするという大問題も指摘されたが、解決策も同時に与えられていた）。加えて、マリガンは努力という考えで功績を定める際に発生する問題にも、一応の解決を与えている。無駄な努力の問題だ。貢献に結び付かない努力を無視する、という方法を通じてである。

　では、マリガンの議論を使えば、市場経済を通じた社会的貢献という観点から、高収入をすんなり正当化できるだろうか。それは難しい。マリガンの議論が教えてくれるのは、功績という概念にまとわり付く諸問題は、直ちにこの概念を完全に排除する理由にはならないということだ。マリガンが示したように、それぞれに対応が可能だからだ。もちろん、マリガン自身の議論にも、さらなる問題を指摘することはできる。レントの抑制は賃金抑制や課税によって行われるが、そもそもある人のレントを正確に計測することなどできないから、これはレントを確実に除去するものではない。また、より公正な競争が実現すれば、運を超えて、真に実力ある人物が成功できる環境が生じるのかも、定かではない（さらに、人々の生まれつきの資質や才能は、運の問題になるかどうかという点についての議論に関し、皆の賛同を得られるかどうかも不明である[33]）。とはいえ、これらの論難にも対処が可能だろう。だから、議論としての完全性に妥協を重ねれば、功績はそれなりに有効な考えではありえる。一応、このことを認めよう。これを前提として指摘されるべきことは、次の点である。すなわち、功績という考えは、必ずしも高収入を正当化してくれるわけではない、という点だ。収入は功績や利点という観点から適切でなくてはならない、というのがマリガンの主張だから、この観点から不適切であれば、実のところ、高収入は正当化されないのである。例えば、家柄やコネがもたらした高収入は、功績の観点から否定されるべきなのだ。アーノルドの制度的功績に関する議論でも同様の指摘をしたが、より包括的に功績の議論を展開したマリガンの議論を通じても同じ結論が出てくるのだから、この意義は大きい。

　ここから、一つの予想が成り立つ。それは、自らの高収入を正当化するために、自分はそれに値するのだという功績の議論を用いること自体が、そもそもかなり困難なのではないか、という予想だ。功績に関する議論は高収入を正当化することを目指しているわけではないのだから、これは当然といえば当然で

---

33 ｜ 例えば、Janssen-Lauret 2021 や Napoletano 2023 等を参照。

ある。しかし、経済的に豊かな人は、自らの努力や貢献を誇ることで、得られた高収入を正当化しがちだ。もしかすると、自分は豊かな生活に値するという思想は、経済的成功者に蔓延しているのかもしれない。しかし、これは思い込みに過ぎない。努力や貢献、功績に関する主張を道徳として真剣に受け止めると、高収入の正当化は困難でさえあるのである。そうだとするなら、この予想をもとに、功績という考え方をさらに探っていくことにも、十分な意味があるだろう。実際のところ、成功者が愛してやまない功績という考えは、適切な収入に関して何を教えてくれるのだろうか。以下では、功績の基礎について残っている要素、すなわち美徳と必要を通じて、これを考えていくことになる。その結果は、成功者にとって意外なものだ。それは、低収入の人々への配慮が求められる、という結論なのである。

3 美　徳

　道徳的に称賛されるべき性質（正直、誠実、勇気、利他等）、つまり美徳のある人物が社会で栄え、道徳的に非難されるべき性質、つまり悪徳に堕した人物には栄えの道が閉ざされる世界、というものは、ある種の理想であるかもしれない。実に、世界中で語られ、子どもたちに教え込まれる勧善懲悪の物語は、この手の世界観の宝庫である。その理由は、人々に共有されるべき理想が語られるからだろう。さて、この世界観は、まさに功績を焦点としたものとして理解できる。つまり、人々は美徳を基礎として、社会的利益に値するようになる、ということだ。この考えは感覚的に、大変わかりやすいのではないだろうか。そこで、収入の高低についても、同様の考えを持つことは、十分にありえる。つまり、美徳ある人こそが、高収入に値する、という考えだ。この議論はどれほど説得力があるだろうか。残念ながら、今日の功績をめぐる理論で、美徳を功績の基礎として語るものは少ない。そこで、美徳による高収入の正当化の議論の検討も、ごく簡略にならざるをえない。それにもかかわらず、この検討からは、重要な観点が浮かび上がる。ここでは、美徳を中心とした包括的な議論を行ったクリスチャン・クリスチャンソン（Kristján Kristjánsson）の指摘から、美徳による高収入の正当化について、考えていこう（Kristjánsson 2005）。
　クリスチャンソンにとって、人々の道徳的美徳こそは、正義を考える基礎で

ある。すなわち、「各人は……自ら蒔いた種の果実を自ら刈り取る」（Kristjáns-son 2005, p. 57）べきであるという考えだ。美徳ある者には社会的利益が、美徳なき者には社会的不利益や負担がもたらされることが、正義の具体的内容だ、ということである（Kristjánsson 2005, chap. 2）。これは、道徳的な意味での上下関係を、人々の間に作ることでもある。例えば、公共的利益に尽くす人物は、人々を苦しめる独裁者よりも、道徳的により価値のある存在だ、と言われる（Kristjánsson 2005, pp. 56-57）。もちろん、美徳の成長を妨げてしまう、本人の責めに帰さない幼少時の要因の影響等もあるから、このような考えは酷である、という意見もあるだろう。しかし、クリスチャンソンは、成長期を過ぎて、自らの選択で美徳を身に付ける可能性を持つ状況にあったのであれば、美徳の有無はその人の責任の問題だと考えてよい、と言う（Kristjánsson 2005, pp. 69-71）。

　クリスチャンソンの議論には賛否ありえるが、ここでは彼の次の考えに注目したい。それは、最低限度の美徳を満たした人物が基礎的生活を営むために必要とするもの（例えば衣食住等の、社会生活の基礎）は、満たされるべきだ、という考えである（Kristjánsson 2005, p. 67）[34]。言い方を変えれば、最低限度の美徳を満たした人について、衣食住のような基礎的必要が満たされなければ、その社会は正義にかなわない、ということである。これは注目すべき指摘である。というのも、最低限度の美徳を満たさない人を見つけることは、かなり難しいからだ。多くの人は、平穏な社会生活を営む限り、正直さや献身といった道徳的美徳を、ある程度発揮することが普通だ。そうでなければ、社会生活はかなり窮屈になる。つまり、明らかに悪徳の人物を見つけることは、非常に難しいのである。そうであれば、社会的立場を問わず、事件等を起こさずに社会生活を送る多くの人は、基礎的必要を満たされるに値するということになる[35]。

　この点を考慮すれば、現状の経済のあり方を前提にすると、収入と功績の関係に関して、われわれは高収入者より低収入者に注目する観点を持つことになるかもしれない。例えば、次のような観点だ。日々、真摯に仕事に取り組むこ

34 　もう少しクリスチャンソンの議論に即していうと、このような人物に対して基礎的生活を営むために必要なものが満たされるべきなのは、そうしないと自ら功績の基礎となる美徳ある諸活動を行うことが、そもそもできなくなるからである（Kristjánsson 2005, p. 67）。

35 　クリスチャンソンは、人権を功績と並ぶ正義の考慮事項だとするが（Kristjánsson 2005, p. 57）、それは当然の結論だろう。

とは、それ自体が大きな道徳的美徳だと考えられるだろう。また、多くのエッセンシャル・ワーカーは、待遇等の理不尽なあり方に耐えて、結果的に利他的な価値が極めて大きい仕事を継続している。そうであれば、この人々の発揮している道徳的美徳は、最低限度をはるかに超えているだろう。そしてもし、このような美徳のある人々の生活が衣食住に事欠き苦しいというなら、その社会はまったく正義にかなっていない。他方で、もし非常に優れた美徳を備えていないにもかかわらず、非常な高収入を得ている者がいるなら、われわれは大きな違和感を覚えることになる。なぜなら、クリスチャンソンの考えを借りるなら、一般的な美徳には一般的な収入がふさわしい、ということになるからだ。これは、一部の高収入の者には大変都合が悪い考えだろう。しかし、高収入を美徳という考えで正当化しようとすれば、おそらく引き受けなければならない結論なのである。

4 必 要

　功績という考え方は、必ずしも高収入者の味方にはなってくれない。それどころか、収入が低く、生活が苦しい人々のいる社会を道徳的に断罪する観点にさえなる。高収入者と低収入者の対立があった場合、「自分は高収入に値する」という主張は十分想像できるし、またこれは、低収入者一般への非難を含意することもある（おそらく、収入が低い者は誰であれ、もっと働けばいいのだ、というものだろう）。しかし、この発想は必ずしも正当に成立しないことが、これでかなり明らかになった。功績という考えは、むしろ弱者の味方にさえなるからだ。この点は、功績の基礎としての必要を検討すると、さらに強化される。以下では、そのことを明らかにしていこう。

　まず、必要を基礎とする功績の議論とはどんなものか、その輪郭を確認しよう。ごく簡単にいえばそれは、何かを必要とする者は、それを得るに値する、という議論である。例えば、子どもには学習が必要だ、ということに異論は少ない。ここで、子どもは学習の機会に値する、と言い換えても、おかしいとは思われないだろう。そこで、学習の必要を基礎として、子どもは学習の機会に値する、といえるのである。もちろん、どんな必要でもよいわけではない。どのような必要が考慮されるのか、問われることもありえる。例えば、ある人が、

自分が楽しく生きるためには違法薬物を必要とする、と主張しても、この人が違法薬物に値するとは、とてもいえない。違法薬物の摂取が道徳的にも問題である限りは、そうである。しかし、関係している必要が道徳的に論争的でなく、また、その人の生存や人間としてのあり方に重要なものであるとしよう。そうであれば、その必要を有する人が、それを満たすためのものを得るに値する、と言うことは十分可能であると思われる。例えば、瀕死の状態にある子どもは医療的ケアを必要とするが、われわれが、この子どもはまさにそのようなケアに値する、と考えることはごく自然だ（cf. Feldman 2016, p. 80）。このような議論を行うのが、必要に基づく功績の議論である。

　なおここで、功績という言葉が持つ語感にとらわれないように気をつけよう。本章において、功績とは、ある事実によって、ある人物が、あるものに値するという事態を指す。一般に、日本語において、功績という言葉には、何らかの称賛が含まれている。しかし、称賛を想定しなくても、先の瀕死の子どもの例のように、ある人が何かに値するということはできるから、称賛の意図を含まないで（本章が意図するところの）功績を語ることもできるのである[36]。

　さて、必要という考えに基づいて人々の功績を体系的に論じた近年の論者には、フレド・フェルドマン（Fred Feldman）がいる。フェルドマンの議論（Feldman 2016）は、仕事の収入にも言及するもので、本章への含意も大きい。要点を押さえておこう。フェルドマンは、社会全体の正義のあり方を決めるような功績の考えを探究する。その際、彼がこのような功績の基礎にふさわしいとするのが、「共同体への基礎的必要（community essential needs）」（Feldman 2016, p. 76）という、すべての人が有する重大な必要である。すなわち、人間は皆、人間らしい人生を生きるべき存在だが、これは、文明的な共同体でなければ可能ではない。というのも、われわれの生活を人間らしいものにしてくれる財やサービスは、人々が協力して作るのでなければ、得ることができないからである。そこで、すべての人は、そのような財やサービスを提供してくれる共同体に生きることという、最も基礎的な必要を有するとされるのである（Feldman 2016, pp. 75-76, 104-105）[37]。

---

36 ｜ 英語においても、もちろん同様の指摘はできる（cf. Miller 1976, pp. 88-90）。

37 ｜ この考えは、アリストテレスに由来する（Feldman 2016, pp. 75-76）。

共同体への基礎的必要は、共同体が満たすべき、さらに具体的な必要に分解できる（Feldman 2016, chap. 4）。仕事の正義のあり方を考えるために必要なものとして、次のものを取り上げておこう。まず、安全である。人間は、肉体的にも精神的にも、もろく弱い。自然災害等に遭って命を落としたり、犯罪に巻き込まれて人生を破壊されたりする。そこで、人々はこれらの脅威から守られる必要がある（Feldman 2016, pp. 76-77, 80-84）。また、人間らしい人生を生きるには、社会において居場所を得て、活躍できなければならない。つまり、社会的機会が開かれていない人生は、人間らしい人生とはいえない。この機会はまた、教育や社会インフラ等の基盤によっても支えられている。これらを含めて、人々は社会的機会を必要とする（Feldman 2016, pp. 85-86）。最後に、社会的諸制度と政治的権利である。人々が安全で、機会に恵まれていても、その社会のあり方によっては、人間らしい人生は不可能となる。人種差別や、自由の抑圧が一般化した社会を想像してみよう。人々が自らの能力や考えといったものを犠牲にせざるをえない社会は、人間らしい生き方を認めているとは言い難いだろう。そこで、これらの望ましくない社会のあり方を防ぎ、人々が享受すべき社会生活の利益を確保することが、必要となるのだ。ここから、人々はこのような機能を果たす社会的制度や政治的権利を必要とする、といわれる（Feldman 2016, pp. 86-100）。

　フェルドマンの考えでは、以上の必要に応じて人々は、安全の確保、社会的機会、適切な社会的諸制度と政治的権利に値することになる。もちろん、この背後にあるのは、文明的な共同体に住むことが、すべての人にとっての根本的必要だ、という考えであり、だからこそ、これらの便益に人々は値するのだ（Feldman 2016, pp. 75-80）。また、共同体の中心である政府は、これらの必要が満たされる上で、大きな役割を果たさねばならない。他方で、自らは監督的立場に留まり、他の機関が代わって満たしてもよい（Feldman 2016, pp. 78, 84）。

　これまでの議論をもとに、人々が仕事から得る収入は、次のように適正化されると、フェルドマンは言う。肝心なことは、雇用に関するまともな契約を結ぶことができる環境に、人々が置かれていることである。フェルドマンの考えでは、仕事をする人々は、雇用を提供する側に対して、極めて脆弱な立場に置かれている。つまり、安全が守られていないのだ。これでは、仕事に関する契

約や職場のあり方は、不適切なものとならざるをえない。そこで、このような状況を改善する方策が、収入そしてその他の仕事から人々が得る利益と、それらに関連する負担のあり方を適正化するためにとられるべきなのである。それは、最低賃金や職場の安全の担保への措置をも含む。加えてフェルドマンは、このような契約環境の是正ができれば、それ以上のことについては、契約当事者の自由な判断と決定を尊重してもよい、と言う。つまり、仕事のあり方自体を政府が統制する発想を採用しない、ということだ（Feldman 2016, pp. 115-117）。

　フェルドマンの議論の実践的含意は、ほぼ今日の市場経済の枠組みに収まるものだから、かなり穏当である。しかし、重要なポイントは、必要に基づくフェルドマンの功績の議論が高収入を正当化するとは限らない、ということだ。それどころか、フェルドマンは雇用する側を、人々に危険をもたらす存在として描くから、関心の対象になるのは、むしろ低収入で仕事をする人々なのである。結局、功績という考えは、経済的強者の利益の弁明に、便利に使われる道具であり続けてはくれないのだ。

Ⅳ　功績の考えの根本にあるもの

　以上の議論を振り返ると、功績という考えを用いて高収入を正当化する試みには、大きく分けて二つの問題があることがわかる。第一に、功績という考えそのものの問題である。つまり、どうやって功績の基礎を計測するか、また、運の影響をどう処理するのか、といった問題である。功績は、実に定まらない考えなのだ。マリガンの議論で確認したように、妥協を重ねれば、これは決定的な問題とまではいえない。しかし、功績という考えを用いた高収入の正当化に大きな傷を付けるものであることは否めない。その上でより重大なのは、功績は高収入を正当化するとは限らない、というもう一つの問題である。むしろ、低所得者への注意を促す結果にさえなるのだ。これは、上記の試み自体を台無しにする重大な問題だ。ここからは、この問題について、より深く考察していこう。なぜ功績の考えは、高収入者に常に味方しないのだろうか。

1 人への適切な評価

　マリガンが、関連原理との関係で運に注目していたことを思い出そう。ここから考察を進めると、人物への真正な評価を行うことが、功績という考えの重要なポイントであり、低収入者への配慮が当然に必要となることが浮かび上がる。

　話が長くなってきたので、まずはおさらいである。一般的に、ある人が何かに値すると主張される場合、その功績の基礎となるものは、その人に関するものでなければ、その主張の根拠にはならないという。これが、先に出てきた関連原理だ。例をあげるとわかりやすい。今、努力を功績の基礎だと考えるとしよう。もし、見ず知らずの人の努力によって、あなたが高収入に値すると言われたら、とてもおかしく思えるだろう。同様に、自分の努力を理由として、見ず知らずの人に報酬が与えられたら、問題だと思うだろう（cf. Mulligan 2018, p. 66）。選ばれた功績の基礎が、努力や貢献等、何であったとしても、それらがある人自身の行為や特徴に関するものでなければ、その人が何かに値すると主張する根拠にはならないということだ。

　この点がわかると、運がなぜ問題になるかがわかる。それは、ある人への評価を歪めるからだ。もし、ある人の努力や貢献が、その人の行為や特徴の結果というよりも、幸運の産物であったとしたら、そのような努力や貢献を根拠に、何かに値すると主張することには、躊躇するのではないか。これも例をあげよう。ある人が、大きな努力をして事業を成功させ、大金を得た。この人はこの大金に値するだろうか。表面的には、答えはイエスだろう。本人の努力と本人のビジネスを通じた社会的貢献があるからだ。しかし、次のような事情が明らかになったらどうだろう。努力できたのは、そのような性質を育む家庭と教育の環境に恵まれたからであった（親の財産で名門校を卒業していた）。また、ビジネスが成功したのは、たまたま競合者が病気になったからであった。こういった本人の行為や特徴と無縁の、運の要素が明らかになるにつれて、その人が本当に大金に値するか、疑わしくなる。仮に、あなたがその大金を得た人だと想像してほしい。大金が手に入ったことは当然嬉しいだろう。でも、それに値する人だと言われたらどうか。自分の幸運に気づけば気づくほど、気恥ずかしさや気まずさがこみ上げてこないだろうか。それは、自分自身へのあるべき評

価ではないからだ。

マリガンがこの背景を説明してくれる。運の影響がまったくない行為や特徴などは存在しないだろう（cf. Schmidtz 2006, pp. 34-35）。だがマリガンは、その影響を極力排除して功績を定めることが重要だ、という主張をしていた。それは、ある人自身の行為や特徴に着目することによって、その人への適切な評価を行うためなのだ。功績を認めることの意義は、人の自律を尊重することにあるという、マリガンの議論を思い出そう。マリガンは、これをアイデンティティの問題としてもとらえ、功績と人への評価を結び付ける見解にいたっている。説明しよう。人々は、自らの特徴や行為を通じて、人生を形作り、やがて自らが何者であるかということについての意識、つまりアイデンティティを形成する。そして、社会がそれを認めることは、その人を尊重することの核心である。だから、ある人自身の特徴や行為からなされた努力や貢献を称賛し、それによって報酬に値すると社会的に承認すること（つまり、功績を認定すること）は、その人のアイデンティティを社会が尊重し、それによってその人自身を尊重することになるのである（Mulligan 2018, pp. 100-101, 170-175）。例えば、ある人が小説家となるべく、自分の文筆能力を苦心して磨き、就職しないというリスクを取って、素晴らしい小説を書いた。この人は当然、自分が小説家であるという強い自負、アイデンティティを持つ。そして、ある年に、この人が出版した作品が優れていたとして、高名な文学賞を与えられたとしよう。これによって、この人の小説家としてのアイデンティティが認められる。また、それを形成するまでの人生にも肯定的評価が与えられ、この人は真に尊重されるのである（だがもし、文学賞の真の授賞理由が、競合者が一人もいなかったという運によるものだったら、この人への評価は真正ではなく、本人も侮辱されたと感じるだろう）。このように、ある人の特徴や行為に基づいて功績を認めることには、その人がどのような人物であるかを適切に評価し、尊重するという大きな目的があるのだ。

さて、ここで気づくべきことがある。それは、真正な評価がなされるべきなのは、社会のすべての成員であって、高収入者に限られないということだ。評価されるべき特徴を持ち、評価の対象になる行為をするのは、低収入者でも同じである。低収入者もまた、人としてのアイデンティティを形作り、それを社会が承認することで、人として尊重されることを必要とする。そこで、功績と

いう観点から、その人に値するものは何かを考えるべき対象になるのは、高収入者だけではない。低収入者についても、同様に考えなくてはならないのだ。

　以上の議論から、功績という考えの根底には、人物を適切に評価するという営みがあり、その評価の対象には、社会のあらゆる人が漏らさず含まれることが示唆される。実に、この点を明らかにしたのが、ケヴィン・キングホーン（Kevin Kinghorn）である。以下では、キングホーンの議論（Kinghorn 2021）を参照して、功績という考えを用いて収入のあり方を決める試みが、どのような結果をもたらすのか、まとめていこう。

2　社会的関係の問い直し

　本章では功績に関する様々な考え方を提示し、それらから「高収入に値する」という主張が成立するかどうかを検討してきた。ここで、本章冒頭で示した、功績という概念の形を思い出そう。それは、

「Ａ氏はＹゆえに、Ｘに値する。」

というものであった。Ｙは功績の基礎と呼ばれる。すなわち、本章は主として、Ｘ（高収入）を得るべきだ、という主張の基礎になることができるような、Ｙに当てはまるいろいろな要素（例えば貢献）を検討してきたわけである。そして、その見通しは厳しいということがわかった。この原因は、どこにあるのだろう。キングホーンは、功績という概念自体が、「Ａ氏はＹゆえに、Ｘに値する」という形で示される以上に大きな道徳の中にあることを論じる（Kinghorn 2021）。それは、功績という考えを使って、単なる私的利益の主張に道徳的な装いをまとわせるという試みが、不首尾に終わる重要な理由を示してくれる。

　キングホーンの研究は浩瀚だが、ポイントを絞れば、以下の主張を行うものと理解できる。キングホーンの考えでは、「Ａ氏はＹゆえに、Ｘに値する」という形で示される功績の主張が道徳的意味を持つなら、その根拠は比例性にあるという。先には、貢献との関係で比例性を解説したが、より一般的にいえば、比例性とは次のような考えだ。つまり、功績の基礎Ｙがあった場合、それゆえに得るべきものＸは、量や質の点でつり合いが取れたものでなければ

ならない（Kinghorn 2021, chap. 2）。例えば、ある企業において、仕事に不熱心な者と仕事に熱心な者がいた場合、不熱心さと熱心さが、功績の基礎となる。そして、もし両者に同等の報酬があったなら、それはおかしいのだ。というのも、仕事への不熱心さと熱心さという別々の功績の基礎に応じて、それにつり合った報酬がなければならないからだ。これが、比例性の考えである。われわれが功績の主張をする際には、自分が受け取った利益の量や質が適切かどうかを問題にすることが多いから、比例性が功績の中心的論点であるというのは、確かにそうだろう（本章のテーマも、収入という利益の大小に関するものだ）。功績が主張される場合には、このような比例性を達成することが、社会が満たすべき重要な道徳だと考えられている、というのがキングホーンの指摘であるといえよう。

　その上でキングホーンは、比例性に道徳的意味がそもそも存在するのかを問題にする（Kinghorn 2021, chaps. 2-3）。われわれは、例えば社会的貢献のような、それ自体に道徳的価値がありそうなものを基礎にして、功績を考える。そのため、比例性それ自体もまた、道徳的意味を持つと自然に考えてしまう。より大きな社会的貢献をした者には、より大きな報酬を与えるのが道徳的だという考えは、多くの人が抱く。このような比例性が道徳的意味を持つのは、次の事情による。すなわち、貢献という道徳的価値には、それに対応した適切な量の報酬を要求し命じる力があると、われわれが考えるからだ。一般化して言い換えれば、功績の基礎が持つ道徳的価値こそが比例性を道徳的なものにしているのだ。この考えの下で、努力や貢献といったそれらしい功績の基礎が探し求められ、提案されるのである（Kinghorn 2021, chap. 3, see esp., pp. 77-80, 103-104）。

　しかし、まったく道徳的に無価値なものを基礎として、功績が議論されるケースもある。キングホーンはこのような事例から、比例性それ自体に道徳的意味がないことを論じ、注目すべき結論を導く（Kinghorn 2021, chap. 4）。今、次のような例を考えてみよう（cf. Kinghorn 2021, pp. 110-111）。伝統的な技法で作られる和紙が名産である地域を想像してほしい。ここで、和紙折り紙を使って折り鶴を作るコンテストが開催されたとしよう。優勝すると、コンテストを主催する地域振興団体から、地元の商店街で使える500円の値引き券がもらえる。ローカルニュースで取り上げられて、思いのほか地域の話題になったコンテスト

には、多くの参加者があり、いろいろな立場から選ばれた審査員の審査の後、優勝者が決まった。出品された折り鶴を見る限り、和紙工場で長く働くＡさんこそ優勝者にふさわしいと、展示を見た多くの人には思われた。しかし、実際にはまったく別の人（Ｂさん）の、上出来とは思われない折り鶴が選ばれた。多くの人には、不思議な結果だった。この場合、これらの人たちは、Ａさんこそが優勝に値すると思うだろうし、場合によっては、主催団体に抗議するかもしれない。そう、ＡさんやＢさんの功績に関するいろいろな感情が、地域をめぐるのである。

　重要なことは、ここで想定される功績の基礎が、あまり道徳的価値を持たないということである。折り鶴を作る能力は、一般的にいえば、あまり道徳的に重要とはされない。そして、報酬である値引き券も、ほとんど取るに足りないものだ。つまり、功績の基礎（折り鶴を作る能力）と報酬（値引き券）の間につり合いが取れていること（比例性）には、わざわざ議論したり争ったりするほどの重要性がみられないのだ。そうではあるが、やはり、優勝に値しないと思われる人が優勝者になるのは、道徳的に問題だと思われるだろう。この感覚は、功績の基礎の道徳的価値によっては説明できない。つまり、折り鶴を作る能力が持つ道徳的価値に適切に応えるには、それに対して十分な報酬を与えることが必要だ、などとはとてもいえないのである（Kinghorn 2021, pp. 110-118）。では、何が、この感覚や問題の道徳的側面を説明してくれるのだろう。

　キングホーンによれば、それは、社会的関係の道徳的質についてわれわれが抱く関心である。すなわちわれわれは、道徳的に省察するなら、互いの社会的関係が真実に基づくものであることを望んでおり、そのために功績の主張が行われているという。人物的特徴や相互的な関係についての誤解や虚偽に基づく社会的関係が道徳的違和感をもたらすだろうことは、容易に想像がつく。先の折り鶴コンテストの例を考えよう。折り鶴を作る高い技能を持つ人（Ａさん）が優勝者（Ｂさん）とは別にいたわけだが、このコンテストはその事実を覆い隠してしまった。本来であれば、事実をもとに、この地域の人々の人間関係は展開されるべきだろう。Ａさんは皆から称賛を受け、お祭り騒ぎで子どもに折り鶴を教える場を与えられるかもしれない。これこそが、健全な社会関係だ。しかし、誰もがおかしいと感じるコンテストの結果によって、このような祝祭

的な関係は作られず、気まずさだけが残ったのだ。このような事態は、より大きな社会的文脈でも発生する。例えば、大統領に立候補する人の特徴に関する情報が、歪んで伝えられてしまうような社会を想像しよう。非常に清廉だとSNS によって喧伝されている人が、実は過去に犯罪集団に関わっていたとしたらどうだろうか。この人が、多くの人の人生に悪しき影響を与えていたという事実は覆い隠された。そして事実が隠蔽されたままこの人が政治に関与するなら、その人と市民の間の政治的関係は道徳的に不健全なものでしかない。もし、真実の情報が明らかになれば、仮に統治がうまくいっていても、支配と被支配の関係について、多くの人は何か違和感を抱くだろう。つまり、そのような悪辣な人物に支配されたくない、と思う人が出てくるのだ。これらの例から、功績という考えがあるのは、真実に基づく人々の関係を作るためだと考えることができる。その人に値するとされるもの（例えば、コンテストでの優勝や過去の行為についての悪評）が与えられることによって、その人の特徴や人々と結んでいた関係についての真実が認識されるのだ。すなわち、人々がどのような人物であるのかについての真実を互いに承認することで相互の関係を健全に保つことが、功績が主張され社会的に認められることの、大きな意味なのである（Kinghorn 2021, chaps. 5, 7, esp., pp. 131-132, 147-148, 204-205）[38]。

　キングホーンの議論は、次のようにまとめられる。何が功績の基礎となり、それに対する報酬として何がどれほど与えられるかということ（つまり、比例性）は、本質的な問題ではない。それは、真実に基づく社会的関係を作るという大きな道徳的目標を達成するための手段に過ぎないからだ（Kinghorn 2021, pp. 204-207）。人々が功績を主張し、それが社会で認められることによってなされるべきことは、人々の人物像や相互関係について、「誤ったメッセージが送られる」（Kinghorn 2021, p. 122）ことなく、真実が認められていくことなのである。それこそが、人々の共同体を、道徳的な意味で正常に保つのだ（Kinghorn 2021, pp. 132-136）。もちろん、何が真実であるかを決めることは困難だが、真実を求めることは通常の道徳的行動であり、功績が主張されることは、この行動の一

38 　キングホーンは、これをまとめて、次のように功績を改めて定義している。「Ａ氏がＹ［という人物的特徴や社会的関係］を持つという真実は、Ａ氏がＸを受け取ることによって承認されるべきである」（Kinghorn 2021, p. 136）。

部なのである。

　ここでは、キングホーンの議論を肯定的にとらえておこう。もしこの議論が成立するなら、なぜ功績という考えを通じて高収入を直ちに正当化できないのか、また、低収入者への配慮という考えが出てくるのか、理解することができる。すなわち、功績という考えは、人々の人格や能力、相互関係についての社会的評価が本当に適切なのか（真実が知らされているのか）を、問い直す観点を提供する道徳的概念なのだ（cf. Kinghorn 2021, pp. 211-212）。ここで人格や関係が問い直される対象には、高収入者も低収入者も含まれるのであり、どちらか一方に有利に作用することはないのである。例えば、利他的動機から人間に必須の仕事（例えば介護）に就く人と、利己的動機からギャンブルのような仕事に就く人がいた場合、前者が低収入で、後者が高収入である、ということは十分想像できる。功績という観点から、この状況が問い直されるなら、ここにみられる高収入と低収入は、ともに値しないものだと考えられる可能性がある。というのも、このような収入のあり方は、両者の人物像や社会的影響について、誤った社会的メッセージを発するかもしれないからである。社会の一般的評価は、前者の方が後者よりも道徳的に望ましいというものかもしれない。もしこれが人々に知らされるべき真実であるなら、功績の観点はわれわれに、前者こそ高収入に値し、後者は低収入に値することを教えるのである。もちろん、真実を知らしめる収入のあり方とはどのようなものかは、また別に考えなくてはならない問題だ。それは、功績という概念だけでは決着が付かないからだ（これまでみたように、功績という概念は、論争だらけなのである [39]）。しかし少なくとも、功績という道徳的概念を主張するなら、人は自らも含め、人物像や社会関係の道徳的なあり方を問い直す過程に置かれることになるのである。結果として、努力や貢献という観点からみて、低収入者の方が高収入者よりなお高い収入を得るべきだと評価されることさえあるだろう。こう考えると、功績という理念を用いて、自分の高収入を正当化しようという試み（「社会への貢献が大きい私は、高収入に値するのだ」と言ってしまうこと）は、時として自滅的であることがわかる。

39 ｜ キングホーンによれば、功績という概念は空っぽだという（Kinghorn 2021, p. 206）。

V おわりに

　本章では、「高収入の人は、大きな社会的貢献を行っているのだから、そのような収入に値するのだ」という考えを手がかりに、功績という概念を使って、高収入を正当化できるかどうかを考察した。そして、そのような正当化の試みには、非常に大きな困難があることを指摘した。経済的に成功し収入が上がれば、自分の能力や過去の行為（それには、多くの苦労も含まれる）の中から、成功の事実に誇りを持たせてくれるようなものを探し出すことは、誰でも行うことである。収入だけではなく、社会的地位や名声に関するものも含め、このような傾向は、あらゆる人が持つのではないだろうか。人生に誇りを持つことは、それ自体として非難されるようなことではない。だから、こうした自分の良い所探しに問題はない。しかし、それが高収入の正当化に用いられるとなれば話は別である。それはいろいろな点で混乱した主張や理解を生むし、そもそも根拠自体が極めて怪しいからだ。簡単にいうと、賢明であれば、本来避けるべきことだと思われるのだ。

第2章	# 低収入

I　はじめに
——「こんなに低い収入で、仕事をすることに価値などあるのか」

　収入が低くて、仕事をする気がなくなる。これは、誰にでも起きうることだ。特に、生活にゆとりが持てない収入しか仕事から得られず、そのような状況が長期間続けば、「こんなに低い収入で、仕事をすることに価値などあるのか」と思えてくるのは、当然ともいえるだろう。一生懸命に仕事をしているのに、生活の必要さえまかなえないなら、社会生活自体が馬鹿げたものに思えてくる。これは、多くの人の共感を呼ぶことが期待できる考えである。事実、いろいろな政党、さらには政府も、低収入を社会的問題にしているのだから。つまり、「こんなに低い収入で、仕事をすることに価値などあるのか」という不満は、単なる愚痴というよりも、何らかの道徳的に正当な訴えなのだ。しかし、この不満が道徳的にまともな考えの表明になるのはなぜだろう。少し前までは、低収入は個人の努力不足の結果だから、その人の責任であるという議論、いわゆる自己責任論が盛んだったことを考えよう。「こんなに低い収入で、仕事をすることに価値などあるのか」という考えは、当時であれば怠惰な人間の身勝手な不満、場合によっては甘えの現れと受け取られたかもしれない。今日では、低収入はいわゆる格差問題として考えられるようになったから、このようなあからさまな自己責任論はかなり減った。とはいえ、低収入への不満が持つ道徳的な意味やその深刻さも、必ずしも明らかとはいえない。また、これらへの理解から導かれる、低収入への望ましい対処のあり方も、鮮明とは言い難い。

　そこで本章が明らかにしたいのは、「こんなに低い収入で、仕事をすることに価値などあるのか」という不満の道徳的根拠である。いかにしてこの不満は、

社会的対処の必要な正当な不満となりえるのだろう。それを解明する一つのカギは、人々の正当な期待だ。そもそも、「こんなに低い収入で、仕事をすることに価値などあるのか」と思う背景には、仕事をする際に受け取るべきものへの期待がある。何も受け取るものがないのに、人々が勤めに出かけ、汗水垂らして働くなどという社会を想像することは難しい。仕事をするのは、何らかの見返りを求めてのことであり、単なる奉仕活動ではない（だからこそ、無償の奉仕には道徳的な意味があるとも考えられる）。見返りのない仕事はありえないし、もしそのようなことがあるなら、何らかの不正（例えば、搾取と一般にいわれるような悪行）が起きているのではないかと考える方が普通だ。そこで、人々が仕事から何らかのものを受け取ることを期待することは、まずは正当なことだろう。しかし、より具体的にどのような道徳が、適切な報酬のある仕事を正当なものにし、そうではない仕事を不正なものにするのかといえば、上に述べた漠然とした理解では役に立たない。

本章では、まさにそのような道徳を検討していこう。この道徳は、市場への期待というレベルと社会への信頼という二つのレベルで考えられる。それぞれは、異なった観点を通じて、人々が仕事からどのような収入を得るべきかを決める。より具体的には、自らの仕事を特定の企業に売り、それに対しての具体的な報酬を得る市場のレベルと、市場のあり方そのものを決定している社会全体のレベルである。人々はそれぞれのレベルで、仕事への正当な期待を持つことになる。例えば、市場において企業がまともな給料を支払うことや、勤勉に報いてくれること、また、社会がそのような市場のあり方を保障してくれること等への期待だ。

あらかじめ、議論のポイントを言っておこう。法・政治哲学の観点からみて、低収入が問題なのは、次の三つの理由による。まず、仕事から低収入しか得ていない場合、仕事というサービスを生産するための費用がそもそもまかなえない状態が想定できてしまう。これは、仕事というサービスの不当な価格での買い取りであり、道徳的に問題のある取引が、市場のあちらこちらでなされていることを示している。次に、低収入は、努力等の美徳には報酬をもって応えるという、市場独自の道徳の衰退を意味していることも考えられる。一般に、市場は美徳が報われる場であると考えられてきた歴史があるため、このようなこ

とが起きる。とりわけ、美徳の発揮を通じても人々がひどい低収入に甘んじ、貧困から脱することが難しい現実は、市場の道徳が崩壊しかかっていることさえ示している。最後に、より大きな問題があげられる。多くの人々が継続する低収入の状況に置かれるなら、社会制度全体への信頼が蒸発するという問題だ。それは、貧困を放置するという、本来であれば誰にとっても容認し難い社会的ルールが、多くの人々に押し付けられていることから起きる。これらの問題の裏返しが、満たされるべき期待である。つまり、市場において仕事が公正な価格で買い取られ、美徳が十分報われ、社会的信頼が維持されるだけの収入に関するルールが存在することである。このような期待が、「こんなに低い収入で、仕事をすることに価値などあるのか」という考えを生み出す。低収入への不満は自らの努力不足についての甘えなどではなく、まともな道徳的根拠を持つ訴えなのである。

　ここで、期待が崩れ去るレベルが企業から市場、さらに社会へと上がるに従って、その害もまた大きくなることに注意しておこう。「こんなに低い収入で、仕事をすることに価値などあるのか」という不満が、ある企業に対して向けられたものであるなら、転職してしまえばよい。本章が注目するのは、ここから先である。この不満が、市場に向けられたものになるなら、より事態は深刻化する。それは、市場全体を視野に入れてさえ、まともなものを得られる仕事がないことを意味する。つまり、この不満から逃れる場所がなくなるから、そもそも期待は満たされえないものである可能性が高まるのだ。さらに、この不満が社会全体に対して向けられるというなら、現在の社会はそれ自体として、その根から道徳的に誤っているという思想につながる。社会への根源的不信とでもいうべきものが現れるだろう。

Ⅱ　仕事のサービス生産費用をまかなう

　仕事をするには、まず生活できていなければならない。これは、生活するためには仕事をしなくてはならないという、普通の考えの逆だが、よく考えれば当たり前である。著しく不健康では、仕事はできない。健康で日々を過ごすには、まともな食事をしなくてはならない。さらに、住居も必要だし、温暖化が

進む近年では、エアコンも必須だろう。これらは最低限の条件だ。仕事をするための社会的スキルも必要だろう。他人と円滑にコミュニケーションをとったり、感情を平静に保ったり、といったスキルだ。それらを身に付けるには、社会的ネットワークに所属することも必要だから、友人と出かけるとか、近親者の面倒を見るとか、そういったこともできなくてはならない。これらの積み重ねの上に、人々は、ようやく仕事ができる状況になるのだ。

　これらは皆、費用がかかる。衣食住の費用は真っ先にあげられるだろう。健康維持まで加えれば、少なくとも食と住の費用はそれなりに大きくなる。また、医療も必要だから、さらに費用はかさむ。これに友人関係や家族、親族との関係といった社会的ネットワークの維持費まで入れれば、相当な金額になるだろう。さらに、いろいろな社会関係に役立つサービスにかかる費用まで考えてみよう。社会が複雑化し、利用可能なサービスが増えるほど、数多くの費用に人々はさいなまれることになる。それらは、現在の社会でまともな人間生活を成立させるのに欠かせないから、仕事を行う前提としてかかる費用でもある。

　この費用は、仕事によってまかなわれる必要があるだろう。そもそも、お金は天から降ってくるわけではない。また、行政はいろいろな生活上のサービスを提供してくれるとはいえ、生活全般の面倒を見てくれるわけでもない。生活の費用は、人々が稼いだお金で支出されることが一般的に期待されているし、そのような考えは社会の規範でもある。そうであれば、人々が仕事から得る収入は、そうした費用のほとんどをまかなうことができるレベルである必要がある。そうでないなら、人々の生活は行き詰まるし、そのような人が増えれば、そもそも社会は継続されない。そこで、仕事から得るべき収入は、生活の費用から切り離されて理解すべきではない、という考えが生じる。

　このような費用を中心に収入のあり方を考える感覚を適切にとらえ、それを理論として考察するのに有益なのが、マーク・リーフ（Mark Reiff）による「正しい価格（just price）」の議論である。市場経済を前提に行われるリーフの議論は、端的に次のようなものだ。すなわち、人々が市場において仕事を行う場合には、仕事ができる状態に自らを置くために、衣食住をはじめいろいろな費用がかかっている。企業が人々に仕事をさせる、つまり仕事というサービスを買い取る場合には、この費用を十分にまかなうだけの価格（正しい価格）で

買い取らなければならない。この正しい価格が適切な収入となる、というのである（Reiff 2013）[1]。

　市場において財やサービスが取引される際、その価格の正しさを決める最も重要な道徳が、互恵性（reciprocity）である。それは、価値が等しいもの同士を交換することであり、アリストテレスに由来する伝統ある考え方である。非常に簡単に考えるなら、次のようなことである。今、AさんとBさんがいて、Aさんはナシを1個、Bさんはリンゴを1個持っていた。さて、ナシ1個とリンゴ1個の価値を、何らかの適切な方法でそれぞれお金の価値に置き換えると、どちらも200円だったとしよう。その際、二人がナシ1個とリンゴ1個を交換したならば、等しい価値のものが交換されたのだから、互恵性が達成されたといえる。これは、物々交換でなくても同じである。ここではAさんに焦点を当てよう。もしAさんがこのナシ1個を、Cさんに200円で買い取ってもらったなら、その取引は正しい。というのも、200円の価値があるナシを200円で売ったのだから、売ったAさんも買ったCさんも、等しい価値のもの（ナシ1個と百円玉2枚）を交換したのであり、互恵性が満たされるからである。もし、等しくないものが交換されれば、それは不正だ。例えば、ナシ1個が100円で買われてしまった場合である（cf. Reiff 2013, p. 51）[2]。

　互恵性に関する以上の議論を、われわれの関心に当てはめよう。次のことがわかるだろう。すなわちわれわれは、自分たちが行う仕事というサービスを、正しい価格で買ってもらうべき道徳的立場にいるのだ。これは、仕事が売り買いされる価格、つまり仕事から得られる収入の問題である。収入が正しい価格に則ることが必要であり、人々は社会に道徳の問題としてそれを要求できるのである（Reiff 2013, p. 14）。

　さて、ここで問題が発生する。仕事の正しい価格をどう決めればよいのだろうか。価格のことだから、仕事をお金の価値に換算するわけだが、その方法が

---

[1]　リーフ自身によれば、彼が展開しているのは搾取（exploitation）の議論である（Reiff 2013）。しかし、Veneziani 2015 が指摘するように、リーフの議論の中心は、搾取というより正しい価格にある。なお、価格をめぐる思想史として、有江 1994 は大変有益だから、興味を持たれた読者は参照されたい。

[2]　アリストテレス自身の議論については、『ニコマコス倫理学』第5巻第5章（アリストテレス2002、216-224頁）を参照されたい。なお、後にも触れるが、正しい価格からのぶれもリーフは認めている。その意味で、正しい価格は絶対ではない。Reiff 2013, chap. 5 を参照。

知りたいのだ。リーフによれば、いろいろな財やサービスをお金の価値に換算するには、二つの方法があるという。一つ目は、市場で付いた価格（市場価格）を用いる方法である。例えば、リンゴが200円で売れたなら、それは200円という価値を持つ、と考えるのだ。もう一つは、財やサービスを生産するための費用を用いる方法である。リンゴ1個当たりを生産するのに200円の費用がかかっているから、200円という価値を持つ、ということにするのである（Reiff 2013, chap. 4）。リーフによれば、適切なのは費用である。なぜだろうか。

その理由は、平等な価値の交換という目的を達成する上で、市場価格が適切でないからだ。今、市場におけるある財やサービスの価格が、他の財やサービスとの交換の尺度（交換価値と呼ばれる）として用いられていると考えよう。先の例に戻ると、200円のナシ1個と200円のリンゴ1個は、同じ価値を持つものとして交換されうる。市場価格の観点から考えると、この交換は、等しい価値を持つものの交換にみえる。だがよく考えると、そうではない。ある財やサービスの市場価格を決める背景になっているのは、人々がそれに支払ってもよいと考える金額である。そして、この金額は、人々がその財やサービスに対して主観的に感じる有用さ（使用価値と呼ばれる）による。例えば、ある人がナシ1個に200円を支払ってもよいと思うのは、ナシ1個から感じられる満足という有用さがあるからだ。そして、これは極めて個人的な判断である。だから、例えば複数の人が同じナシに200円という価格を付けるにしても、その背景に同じ有用性に関する判断があるとはいえない。また、200円のナシと200円のリンゴが、誰にとっても同じ有用さをもたらすとはとてもいえない。つまり、同じ市場価格が、客観的に等しいといえる有用さを示すわけではないのである。ここで財やサービスの有用さを価値だと考えれば、市場価格の等しさは、価値の等しさを示すとはいえなくなる。互恵性は等しい価値と価値の交換によって実現するが、市場価格はこのような性質のものだから、互恵性の実現の道具として使えないのである（Reiff 2013, pp. 101-103）[3][4]。

3　このまとめはかなり再構成しているから、詳しくは原著を参照されたい。リーフは効用（utility）と価値（value）に根本的な違いがあることを力説した上で、真に客観的な交換の基準として、交換価値にも使用価値にも還元できない価値である、「正しい交換価値（just exchange value）」（Reiff 2013, p. 102）を主張するにいたっている（Reiff 2013, pp. 101-102）。ただし、リーフの議論はやや性急で、詳細をつかみ切れない。

4　本章の内容にもう少し近づけて、次の例を考えてもよい。なお、税金は無視する。あなたが

そこでリーフは、「正しい交換価値（just exchange value）」（Reiff 2013, p. 102）に着目し、適切な価格を考える。正しい交換価値は、財やサービスの客観的な価値の指標として計算されたものであり、主観的な有用さと違って、人によって変わってしまうことがない価値だ。リーフによれば、それこそが、財やサービスの生産にかかった費用なのである[5]。それは実に、等しい価値と価値の交換という道徳的実践を前提として、われわれが財やサービスに見出すべき価値である（Reiff 2013, pp. 101-109）[6]。この考えの下、リーフの議論をまとめれば次のようになる。市場における財やサービスの取引は、等しい価値の交換でなければならない。これが互恵性の求めることだ。その際に価値は、交換される財やサービスを生産するためにかかった費用によって測られるべきものなのである。そして財やサービスが購入される際には、生産費用を十分に満たすだけのお金が渡されなくてはならないということになる。リーフの考えでは、少なくとも、社会的に平均してかかる費用がまかなわれなければならないという（Reiff 2013, pp. 109-119）[7]。

さて、本章の主題である収入に当てはめれば、リーフの議論は次のことを意味する。仕事というサービスが市場で購入される際には、そのサービスの生産費用をまかなうだけのお金が支払われなければならないのだ。あまり馴染みのない考えかもしれないが、簡単にいうなら、仕事をする人々が生活を成立させ、仕事を実際に行うまでにかかるいろいろな費用が、収入として与えられるべきだというのだ。基礎的な部分では、衣食住の費用が考えられる。また、資本主義を標榜する社会では、自らの能力を十分に発揮して生産性を向上させていくことが人々に求められる。だがそのためには、人々は心と身体の両面で、能力

個人営業のハンバーガー店でアルバイトをして、時給1,500円を得た。この1,500円で、あなたは欲しかった1,500円の本を買うことができた。では、あなたのアルバイトのサービスと、あなたが買った本の価値は等しいのだろうか。ハンバーガー店の店主が感じたあなたのサービスの有用さとあなたにとっての本の有用さは、客観的に比べられるようなものではない。だから、このような比較には意味がない。市場価格はそのようなものに過ぎないから、等しい価値の交換としての互恵性が実現したかを知る指標にはなりえない。

5 詳細は、リーフ自身の議論（Reiff 2013, chap. 4）を参照。

6 なお、ここでリーフはジェラルド・コーエン（Gerald Cohen）によるカール・マルクス（Karl Marx）の理解（Cohen 2000, App. II, esp., p. 418, n. 1）を参照している（Reiff 2013, p. 102, n. 1）。

7 このような主張には、費用の考え方等についての多くのテクニカルな問題がある。しかし、それに深入りしなくても、本章に必要なリーフの議論の概要を理解することはできるから、ここでは割愛する。詳しくはReiff 2013, chap. 4を参照。

を維持し発揮しなければならない。これには教育や医療が必須だが、もちろん費用がかかる。これらも、仕事のサービスを生産するのにかかる費用であるといえよう。さらに、資本主義社会が安定的に継続して営まれるためには、人々が社会との一体感を持つことも必要だ。加えて、家族形成ができなければ、社会はそもそも継続できない。これらにかかる最低限の費用も、生産費用に入るだろう（Reiff 2013, pp. 126-129, see also, p. 136）。リーフの考えでは、少なくとも道徳的観点からいえば、仕事から得られるお金は、これらの費用を満たすのに十分でなければならない（Reiff 2013, pp. 129-131）。そしてそのような金額こそが、仕事というサービスの正しい価格になるのである。リーフによれば、正しい価格よりも上、もしくは下の価格で財やサービスが売られることは不正である（Reiff 2013, p. 44）。そこで、仕事を行う人々には、最低限の収入（いわゆる最低賃金）が与えられなくてはならないのだ（Reiff 2013, pp. 14, 197-204）。

　他方で、仕事に対してあえて高い価格を付け、より高い価格で買い取ることも許される場合があるという。それは、社会全体の利益となるようなインセンティブが、高い収入によって与えられる場合だ（Reiff 2013, pp. 157-158, 164-174）。すなわち、経済全体を成長させる効果を持つことが想定できるが、リスクが大き過ぎて人々が尻ごみするようなビジネスである。こうしたケースでは、あえて正しい価格を上回る収入を与えることによって、社会全体の利益が実現されることもあるだろう。その場合には、正しい価格よりも社会の利益が優先される。

　しかし、高過ぎる収入はやはり許されない。なぜかといえば、高過ぎる収入は、社会全体の不利益となる、非合理な（unreasonable）利益追求を発生させかねないからだ。一般に、極めて高い収入を享受するのは、企業の経営に携わる人々である。これらの人々の収入は、企業が短期的に巨大な利益をあげてこそ可能になる。しかし、短期的に巨大な利益をあげる機会というのは、そうそうあるものではない。そこで企業経営者は、企業の巨大な利益と、それを通じた非常に高い収入を確保するために、非合理なリスクをともなう、いわば悪しきバクチのような行動に打って出るかもしれない。このような社会全体の利益を顧みない経営者がはびこる悪影響は大きい。そこでリーフは、非合理なリスクをともなう利益追求を抑制するために、高過ぎる収入は許すべきではないと

考えるのである（Reiff 2013, pp. 14, 140-141, see also, pp. 180-182）。

　リーフの議論の大枠は以上のとおりだ。さて、われわれの議論に戻ろう。低収入では、生活のいろいろな費用がまかなえない。このような状況にある人は「こんなに低い収入で、仕事をすることに価値などあるのか」と思うかもしれない。リーフの議論で考えれば、これは自らの仕事というサービスが、適正な価格で買い取られないことへの不満なのである。この不満は、贅沢したいとか出世したいなどという、際限のない自己利益や欲望の表明ではないことに注意しよう。つまり、身勝手さからくる愚痴ではないのだ。それは、仕事をしても普通に生活するための費用さえまかなえないなら、そもそも市場経済なるものに参加する個人的意義を見出せないという、極めてまともな意見の表明なのである。すなわち、一方的に労力だけを吸い上げられ、何の見返りもない生産のプロジェクトに参加しようなどという人はいないし、それが強制されるなら、奴隷制が出現したのと同じである[8]。それは市場が道徳的無法地帯になることを意味するから、市場経済を強く支持すればするほど、望ましくない事態になる。つまり、参加者の生活上の必要に関係するまともな期待を満たすことは、市場経済が道徳的に擁護可能であるためにこそ、不可欠なのである。

　リーフの議論は、市場が持つべき善さ、つまり道徳的特質（徳性）という重要な点に目を向けさせるものだ。「こんなに低い収入で、仕事をすることに価値などあるのか」という人々の不満は、市場に対して人々が期待する徳性が存在することの裏返しなのである。では、その徳性とは何だろうか。リーフによれば、それは正しい価格という概念が示すこと、つまり生産費用に見合った交換である。このようなリーフの見解は、ある意味単純に支持できるものだ。費用に見合わない価格でサービスを売るということが割に合わないことは、誰でもわかるからだ。しかし、専門的な観点から、あるいは日常的な関心との乖離から、リーフの議論に納得できない人もいるだろう[9]。例えばリーフの議論は、資本主義の市場経済そのものが有する歪み（人間相互の尊重が欠如している等が

8　もちろんこれは、マルクスの搾取論等とともに論じられてきたテーマだが、本書は英米の政治理論に焦点を当てるから、共和主義と結び付く論点になる。資本主義と奴隷制の親和関係は、近年改めて注目されているテーマである。例えば、Baptist 2014 等を参照。

9　Veneziani 2015 等を参照。なお、正しい価格に関連した、他の影響力ある議論にはアラン・ワータイマー（Alan Wertheimer）によるもの（Wertheimer 1996）等もある。あわせて Elegido 2015 も参照するとよい。

思いつく）を問う、といった観点には乏しく、中途半端なものにとどまっているという批判もありえる（Veneziani 2015; Herzog 2015）。しかし、いろいろな批判を認めるにしても、市場が持つ徳性に注目するという方向性を直ちに捨てるのは惜しい。市場が表すべき徳性は、何も正しい価格に尽きるものではない。実に、市場の徳性を探る議論は、資本主義や市場経済のあり方が現実社会で鋭く問われる近年、これに応えて道徳的に正当化できる市場経済のあり方を考えようという学界の動きの中で、着実に増えているのである。そしてこれらは、市場経済を批判的に考察するための糧になるものでもあるから、最終的に支持するにせよしないにせよ、少ないよりも多い方がよいだろう。そこで以下では、これらの試みをみながら、市場の徳性をより深く考えていこう。

Ⅲ　市場の徳性を探す

1　美徳への報酬

　市場が持つべき徳性（人々が市場に期待すべきものの根拠）についての議論は、市場経済についての透徹した考察を行った初期の人物である、アダム・スミス（Adam Smith）に遡って論じられることが、今日の英語圏の議論でも多い。ここでは、リサ・ヘルツォグ（Lisa Herzog）の議論（Herzog 2013, chap. 5）によって、現在の英語圏における法・政治哲学（特に正義論に関係する研究）がスミスの議論の何に注目し、そこからどのような今日への教訓が引き出されているのかを確認する[10]。なお、ここで議論されている市場は、現在、われわれが目の当たりにしているものではない。それは、理想的に競争が行われる市場である。つまり、財やサービスの多くの売り手と買い手が存在し、対等な立場で売り買いが行われる場としての市場である。

---

[10]　そこで、Ⅲはスミス研究それ自体を扱うものではないから、ヘルツォグのスミスに関する見解について、その是非は問わない。思想史的興味からヘルツォグの理解を知りたい場合には、直接 Herzog 2013 を参照。また、The Adam Smith Review（2017, volume10）における Symposium on Lisa Herzog's Inventing the Market: Smith, Hegel, and Political Theory に収められた諸論考も重要である。特に本章との関係では Pack 2017 を参照。さらに、日本語におけるスミス研究には田中 1988 や新村 1994 等多くのものがあるから、より詳しい知識を得たい読者には、これらの文献の参照を勧める。中でも新村 2011 は、本章の議論に興味を持つ読者にとって大変有益である。

理想的な市場が持つべき徳性は、スミスの『諸国民の富』や『道徳感情論』等に述べられている。これは今日、よく知られた事実だが、ヘルツォグはその中から次の点に注目し、理想的な市場が備えるべき徳性を導く。それは、市場が美徳（virtues）に対して報酬を与える機能を持つことである。すなわち、人々が市場を道徳的に善いものと判断する根拠には、高い報酬が美徳を備えた人物に対して与えられることが必要なのである（Herzog 2013, chap. 5）。では、何が報われるべき美徳なのだろうか。ヘルツォグによれば、それは、「財産のある人物にいたる美徳（bourgeois virtues）」（Herzog 2013, p. 90）であり、勤勉、節約、正直、聡明等を含む（Herzog 2013, pp. 90-91）[11]。市場が道徳的であるとは、これらの美徳が高い金銭的報酬によって報われることを指すのだ（Herzog 2013, pp. 89-90）[12]。これらの美徳はまた、人々が市場を通じて、相互に規律し合う結果として発生するものでもある。市場を通じて、人々が対等な立場で財とサービスを交換する際に、互いの期待にまともに応え取引相手とされ続けたいと思うなら、これらの美徳がそもそも必要だからである（Herzog 2013, pp. 93-94）。

　しかし、市場が美徳に報いることは、どのように可能なのだろうか。例えば、美徳を備えた人物がある財を生産したときに、たまたまその価格が低ければ、この人の美徳は報われることがないだろう。ヘルツォグによれば、スミスの回答は、需要と供給に応じた市場の価格メカニズムが、美徳への報酬を可能にするというものである。つまり、こういうことだ。人々は、自らがどの財やサービスの生産事業に携わるかを決定する際に、生産するものに適切な価格が付き、美徳が報われる事業を選ぶだろう。また、自らの関わる事業が、もはや美徳への報酬をもたらさないものになったと判断されるなら、別の事業で生産活動に携わることを選ぶだろう。このようにして、市場の需要と供給に応じた価格メカニズムには、人々が美徳を発揮するように促す調整機能が備わっているのである。裏を返せば、市場は美徳に報いるシステムとして作られているともいえる。もちろん、これは理想的な市場の話である。数多くの参加者が、いろいろ

11　財産のある人物にいたる美徳は、McCloskey 2006 による用語である。
12　ここでヘルツォグは、この議論を、自由の価値から市場の道徳を考える流れと対比して展開している。なお、美徳への報いというのは、典型的な功績の議論だが、これについては第1章を参照。

な財やサービスを提供していて、対等な立場で取引しており、誰も価格について特別な影響力を持たない市場だ。このような理想的な市場において機能する、需要と供給に基づく価格メカニズムは、美徳という観点からも理にかなった仕組みなのである（Herzog 2013, pp. 89-95）[13]。

　さらに市場には、美徳と無縁の要素、つまり運によって報酬が決まってしまうことをある程度防ぐ機能があるという。それは、仕事を変えることによってだ。人々がどのような形で仕事を行い、どのような報酬が得られるかは、経済状況等、運の要素に大きく左右されてしまう。運は美徳自体とは関係がないから、運の要素で報酬が決まってしまっては都合が悪い。しかし、上でみたように、市場は人々が自分の美徳が報われる仕事に従事するように促す。そこで、人々が自らの能力等に応じて美徳が報われる事業へと移っていくならば、運の影響よりも美徳の発揮がその人の報酬を決めるようになるというのである（Herzog 2013, p. 98）。

　以上のように、ヘルツォグがスミスの議論から引き出す重要な理念は、美徳に対する報酬が与えられる場としての市場、という考えである[14]。市場はこの理念を具体化する仕組みを、その中に持っていることが望ましいというのだ。この理念をわれわれの議論に組み入れるなら、市場に期待されるべき徳性とは美徳に報酬を与えることであり、これがあってこそ市場には道徳上の意義があるといえる、ということになる。もし、そうでないのであれば、市場は道徳的に怪しげなものだ、ということにさえなってしまう。これは、今ある市場経済を続けていくことに疑いの目を向けさせるものだ。真摯に仕事に励むことと仕事の報酬とが、必ずしも結び付いていないからだ。

　本章のテーマに戻ろう。ヘルツォグの議論の観点からみると、「こんなに低い収入で、仕事をすることに価値などあるのか」という疑問は、現実の市場が美徳に報いていないことへの不満の表明であると考えられる。勤勉や正直とい

13 　もちろん、この見立ては楽観的過ぎるが（cf. Herzog 2013, p. 97）、ここではまず論点だけを確認する。

14 　ヘルツォグによれば、逆の発想をしたのがフリードリヒ・ヘーゲル（Friedrich Hegel）であり、その後継者がリバタリアンである。すなわちこの人たちによれば、市場が美徳に報いることはないのであり、そもそも市場が何らかの分配上のパターンをもたらすという理解自体が不適切なのだという（Herzog 2013, chap. 5）。

った美徳を発揮して仕事をしても、まったく報われない人は数多くいる。このような人々にとって、実際の市場は本来あるべき根本的な徳性を欠くのであり、現状では道徳的に怪しげで、まったく支持できないものであろう。この不満は、あるべき市場に関する理念からしても、十分な意味がある。だから、市場を支持する人々こそが、真剣に受け止めなければならないものだ。

　では、どうするべきだろうか。市場が本来の徳性を発揮できないのには、理由があるのだろう。そもそも貧困や格差の問題はいつの時代にもあるから、市場が本来の徳性を発揮できない要因は、時代によって変化していることが当然予想される[15]。これらの要因を探し出すことは、法・政治哲学ではなく、経済学や公共政策に携わる人々にこそ、第一に任せられる課題である。とはいえ、そのような努力を促すためには、新たな社会状況に対する認識に基づいて、スミスのものからさらにアップデートされた道徳の議論も役立つだろう。そして、そのような議論を通じ、「こんなに低い収入で、仕事をすることに価値などあるのか」という疑問が意味することを、さらに探っていくことができる。そうすることで、市場がもたらすべき仕事への正当な期待として、現在の社会状況下で人々は何を想定すべきなのか、より詳しくわかるはずだ。以下では、ヘルツォグの議論も参照しつつ、現代のアメリカを舞台にして適切な市場と仕事のあり方を論じたジョシュア・プライス（Joshua Preiss）の議論を参照し、これを考えていこう。

2　貧困の改善

　ヘルツォグと同じく、プライスの議論（Preiss 2021）もまた、市場全体の徳性を問題にする。プライスが考える市場の徳性の前提には、スミスの議論があり、美徳への報酬は重要な要素の一つだ。ここからさらにプライスが注目するのは、この徳性が発揮されない現在の市場のあり方である。今日の市場がなぜ期待されていた徳性を発揮できないのか、そしてこの状況に対処するためには、どのような道徳的思考が必要とされているのかを明らかにすることが、プライスの議論の中心である。より具体的にいうと、過去においてスミス的な理想に近か

15　アトキンソン 2015 やブランシャール／ロドリック編 2022 等、今日においても格差をめぐる議論は盛んである。

ったアメリカ社会が、どのようにそうではない世界に移っていったのかを解説し、その上で新たな社会にふさわしい道徳原理を提示するのが、プライスの試みである[16]。以下でそれを追ってみよう。

　まず、アメリカ社会の変化への着目である。プライスはこれを、「スミス的な秩序ある社会（Smithian well-ordered society）」が、「勝者総取り社会（winner-take-all societies）」へと移ったのだと理解する（Preiss 2021, p. 21, chap. 1）。スミス的な秩序ある社会の特徴を確認しよう。この社会では、財産のある人物にいたる美徳と競争を通じて、人々の生活が全体的に向上する。ヘルツォグの指摘を思い出そう。市場を中心とする社会が道徳的に優れているのは、美徳が報われるからであるというのが、スミスの考えなのである。スミス的な秩序ある社会では、まさにこれが実現する。すなわち、人々が仕事等の市場における活動において、勤勉、正直、規律等の美徳を発揮すれば、それにはより良い社会的境遇という報酬が、社会から与えられるのだ。重要な点として、これは特別な人にだけ起こることではなく、誰にでもごく普通に起きるのである。市場は、美徳を発揮するすべての人が、平等に報われる場所なのだ。だからこそ、市場を中心とする社会は、道徳的に望ましいのである（Preiss 2021, pp. 21-22）。

　この点で、スミス的な秩序ある社会の市場は、もう一つの重要な役割を果たす。それは、人々に仕事をさせる側を競争にさらすことである。つまり、仕事をしてくれる人を探す競争、いわゆる人材獲得競争が行われるのだ。これが、仕事をする人々の状況をさらに改善させていく（Preiss 2021, pp. 22-23）。美徳の発揮という個人的な努力だけではなく、社会環境においても、人材獲得競争という待遇を改善する力が働くことで、人々の生活は確実に向上していくことになる。

　スミス的な秩序ある社会では、仕事をする側もさせる側も、努力を怠らず切磋琢磨するならば、経済は成長し、あらゆる人に恩恵がもたらされる（Preiss 2021, pp. 22-24）。結果として、もともとは貧しかった人々でさえ、仕事に励むならば、貧困から抜け出すことができる。まさに普通の人々の貧困の改善こそが、

16　なおヘルツォグは、公教育が充実し、搾取的な関係がなくなり、誰にでも市場で活躍する場所が与えられることによって、社会的不平等自体がそれほど道徳的な関心事としての意味を持たなくなるという理想を考えている（Herzog 2013, pp. 117-118）。

市場の道徳的存在意義であり、スミス的な秩序ある社会の市場の理想なのである（Preiss 2021, p. 22）。他方で、市場がもしこの重大なミッション、すなわち仕事を通じた貧しい人々の生活改善に失敗するならば、その時には国家が動かなくてはならない（Preiss 2021, pp. 35, 53）。プライスによれば、スミス的な秩序ある社会の理想は、20世紀にはある程度達成されていたという。一部の富裕層だけでなく、仕事をする普通の人々も含めて、皆が経済成長の恩恵を享受する時代だったからだ（Preiss 2021, pp. 23-25）。

　今日、このようなスミス的な秩序ある社会は、過去のものとなったとプライスは考える。代わりにアメリカに出現したのは、勝者が総取りする（winner-takes-all）市場を抱えた社会である（Preiss 2021, pp. 25-34）。この市場では、ごく一部の人だけが富を享受し、他の人々は、たとえ美徳を発揮して仕事に励んだとしても、貧しさの中に沈んでいく。アメリカのみならず、日本でもよく知られた現象になったから、プライスが指摘する重要な特徴を、ごく簡単に確認しておこう。それは、仕事の二極化と乗り越えることが絶望的な格差である。特に重要な役割を果たすのが、経済のデジタル化だ。手仕事やモノの製造ではなく、知識に基づく富の創出の動き、といってもよい。この状況の下で、高度な知識を要求されるが極めて高賃金の仕事と、知識は要らないが極めて低賃金の仕事の二つが、市場で見つかる仕事の大部分を占めるようになった。中間的な賃金を与えてくれるような仕事はどんどん減った。そして、高度な知識が必要で高賃金な仕事には、ごくわずかな人だけが就くようになった。結果として、経済的格差が大きく開いたのである。また、デジタル化された経済では、他に先んじて製品を開発した者が、そのユーザーを囲い込み、収益を上げ続ける事態も発生した。ここでは、トップを行く事業者だけに、世界中の市場から富が流れ込み、それより下位の競争者はほとんど恩恵を受けられないという事態にさえなる。さらに、成功者たちは気安く事業を進めるために、すでに経営や開発で評判を上げた人物とだけ、仕事をするようになっていく。成功者たちの閉じたサークルで富が生み出され回る一方で、低賃金の仕事にしか就けない大多数の人々は、取り残されていくのである（Preiss 2021, pp. 28-34）。さて、プライスが描くこのような社会では、多くの人にとって、社会的に上昇する機会はほとんどないことが理解されよう。たとえ仕事に励み、美徳を発揮したとしても、

低賃金だから自らの手に富が手元に残ることはなく、貧困と隣り合わせの生活が続く。そして一度、貧困に陥れば、そこから抜けるのは容易ではない。日本においても、十分に想像できる生活ではないだろうか。スミス的な秩序ある社会の理想が、市場での仕事を通じて、普通の人々が貧困から抜け出せることであったのを思い出そう。この理想は、もはや実現されなくなったのである。市場の理念の根幹が崩れた以上、それは道徳的存在意義を失っているとさえいえる。これは、深刻な問題である。

　プライスは、近年のアメリカを覆うこの問題に対処するために必要な道徳の枠組みを提案する。すなわち、「公正な競争（fair race）」と「正しい仕事（just work）」という、社会を律するための二つの原理だ（Preiss 2021, p. 9, chap. 3）。それぞれを確認しよう。まず、公正な競争が示す道徳は、人々の社会的境遇に関するものである。それは、美徳の発揮をともなう努力こそが人々の社会的境遇を決めるべきであり、それ以外の要素（例えば出自）等が影響してはならないという内容を持つ（Preiss 2021, p. 71）[17]。公正な競争は、時代や世代を通じて機能すべきものだとされる。そのため、富の蓄積には制限が必要である。相続財産を通じて公正な競争を妨げるからだ（Preiss 2021, p. 72）[18]。次に、正しい仕事の道徳だ。この道徳によれば、真面目な仕事の努力には、ミドル・クラスの生活という報酬がなくてはならない（Preiss 2021, p. 73）[19]。ミドル・クラスの生活とは、生涯を通じて貧困に陥ることなく、経済的な安定を享受できる生活を指す。例えば、住居といった生活の必要が充足されないことや、退職後の資金に窮するといったことが起きない生活である（Preiss 2021, pp. 73-74）。

---

[17]　プライスは次のように述べている
　　「公正な競争の観念の下では、正義が実現するのは次のような場合だ。すなわち、そもそも貴重な財を得る公正な機会を個々人が持っている場合であり、そのような財には富、権力、敬意を獲得できる地位を含む。……（一般的なスポーツの隠喩を使うなら）競技場が平坦であればあるほど、社会は正義にかなう。つまり、家族の社会的地位や特権ではなく、努力、才能、志がものをいうということである。」（Preiss 2021, p. 71）

[18]　だが、相続財産には中間層を守るという効果もあるから、競争に対する効果は一概には決められない、ともいえる。この効果とその含意については、ダニエル・ハリデー（Daniel Halliday）の相続税に関する議論（Halliday 2018）を参照されたい。

[19]　再びプライスを引用しておこう。
　　「不平等は能力や努力、また志を反映しているのかどうか、ということが［公正な競争の原理において］問われるのとは異なり、正しい仕事［の原理］は……人種や階級、ジェンダーに関係なく、懸命な仕事によってミドル・クラスの生活を手に入れる能力をすべてのアメリカ人が持っているのかに焦点を当てる。」（Preiss 2021, p. 73）

プライスによれば、これらの道徳原理のうち、近年のアメリカで特に重要性を増しているのは、正しい仕事の方である。スミス的な秩序ある社会では、社会的により恵まれない立場の人々も含め、誰であっても、経済的恩恵を幅広く受けて生活は改善した。そこで重要な社会の課題は、富や地位をめぐる競争自体を、より道徳的に適切なものとすることであった。そして、公正な競争が実現すれば、社会の道徳的質が、格段に上がることが期待できた。だが、勝者総取り社会では、話は別である。競争が行われても、その競争に敗れれば、道徳的に受け入れ難い貧困が待っている。ここでの問題は、競争の質ではない。対処されるべきなのは、どんな競争であっても生じるべきではない貧困であり、それを改善することなのである。これは、正しい仕事という別の道徳の問題なのだ。そこでプライスは、正しい仕事により重きを置くのである（Preiss 2021, pp. 80-85, 148）。正しい仕事を実現する具体的な政策としては、組合活動の強化をはじめ、仕事に従事する人々の立場を向上させること等が提案されている（Preiss 2021, chap. 7）。

　プライスの議論をたどるのはここまでにして、われわれの議論に戻ろう。市場はこうあるべきだという、市場の徳性への期待があるからこそ、「こんなに低い収入で、仕事をすることに価値などあるのか」という疑問が出てくるのだ。その徳性は、リーフによれば、正しい価格で仕事というサービスが買い取られることであり、ヘルツォグによれば、美徳への報酬が与えられることである。そして、プライスによれば、それは貧困の改善である。公正な競争の原理は、美徳と努力に応じて報酬が決まるべきだとするから、無条件に貧困の改善が求められているわけではない。だが、正しい仕事の原理によって、懸命に仕事をしたのであれば、ミドル・クラスの生活ができなければならないことになる。そうではないからこそ、低収入への不満が高まるのだ。もし人々が不満を持っているなら、市場がこの両原理を満たせるように、政治や法からの働きかけが必要なのである。

　しかし、実際にこのようなことをするのは、簡単ではない。多くの国において、貧困はメディアの記事の種として注目されるし、それと闘う姿勢は政治家の宣伝材料になっているが、現実には多くの貧困者は捨て置かれている。だが人々が市場に対して持っている道徳的期待が裏切られ続けることは、非常に大

きな問題がある状況を生じる。それは、社会そのものに対する不信感の増大だ。ここで、市場は社会制度の一つであることに着目しよう。市場は、政治や行政、教育といったいろいろな分野の制度とともに、社会全体の制度を形成している。他方で、市場はその中でも最も中心的な制度でもある。政策をめぐる多くの論点が、お金に関するものであることからもわかるように、経済は人々の最大の関心事である。市場はそのお金を生み出す場所だから、人々が最も大きな関心を寄せ、重視する社会制度であると言っても過言ではないだろう。その市場が、人々の道徳的な期待を裏切るのである。この状況が継続するなら、単なる不満では済まない、もっと根本的な社会への不信感につながるだろう。仕事、そして市場への不満は、社会全体への不満にまで広がってしまうのである。これは、人々が社会全体を評価する際に、市場のあり方が決定的に重要な意味を持つ現状では、最も注意すべきことだ。

　低収入への不満によって、人々の社会に対する信頼が壊れていく。これは、法・政治哲学的観点から、どのような問題としてとらえられるのだろうか。「こんなに低い収入で、仕事をすることに価値などあるのか」という疑問がこのレベルにまで拡大したときに、どのような道徳的問題が起きているのかをみていこう。

Ⅳ　市場を通じた社会道徳としての信頼

1　社会に対する信頼を考える

　われわれが社会に信頼を寄せるとは、どういうことだろうか。一般論として、ある人が何かに信頼を寄せるということは、それを自らの生活や計画の遂行に向けて、頼りにすることを指す。市場は社会制度の中心であるから、仕事を通じた市場への参加によって人々が社会に信頼を寄せることも自然である。その際には、仕事をすることが、生活の支えとなり、人生のいろいろな計画を遂行する助けとなるのだ。他方で人々は、自らにひどい仕打ちをするものや、期待を裏切るものを信頼することはない。だから、仕事を通じて人々が奴隷のような扱いを受けたり、生活が破壊されたりするなら、市場に対する信頼など、消し飛ばされてしまう。さらに、市場は社会制度の中心にあるから、社会に対す

る信頼も吹き飛ばされる。リーフも言うとおり、適正な収入が得られることは、人々が社会を信頼する上での重要な基礎なのだ（Reiff 2013, pp. 89-90）。

　この考えを、法・政治哲学の観点から明確にしよう。信頼の哲学的考察において、基礎的研究を提供した人物に、アネット・ベイヤー（Anette Baier）がいる。ベイヤーによれば、他人に対する信頼とは、次のことを意味する。すなわち、自らの目的達成に向けて他人の善意と協力を頼りにし、またそれによって、自らを、他人の裏切りに対して脆弱な立場に置くことだ（Baier 1986）。この考えは、個人と個人の関係における信頼を、わかりやすく表している[20]。さて、人々が自らの目的達成において、他人とその善意を頼りにするということは、個人間においてだけみられることではない。われわれは自らの目的達成において、社会的な規模でも、他人の善意と協力を必要とする。例えば、安全にビジネスを行うという目的達成のためには、善意をもって協力的な取引をしてくれる数多くの相手が必要だ。社会規模での信頼がない状態、つまり詐欺のような裏切り行為が横行するなら、ビジネスを行うどころではない。もしこのような状況が発生するなら、人々は、この社会はまともに機能しておらず、信頼に値しないと判断するのではないだろうか（誰が、詐欺の被害者になりたいと思ってビジネスを始めるだろう）。つまり、われわれが社会に信頼を寄せるとは、社会がまともに機能することを十分に期待できる状態にあることなのである。

　では、社会がまともに機能するとはどういうことなのか。それは、社会全体が一定のルールに従って機能しており、それによって誰であれ、人生の目的達成において一定の成果が得られることである、と考えられるだろう（だから、自分の目的達成において当てにすべき他人の善意と協力とは、他人が共有されたルールに従ってくれることを意味する）。上の例でいえば、人々が誠実な取引というルールに従っていれば、ビジネス上の目的において、ある程度の成果を得ることはたいていの人にとって十分可能になるだろう。そうであれば、人々は社会を信頼する。このように、社会に対する信頼の基礎には、適切と判断される主要な社会的ルールがあるのだ。ここで、主要な社会的ルールが適切であるためには、押し付けられたものではない必要があることに注意しよう。主要な社

---

20 ｜ ここでは取り上げないが、信頼の哲学的研究には、ほかにも Hardin 2002 や Hawley 2019 等がある。

会的ルールに大規模な押し付けがある場合、それは多くの人が不本意に従っているに過ぎないことを意味する。その理由はおそらく、そのルールに従っても、自らの目的達成を可能にする上での助けにならないということであろう。この状況自体が皆に知られていると、主要な社会的ルールが存続できるかは不明だと考え、それに従わない人も数多く出てくるだろう。このようなルールは、多くの人にとって、社会がまともに機能していると判断し、自らの目的達成のために他人の善意と協力を頼る（つまり、信頼を寄せる）ことの基盤にはなりえない。主要な社会的ルールが機能しないなら、他人を当てにすることが、そもそもできなくなるからである（すなわち、社会秩序そのものが危うくなっているのだ。社会秩序は誰にとっても、人生が安定して成立し、人生の諸目的を達成する上で不可欠。だから、それを保てない主要な社会的ルールは、人々が社会に信頼を寄せる基盤になることはできないのだ）。このように、社会に対する信頼を実現するルールは、おおよそ誰にでも受入れ可能であることが必要なのである[21]。

2 公共的理由のリベラリズム

以上の信頼に関する観点を応用して、次の主張を追ってみたい。すなわち、低収入が人々の社会に対する信頼を壊すのは、低収入を許容する社会のルールの存在によって、その社会がまともに機能していないと判断されうるからだ、という主張だ。社会に対する信頼を、ルールという視点から考察したケヴィン・ヴァリア（Kevin Vallier）の議論（Vallier 2019; Vallier 2020）に従って、この主張を展開してみよう[22]。

ヴァリアの議論は、公共的理由のリベラリズム（public reason liberalism）という観点を通じて行われている。まず、この点について手短に説明しておこう。今日の公共的理由のリベラリズムは、ジョン・ロールズ（John Rawls）の議論を始点とすると考えてよい[23]。その目的を簡単にいえば、互いに受入れ可能な

---

21 **3** 以下で詳説するが、以上は Vallier2019; Vallier 2020 の考えがベースである。

22 以下の概説では、ヴァリアの考えを簡潔に示した Vallier 2020 を中心として参照するが、全体的な理解には Vallier 2019 も必要なので、後者の参照すべき場所も示す。

23 もちろん、リベラリズムの歴史において、理性を通じた秩序形成は重大な問題であり続けたから、公共的理由のリベラリズムの歴史をずっと古くにまで遡ることもできる（この点については、Gaus 2003 を参照）。しかし、本章との関係でいえば、ロールズ以降の展開が重要である。

社会体制の樹立である（ロールズ 2022）。ロールズが、理想的な社会のあり方を根本的に決める正義の原理を探求したことは、よく知られている。すなわち、ロールズは、人々が互いの利益を目指して協力する体制に入った際に、そこから得られる便益と負担をどう分かち合えば、最も理にかなうのかを探求したのであった。これを決めるのが、正義の原理である。結論として、ロールズは、彼自身の正義の原理に達した。その内容は、思想・信条や移動の自由といった基本的権利が平等に保障され、出自の差等からくる能力差をなくす措置（例えば公教育）を前提として就業の機会が平等に保障され、また、富や収入の不平等が能力ある人の働くインセンティブとなることによって、その社会で最も貧しい人にとってさえ恩恵をもたらすことを求める、といったものである。さらに、理想的な社会の基盤として、ロールズの正義の原理こそが社会の構成員全体の支持を得て社会を律し、正義にかなった安定的社会を維持し続ける、という大きなビジョンが示された（Rawls 1971）。

　ここまではよく知られた話だが、その先が重要である。それこそが、公共的理由をめぐる話である。説明しよう。晩年のロールズは、理想的な社会においてさえ、自らの正義の原理も含め、正義に対する単一の考え方が共有されることはないという結論に達した。正義に対しての多様な考え方とその支持者が存在し続けるのだ。これは重大な問題である。政治と政策を通じて、われわれは一つの望ましい社会のあり方を実行するが、それが特定の正義に対する考え方に基づくなら、他の正義に対する考え方を持つ人々にとって、根拠なき強制になってしまうからである。この問題を、さらなる正義の原理の探求によって解決することはできない。探求の結果どのような正義の原理が提示されたとしても、それは所詮、数多くの正義の原理の一つにとどまるので、状況は変わらないからだ。そこで登場したのが、正義について異なった考えを支持する人々でさえ総じて受入れ可能な社会のあり方を考え、それによって社会を律するというアイディアである。ロールズによれば、そのような社会のあり方は、正義に対する考え方の違いを超えて、人々に広く共有された民主主義社会の道徳的価値によって決まる。例えば、自由、平等、生命の尊重等の道徳的価値だ。これらの道徳的価値によって広く受入れ可能な根拠、すなわち公共的理由が与えられた社会制度や政策は、どのような正義に対する考え方を持つ人々に対しても

正当化可能であり、悪しき強制ではなくなる。正義に対する考え方が多様であるとはいえ、どの考え方であっても、これらの道徳的価値を認め、取り込んでいるからだ。また人々は、自分が支持する正義に対する考え方から（間接的にだが）公共的理由を形成し、社会のあり方を決めたり、支持したりすることができる。他方で、社会のあり方を正当化する際には、これらの道徳的価値を受け入れない正義に対する考え方（例えば、人命を軽視する考え方）と、それを支持する人々は、一切考慮されない。民主主義社会の道徳的価値を受け入れない考え方が、社会のあり方に影響力を持つことを避けるためである。このような考えをもととするプロジェクトを、公共的理由のリベラリズムという（ロールズ 2022）[24]。残念ながらロールズは、このプロジェクトを探求することなく亡くなってしまった[25]。

3 公共的理由から信頼へ

さて、ヴァリアの議論に進もう。ヴァリアは、ロールズの公共的理由のリベラリズムのプロジェクトをさらに発展させた[26]。ヴァリアの議論のポイントは、多様な思想・信条を持つ人々が、総じて受け入れる理由を持つ社会体制を確立することによって、社会的信頼が守られる、と主張する点である。上にみたように、ロールズは、社会のあり方を決める正義の考えに一定の条件を設けた。ヴァリアは、できる限り多様な考え方を社会において許すために、このような思想・信条に対する制限を考えない。しかし、社会のあり方を決めるにふさわしい、適切な社会参加者とみなされるための条件を設ける。それは、道徳的な責任を背負う主体であることだ。すなわち、自らの利益だけを追うのではなく、人々と道徳的な関係を結ぶことを意図できることが、社会の適切な参加者たりえる条件なのである。そして人々は、このような道徳的主体として、どのような社会のあり方が互いに受入れ可能なのかを考えていくのだ。それは、道徳的

---

24 なお、公共的理由のリベラリズムは、「公共的理性のリベラリズム」と訳されることもあるが、ここでは後の議論との接続の関係から前者を採用した。

25 ロールズの公共的理由のリベラリズムは極めて中途半端な形で終わっているため、その評価も研究の進展につれて流動的で、また種々に分かれている。この点に関する論点を把握できる日本語文献として、井上達夫 2007; 宮本 2018; 田中将人 2017; 齋藤 2018 等を参照。

26 なお、ヴァリアはジェラルド・ガウス（Gerald Gaus）の甚大な影響の下にあり、その議論の祖型はガウスの議論（特に Gaus 2010）に多くを負っている。

主体であると同時に、異なる思想・信条を持つ人々が、それぞれの思想・信条から受け入れるべき理由を持つ社会体制を探すことにほかならない（Vallier 2019, pp. 25-29; Vallier 2020, pp. 15-16, 23-30）。

　ヴァリアの考えでは、このような社会体制こそが、人々の社会への信頼を可能にする。先にベイヤーが、信頼とは、他人の善意と協力を自らの目的達成に必要な前提にすることだ、としていたことを思い出そう。これと軌を一にして、ヴァリアも、社会を信頼することとは、社会の構成員が、他人の協力を自らの目的達成の条件にすることにある、と考える。人々は、自らの思想・信条に従って、良き人生のあり方を決め、望ましい人間関係の像を描く。このようにして人々は、大なり小なり人生の目的を決めていくわけだが、その追求に必要なものは、社会のルールである。社会のルールには、互いのすべきこと、してはいけないことを道徳的に決めるルールから、法律、さらには憲法が定める権利にいたるまで含まれる（ここでは一括して「社会的ルール」と呼ぶ[27]）。これらのルールに則って社会体制が定まり、また、人々が自発的に望んでそれらに従うこと。これこそが、安心して自らの目的を追求するためには、是非とも必要なのだ。このような状況が実現されれば、人々は社会、つまり他人の集団の協力（それは、他人が邪魔をしないことも含む）を当てにしつつ、自らの人生の目的を追求できる。つまり、信頼が成立するのだ（Vallier 2019, pp. 24-46; Vallier 2020, chap. 1, esp., p. 24）。

　ヴァリアの説く社会的信頼には、人々が互いに信頼に値する者である状況を維持することが必要である。単なる打算から社会的ルールに従うことも十分に考えられるからだ。これを避けるには、人々が打算にとどまらず、道徳的理由によって社会的ルールに従うことが不可欠である。ヴァリアの考えでは、ここで真の道徳が何かを決める必要はない。社会の個々人が、それぞれ抱く千差万別の思想・信条から従う道徳的理由を持つことができる社会的ルールであれば、それで十分である。つまり、誰であれ、支持しかつ従う独自の道徳的理由を持つ社会的ルールだ。そのような社会的ルールが見つかるなら、人々は互いに、

---

27 ｜ より詳しくいえば、ヴァリアはルールを、道徳的ルール（moral rules）、法的ルール（legal rules）、憲法的ルール（constitutional rules）に分け、道徳的ルールをその中心に据える（Vallier 2019; Vallier 2020）。ここでの議論には、これらの精緻な理解は不要である。

そのルールに従う個人的な道徳的理由を持つと考えることができるだろう。こうなれば、他人が単なる打算から社会的ルールに従っているのではないか、機会を見つけて裏切ろうとしているのではないか、と疑う必要はなくなる。そう、人々は互いに信頼に値する者になるのだ。これが実現するなら、社会的信頼は強固に確立されるだろう（Vallier 2019, pp. 39-42, 58-63; Vallier 2020, pp. 25, 29-30）。

　ヴァリアのプロジェクトの核心は、どのような思想・信条の者であっても受け入れる道徳的理由のある社会的ルールを探ることである。このプロジェクトでは、例えば、資本主義の熱心な擁護者であれ、社会主義の一途な追求者であれ、思想・信条の違う他人と平和裏に協力する意志さえあるなら、社会的ルールを決める際に考慮される（Vallier 2019, pp. 94-97; Vallier 2020, chaps. 4-6）[28]。

　ヴァリアは、これを公的正当化の問題として整理する。つまり、社会の構成員が自ら信奉する思想・信条から、受け入れるべき道徳的理由が当然あると考えられる社会的ルールを選ぶのである。この際、現実の人間はいろいろと判断の誤りを犯すので、十分に情報が与えられ論理的な誤りがなかった場合に、人々がどう考えるかを想像することになる。つまり、理想的な人間の思考を考えなくてはならない。この意味で、社会的ルールを決める過程は理念的だ。しかし、人々の思想・信条はかくあらねばならないという道徳的偏見（例えば、人々は平等主義を支持しなくてはならない、というような考え）は持ち込まない（Vallier 2019, chap. 3; Vallier 2020, pp. 26-30, 35-36）。

4　社会的ルールの内実

　このようにして明らかになる社会的ルールの中で最も重要なものが、「基礎的諸権利（primary rights）」（Vallier 2020, p. 38）である。これは、道徳的権利であるが、憲法に具体化されることによって、あらゆる社会的ルールの可能性と限界を定めるものだ[29]。ヴァリアが特に重視するのは、人々が個人として主体

28 　言い換えれば、そのような意志がなければ、社会的包摂の対象外になるということである。これは道理をわきまえない人物を社会はどう扱うべきか、という難しい問題を惹起するが、ここでは扱わない。

29 　ヴァリア自身の詳しい定義は、以下のとおりだ。
　　「基礎的権利は、道徳的な請求権（a moral claim-right）である。それは、合理的な人生計画を持つ人なら誰でも、自らの善と正義の構想を実現するため自身において欲し、また互恵的な条件の下で、他人にも及ぼしたいと願うものだ。」（Vallier 2020, p. 38）
　　ここで、道徳的な請求権については、次のように定義される。

的に生きるための権利＝「主体性への権利（agency rights）」、社会的つながりを作るための権利＝「結社への権利（associational rights）」、自らの権限でものごとを決める権利＝「自己裁量への権利（jurisdictional rights）」である（Vallier 2020, pp. 45-46）[30]。これらは、人々がどのような人生を良いものと考えても、また、どのような社会を個人的理想とするにしても、そこから決まる人生のいろいろな目的の追求に必要なものである。例えば、思想の自由という主体性の権利は、あらゆる思想・信条の人が必要とするものであり、それを支持する理由を持つだろう。このように、思想・信条の違いにもかかわらず、基礎的諸権利を尊重するという社会的ルールは受入れ可能だとされる（Vallier 2019, p. 120, chap. 5; Vallier 2020, pp. 38-48）。

　本章との関係では、基礎的権利の中でも、私的財産への権利と職業選択の自由が重要だ。財産権は、主体性の権利として、社会的ルールに含まれる。自分自身の人生を、自分らしく生きるためには、例えば家屋のような最低限の財産が必要であることは、誰でも認めるだろう[31]。職業選択の自由も同様である。これら二つを認めると、さらに個人的な資本への権利も認めざるをえない。自らの家屋を所有し、職業選択が自由であるなら、その家屋でビジネスを始めることも可能だ。このようにすれば、人々は私的な資本を持つようになるのだ。そこで、私的資本への権利もまた、社会的ルールに含まれる（Vallier 2019, pp. 203-204; Vallier 2020, pp. 126-127）。

　私的財産への権利や資本への権利が社会的ルールになるなら、人々に総じて受入れ可能な社会のあり方は、市場経済、すなわち資本主義が基本となる。つまり、私的財産と私的資本の権利が認められるなら、人々は自由に契約を結んで自らの財産を使ったり、交換したりできる。契約は自由なのである。そのような社会は、資本主義的な市場経済以外にはありえない。この経済が実現する

　　　「人は、次の場合に X への請求権を持つとされる。すなわち、彼女が X をしてはならない、もしくは X を持ってはならないという義務の下になく、かつその人が X をする、もしくは X を持つことを許容する責務を、他の人々が持つ場合である。」（Vallier 2020, p. 38, n. 40）なお筆者は、ヴァリアの権利観について解釈する際に、山本健人氏から寄せられた本章草稿へのコメントから学ぶことが多かった。

30　このほかにも、ヴァリアが論じるものには「手続的権利（procedural rights）」と「憲法的権利（constitutional rights）」の二つがあるが（Vallier 2020, pp. 47-48）、割愛する。

31　詳細は割愛するが、私的財産権は結社への権利や自己裁量への権利の一部としても選択される（Vallier 2020, pp. 126-127）。

効率的な生産は、経済成長を引き起こして人々の人生を豊かにするから、少なくともそうなる限りで、社会のあらゆる人にとって望ましく、受入れ可能であると考えることができる（Vallier 2019, pp. 168-171, 204; Vallier 2020, chap. 4）。

　しかし、資本主義の市場経済は直ちに、社会的ルールとして採用されるわけではない。基礎的権利として私的財産への権利と資本への権利を認めるなら、資本主義が基本となることは避けられない。だが、社会には社会主義者をはじめ、平等を重んじる人々がいる。何でも売買の対象となり、大きな不平等を生じる資本主義が、単独で社会的ルールになる事態を考えてみよう。これらの人々は、それを自らの思想・信条に照らして支持する理由を持ちえないだろう。だから、市場経済と資本主義を基本としながらも、社会主義や平等主義の支持者にも受入れ可能な社会的ルールを探らなくてはならない。そこで、資本主義の市場経済を単純に支持する立場は放棄される（Vallier 2020, pp. 136-137）。

　その上でヴァリアが提案するのは、福祉国家の設立を社会的ルールに組み込むことである。すなわち、今日の福祉国家において社会保障[32]の形で標準的に行われていることを採用するのだ。ヴァリアは、資本主義の市場経済を正当化可能な社会体制と考えるが、経済成長の果実があらゆる人に行き渡る保証はない。現実はむしろその逆であろう。だが、そうであるなら、たとえ私的財産や私的資本への権利はあらゆる人に望ましいと一応判断できるとしても、その結果として導かれる社会が一部の人々に過剰な負担（つまり貧困）を押し付けるなら、そのような社会的ルールは人々の信頼を達成するようなものにはなりえない。これを是正し、資本主義の市場経済が望ましい社会的ルールであり続けるには、社会保障が必要なのである。つまり、様々な収入の支援や健康保険等である（Vallier 2020, chap. 5, esp., pp. 141, 149; cf. Vallier 2019, pp. 211-212）。

　ただし、ヴァリアが、福祉国家を認めると同時に、財産のより平等な分配を目指す社会制度を排除していることには、注意が必要だ。財産は、それを死蔵させず有効に活用できる人のもとになければ、経済的成長の果実をそもそも得られないということ。また、財産を平等に分配しようとすれば、これを意に反した強制と考える人が多いと思われること。これらのことから、財産の平等分

32　ヴァリアは「社会保険（social insurance）」の語を使うが、内容からみて本書での紹介では「社会保障」が適当だと思われる。

配は、人々が総じて受け入れる社会的ルールにならないというのである（Vallier 2020, chap. 6）。

　少々、長くなったが、以上が信頼に関するヴァリアの議論の要所である。簡単にまとめておこう。人々が自らの人生や生活の諸目的を達成するためには、権利等を含めた社会的ルールが実行され、機能している必要がある。安定的に機能している社会的ルールこそは、人生を自らにとって意義あるものにし、豊かにするための土台なのだ。しかし、社会的ルールは単独では実行できない。他の人々の支持と協力が不可欠だからだ。だから、社会的ルールを共に作り、支え、自発的に従うことによって、人々は互いの人生の諸目的を達成するための、相互の協力を行っていると考えることができる。そして、赤の他人とそのような自発的な協力関係を結べると確信できるなら、そこには社会的なレベルでの信頼が生じる。そのような確信を可能にするのは、社会制度を形作るルールに対して、思想・信条の違いによらず、あらゆる立場の人が自らの信念に照らして支持すべき理由を見出すことができるという事実である。そして、このような理由を人々が抱きうるルールは、基礎的諸権利を誰に対してでも保障するもの以外ではありえないのである。基礎的権利の保障こそは、人々が社会を信頼する基盤なのだ。

5　社会に対する信頼の崩壊を防ぐ

　本章の議論に戻ろう。Ⅲでは、人々が仕事をしているのに低収入であるという状況の中に放置されるなら、人々の社会に対する信頼は壊されてしまうのではないかという点を指摘した。これをヴァリアの考えによってまとめると、以下のようになる。すなわち、低収入を認める社会的ルールには、社会的信頼を壊すものが含まれるのではないか、ということだ。低収入の状況は、誰に起きたとしても、人生の目的追求を難しくするものだ。そこで、低収入の放置という状況を認める社会的ルールは、誰にとっても、本来受け入れ難いものなのである。ヴァリアの提案する概念を用いるなら、それは主体性への権利が満たされない事態そのものだからだ。そもそも、自らの思想・信条に基づいて生きること自体が難しくなるのが低収入の害だから、ほとんどの思想・信条において、低収入は歓迎すべきことではない[33]。だから、低収入の人々が、自らの考えに

照らして、そのような社会的ルールを是認してくれるということはまったく期待できないのである。そうであれば、社会的ルールが低収入を認めている場合、そこで起きていることは、ルールの一方的な押し付けにほかならない。このような社会的ルールは、たとえ事実上機能していたとしても、人々の自発的協力という善意を相互に保証できない。そうであれば、人々は互いを、信頼に値する者と見なすことはできなくなる。低収入者からみて、富裕者が到底、信頼に値しないことはすぐにわかる。富裕者は、一方的なルールを押し付けるという点で、誰にでも正当化可能なルールの社会的創設を邪魔しているからだ。他方で、富裕者からみても、低収入者はしぶしぶルールに従っているだけだから、やはり信頼に値しない。大げさにいえば、隙を見てルールから脱しようとするかもしれないからだ。結局、互いに信頼関係をまったく結べていないのだ。本章は、特に低収入者の信頼の喪失を問題にしてきたが、端的に、誰にとってもこのような社会的状況は悲劇である。

　他方で、ヴァリアによれば、社会的信頼の基盤となるルールは、財産等の平等な分配を目指すものでもない。そもそも、ヴァリアの考えでは、私的財産を持つことは人々が自らの人生を生きる上で欠かすことができず、また、私的資本を持ち、それを大きくして事業を発展させることも、同じ意義深さを持つとされる。そこで、資本主義の市場経済が基本であるとされるのだ。平等な分配を目指す社会体制は、この段階で採用されないことになる。しかし、資本主義の市場経済がすべての人に正当化可能である理由の一つは、それが経済的豊かさをもたらすことにある。そこで、妥協案としてのセイフティーネット、つまり社会保障を備えた福祉国家が支持されるのである。

　以上を考慮するなら、社会が信頼によって安定的に成立し、存続するためには、仕事をしながら低収入に苦しむ人がいた場合、その人は社会保障の十分な恩恵を受けることができなければならない。収入が補助され、医療その他のまともな生活を営むのに必要なものを十分に得られる状態だ。資本主義が支持されるなら、社会は平等にはならない。大きな財産を持たないまま一生を過ごす

33 　もちろん、宗教的な利他心や慈恵の理念によれば、低収入をかえって歓迎することもありえる。しかし、社会に存在する低収入者全体を考えれば、やはりこのような人々は少ない。そこで、ほとんどの低収入者にとって、低収入を認める社会的ルールは是認し難い。

人も多いかもしれない。だが、それでも、誰も生活に必要なものには困らない。このような状況が整うなら、低収入によって社会への信頼が損なわれることはないということだ。人々は、そのような社会的ルールに合意できる、と考えられるからだ。

平等主義を否定して、福祉国家を支持するというヴァリアの結論には、後に議論するように賛否がありえる。しかし、社会的ルールに焦点を当てるヴァリアのアプローチには、低収入の問題を考える上で大きな利点がある。リーフ、ヘルツォグ、プライスと対比してみよう。三人は、市場という特定領域に絞って、人々が経済活動から期待すべきものを論じた。三人の見解に共通していたのは、市場には備えるべき徳性があるという考えである。それが低収入によって満たされないなら、人々は市場に対する信頼を失うと考えてもおかしくないという考えに、われわれは導かれた。ヴァリアの議論は、低収入がもたらす、これよりもさらに深刻な問題を示すものだ。それは、社会全体に対する信頼が失われうることである。低収入は、単なる経済的損害をもたらすだけではなく、社会的ルールがいかに捻じ曲げられたものとなりえるかをあらわにしてしまう。そもそも経済活動という社会の主要領域においてさえ、まともなルールが作られていないのだ。そうであるならば、政治、教育、文化といった他の領域においても、適切な社会的ルールがあるかは不明である。信頼の亀裂は、経済を起点として、あらゆる分野に及びかねない。

低収入が引き起こす社会的ルールへの疑いという問題は、社会参加の価値そのものが見失われるという、さらなる問題も招いてしまう。今、二つのチームＡとＢとが競うスポーツゲームがあると考えよう。このゲームでは、チームＢに一方的なルールが押し付けられる。このルールの下では、どんなに練習をしたとしても、また、上手なプレーを行ったとしても、チームＢには一向に得点が認められない。チームＢは疲弊するだけだ。他方で、チームＡは何があっても大勝する。このゲームのバカバカしさは歴然としている。一方的に不利なルールを押し付けられる方は、こんなゲームに参加しようと思わなくなるだろう。低収入の問題もこれに似る。もし、懸命に努力して仕事をしても低収入から抜け出せない状況に人々が長期間置かれるなら、同じような考えを抱いたとしても自然である。つまり、社会などはそもそも参加に値するものではな

い、という考えや、社会的ルールは尊重するに値しない、という考えだ。ここまで事態が悪化すれば、単に低収入に苦しむ人々の社会参加をアシストする、という発想では、まったく対処できなくなるだろう。この人々の社会に対する信頼をつなぎ止めるには、社会的ルールそのものを見直すよりほかはない。それは、低収入に運悪く陥った人々に対して、経済成長の果実を味わい自由な人生を可能にするのに十分な社会保障を行うことである。

　まとめておこう。社会的ルールが低収入の人々を放置するとき、社会はその基礎から壊れ始めるというのが、ヴァリアの信頼に関する議論から読み取れることだ。これらの人々に社会を尊重せよという道徳を説くことはたやすいが、道徳を無視したのは社会の方ではなかったか。また、そもそも社会的ルールが疑われるようになってしまえば、このような説教を素直に聞く人などいなくなるのではないか。説教を聞かないなら再教育すればよい、と言う人もいるかもしれない。だが、自由への愛着から資本主義や市場経済を支持するなら、この考えは実にまずい。そのような道徳の再教育は、権威主義や全体主義の体制によくみられるものである。社会的エリート層にとって都合が悪い人々に対して、言うことを聞かせるための再教育を施す、などという思想が蔓延すれば、資本主義的な市場経済の体制、つまり自由な世界と称されるものは消えていくだろう。資本主義や市場経済の支持は、あくまで自発的に生じるべきものであり、そうであってこそ、健全な信頼も生まれるのだ。

V　事後的救済の可否

1　福祉国家への懐疑

　ロールズは、社会保障を通じて貧困に陥った人々を救済する、資本主義を基礎とする福祉国家のあり方を、良いものとは考えていなかった。それは、貧困が発生してから救済するというあり方が、人々の自尊心を損なうからである。ロールズによれば、国家がすべきことは、そもそも貧困が発生しないようにすることであり、またそれによって、人々が他人に頼らずとも自らの人生を全うできる条件を整えることである。こうすれば、人々は生涯を通じて、対等な社会の構成員として互いを尊重することができる。これを実現するために、機会

の平等を実質化する公教育の充実や、物的側面で人生をサポートしてくれる財産のより平等な分配が求められると主張した。他方で、資本主義を基礎とする福祉国家には、このような社会的条件が整っていない。特に、財産は非常に不平等だ。そのため、貧困の発生自体は防ぎようがないので、事後的な救済が行われる。一見、これは良いことだが、問題がある。事後的救済では、対象となる人々は社会の対等な構成員というより、社会的便益の一方的な受益者とみられるおそれがあり、悪くいえば、人々の憐みの対象にさえなってしまうからだ。つまり、対等な関係は失われる。これでは、人々の自尊心がひどく損なわれるというのが、ロールズの主張である（ロールズ2004）。

　先にもみたように、ロールズのような平等主義は社会的ルールになりえないと、ヴァリアは主張している。皆がロールズの唱える平等の理想を支持するわけではないからだ。他方で、基礎的権利としての私有財産権や私的資本を持つ権利は、誰であっても支持するだろうと考える。それがないと、自分自身が思い描く人生を生きることができなくなるというのが、その理由である。他方で、これらの結果として導かれる資本主義社会では、経済成長の成果がすべての人に及ばないので、社会保障が行われる。

　問題は、ここからである。ロールズのような立場を支持する者には、ヴァリアは自尊心の問題を置き去りにしていると思われるかもしれない。ヴァリアの唱える資本主義社会では、社会保障を通じて、人々が屈辱を味わうことはないのだろうか。もし、社会保障の恩恵を受けるということは、人生におけるある種の失敗や敗北を認めることだ、と考える人々が出てくるなら、この問題はリアルに発生する。さらに、このような風潮に乗じて、社会的な成功者が社会保障を憐みの表現だと考えるようになれば、ロールズの悪い予感は的中する。

　この問題は、ヴァリアの説く福祉国家とロールズが唱える平等主義の社会のどちらがより理にかない、道徳的に望ましいかという理論的課題につながっていく。だが、本書で問われているのはあくまでも、現実的な仕事の正義の問題であるから、ここではその理論的課題に答えを出すことはしない。その上で、現状の社会に近いのは、ヴァリアの言う資本主義が基礎となる福祉国家であることは明白である。そこで、本章では一応、そのような福祉国家を念頭に置きながら、ロールズが提起した自尊心の問題を、低収入者の事後的救済を適切に

行うための条件を問う際の観点として考えていこう。

2　自尊心を損なわないための条件

　事後的救済が行われたとしても、それが自尊心を損なわないという状況を考えよう。それには、次のような条件が満たされなくてはならない。

　第一に、互いに対等な社会参加者であることを、人々があらかじめ了解していることである。すなわち、社会的ルールがいかなるものであったとしても互いに対等であることを承認すると、すべての社会参加者が納得していなくてはならない。ヴァリアの議論でも、「他人への尊重（respect for others）」（Vallier 2019, p. 66）こそが、社会を律する上で最重要の価値だとされる。そもそも互いに対等に尊重し合わないのであれば、すべての人が受入れ可能なルールを探る必要などないからだ（Vallier 2019, esp., chap. 2）。社会的ルールの内容以前の問題として、互いが対等だと認め、人としての地位を尊重し合う社会的習慣がすでに堅牢であるなら、公的支援を受けることに恥を感じたり、それを受ける人を憐みの対象にしてしまったりすることはないだろう。何があっても人は対等であるという道徳的観点を、人々が保ち続けることができれば、事後的な救済策が直ちに自尊心を損なうとはいえなくなるということだ[34]。

　第二に、社会保障の実施という社会的ルールが存在する理由への理解が、人々に共有されていることである。低収入者が出てくるだろうということは、そもそも社会的ルールを作った時から予想されたことであり、その理由はわかっている。それは、基礎的諸権利としての私的財産権と職業選択の自由、また、私的資本への権利を認めること、そして、経済成長を求めることの副作用だ。これらは、あらゆる人が自由な人生を生きることを可能にすることを目的とする。他方で、結果として導かれる体制、つまり資本主義の市場経済は、すべての人にこのような恩恵をもたらすことができない。それどころか、貧困によって人々の自由を阻害さえしてしまう。ここまでの事情が社会一般の常識となり十分承知された上で、社会保障が運営されるなら、受益は恥とは感じられないだろう。本来あるべき自由を回復するための手段だということがわかっている

34　もちろん、そのような観点を社会的分配によって実質化するべきだ、という議論は可能だが、ここではこれ以上追究しない。

からだ。また、社会保障の利益よりも負担を多く背負う者も、それを理不尽なものとは感じないだろう。事情がわかっているからだ。そもそも、人間は誰であれ、病気や老齢がもたらす衰えと無縁ではいられないし、事業や仕事が現在どれほどうまくいっていたとしても、今後もずっとそうである保証などない。事故や病気はもちろんだが、市場は人々の予想を超えて動くし、自然災害は突然襲ってくるのだから、経済的成功の継続を確信する方がおかしいのだ。だから、富裕者であっても、将来、社会保障の恩恵に浴する日が来るのかもしれないのである。あらゆる人がそう考えるようになれば、成功者が人々を憐みの対象として見下すことは減っていく。以上をまとめると、社会保障とはどのようなものであるか、それらが提供される理由も含めて人々に理解されるなら、自尊心が毀損されるという問題はかなり軽減されるのではないかと考えられる。

　これらの二つの条件を総じていうなら、人々は同じ社会に暮らす対等な構成員、つまり市民としての観点に立ち、かつ、その社会的ルールを熟知しなくてはならないということになる。そうであってこそ、はじめて福祉国家によって補われた資本主義の市場経済は適切に機能する。これは非常に高いハードルであるようにも聞こえる。しかし、資本主義の市場経済は、そのくらいのレベルに達する努力なくしては、われわれの手には負えないのではないだろうか。そして、その努力を諦めるというなら、そのときには自由主義的市場経済とは別の経済体制が勝利するのかもしれない。今日の社会状況を考えると、実に興味深い問題だ。だが、これ以上この問題に深入りするのは本書のテーマから逸れるので、やめておこう。

VI　市場の道徳と福祉国家

1　福祉国家と美徳

　最後に、市場の道徳と福祉国家の関係について、簡単に考察しておこう。社会保障、特に生活困窮者を支援するいろいろな給付を充実させると、人々は市場を通じて自らの生計を立てようと努力しなくなるという批判は、実にありふれたものだ。この批判を、どう受け止めるべきだろう。

　まず、論点を整理しよう。ヘルツォグやプライスの議論にみられるように、

市場において人々の収入を決める道徳的基準は、美徳への報酬であると考えられることが多い。つまり、勤勉さや努力への報いとして、高い収入がもたらされるべきだ、という考えである。第1章でもみたように、これは功績という考えの表れだ。すなわち、ある人物の何らかの特徴や行いを基礎として、それに比例するだけのものが与えられるべきだ、という考えである。ここから、美徳の発揮は、美徳の程度に比例するだけの正当な報酬を要求する基礎になる、と考えられる。この考えに基づけば、懸命に働いたにもかかわらず低収入がもたらされることは、おかしいことなのである。だが実際には、そのようなことが起きてしまう。そこで、社会保障を通じて人々の低収入を補うことが一案として模索されるが、美徳への報いとしての収入という観点からは、この方策は問題含みにもなりえる。なぜなら、社会保障は貧困の原因を問わず、貧困一般を救済することを目指すものだから、そもそも美徳を発揮しようとしない人にも与えられるかもしれないからだ。一般的に、これは人々の社会保障への甘えや怠惰さの容認のようにとらえられることが多く、社会的批判の的になってきた。本書は社会保障の是非を論じるものではないので、これを全面的に扱うことはしない。しかし、われわれにとって、あまり注目されないこの批判の含意は重要だ。その含意とは、もし貧困一般を救済してもらえるなら、人々は美徳を発揮しようと思わなくなるのではないか、というものだ。すなわち、市場の道徳（美徳こそが報酬の基礎であるべきだ、との考え）を守るために、社会保障に頼ることはしない方がよい、という議論である（cf. Herzog 2013, pp. 111-118）。

2　堅固な根拠のある理念を選ぶ

　ヴァリアは、この点に十分気づいている。しかしヴァリアは、功績という考え方自体が、果たしてすべての人に受入れ可能なものに収斂しうるのか、疑わしいと考える。ヴァリアが直接扱うのは、社会的貢献に基づく功績の考えである。つまり、経済を通じて社会により貢献したものは、より多くの報酬を受けるに値するという、よくみられる議論だ。経済的社会貢献を行うには美徳の発揮が必要であると考えるなら、美徳を発揮した者には、より多くの報酬があるべきだ、という考えでもある。第1章でも詳しく検討したが、このような貢献を測ることや、貢献に対応するあるべき報酬の量についても、皆が一致する見

解を作ることは、非常に困難である。同じことは、美徳にも当てはまるだろう。これらのことについて一致した見解がないなら、功績とはそもそも何であるのかについて、社会全体で共通する理解が出てくるとも考えられない。すべての人にとって受入れ可能な道徳的観点を用いて社会的ルールを決めるべきなら、功績という考え方は使わない方がよい、との結論になる（Vallier 2020, p. 134）[35]。

　この結論は、社会保障を行うことへの理解をさらに変えるものだ。ヴァリアの議論の根本は、人々の社会への信頼を維持できる社会的ルールとはどのようなものかを考えることであった点を、改めて確認しよう。そのようなルールは、すべての人が受入れ可能なルールである必要がある。功績の理念（すなわち、歴史的に市場の道徳として重視されてきた美徳の理念）は、もはやこのような条件を満たせない。だから、信頼を重視して社会を運営しようとするなら、功績の理念は使わない方がよいということになる。むしろ、積極的に活用すべきなのは、社会保障である。低収入という現象は、社会の構成員全体が支持しうる社会の望ましい状況、つまり自由や経済成長を達成するために、あえて引き起こされたものである。しかしそこには、社会保障が行われる限りで、という条件が付いているのだ。だから社会保障は、自由や経済成長を重視する社会において、本来、あらゆる構成員が支持すべき根拠を持つ、強固な方策なのである。他方で、市場の美徳という道徳は、一部の人しか支持しない、あるいはその内容が結局のところ不明なものであり、社会保障に比べてはるかに根拠の薄弱な理念である。社会に対する信頼を強固に維持するという大きな目的に照らして、根拠の薄弱な理念よりも、根拠の堅固な理念を優先すべきだというのは、理にかなった結論ではないだろうか。

　だが、社会保障への抵抗感は、受益するにしてもしないにしても、変わらないのではないか、という疑念はなおも残るかもしれない。働かざる者食うべからず、といった勤勉さの道徳が強ければ、もちろんそうだろう。しかし、ヴァリアの議論が問うているのは、このような現状の道徳の根拠そのものである。今ある道徳が、すべて適切だとはいえない。例えば、特定の人々に対する差別思想に基づく道徳は、歴史的には重要であった期間が長く、近年まで一般的で

35　もちろん、一度社会的ルールが決まってしまえば、そのルールに基づいて、功績を決めることはできる（Vallier 2020, pp. 133-134）。詳しくは第 1 章を参照。

さえあった。今日、このような道徳が適切だと考える人は、激減している。歴史的に重視されてきたから今日でも通用する道徳である、とはとてもいえないのである。仕事に関する道徳も同じだ[36]。仕事によって得られる収入が低い場合、それは権利の問題として、社会によって補われるべきなのだ、という新しい道徳の方が合理的根拠を持つなら、それを社会が検討する余地は十分にあるだろう。少なくとも、古い時代の思想的遺物を溺愛する好事家に皆が付き合ったり、あるいは伝統の権威に惰性でしがみついたりして、現在と将来の社会を台無しにする必要はないのではないか[37]。

　ヴァリアの議論を参照するなら、結論として、次のようにいうことができるだろう。市場で仕事を通じて得る収入も社会保障を通じて得られる利益も、道徳的に違いはなく、その総計は、人々が仕事を通じた社会参加を肯定的にとらえることを可能にしうる。仕事の収入も社会保障の利益も、その人が受け取るべきものを受け取っているだけのことなのだ。だから重要なのは、その総計であり、それは社会保障の分まで加えれば、人々が自由に生きることを相当程度可能にする。ここでは、「こんなに低い収入で、仕事をすることに価値などあるのか」と思う余地は格段に小さくなる。自らの仕事は、社会保障制度全体を支える社会的生産活動でもある。だから、仕事の対価の一部は、社会保障の恩恵としても受け取られている。これを考えれば、仕事には十分な報酬と成果があったと思えるだろう[38]。

VII　おわりに

　本章では、人々の低収入への不満を正当なものにしうる道徳的考えを検討した。すなわち、市場が有するべき徳性と、互いに正当化可能な社会制度が保障すべき最低限の生活である。これらの道徳に基づいて、人々は自らの低収入への不満が、正当な期待に基づくと主張しうるだろう。もちろん、すべての人が

36　そもそも、日本社会の仕事に関する道徳が、これまでずっと同じだったわけではないだろう。この点に興味のある読者は、武田 2008 を参照されたい。

37　このような観点は、周知のように福澤諭吉に由来する。興味のある読者は、『文明論之概略』（福沢 1995）を読まれたい。

38　本章では、何らかの理由で仕事をすることができない人の福祉の問題を扱えていない。このテーマに興味のある人は、特にケアに関する倫理やケイパビリティの議論を参照されたい。

これらの道徳に賛成するかはわからない。だが、市場の徳性という考えも、まともな社会制度に関する議論も、根拠なく主張されているわけではないから、とりあえずは、その重みを真剣に考えるべきだろう（cf. ウルフ 2016、276-277 頁）。特に、低収入状態が継続すれば、それは社会に対する信頼の喪失という甚大な問題を招くおそれがあるという点には注意が必要だ。これは人々の道徳的思考に端を発するが、単なる道徳の問題にとどまらず、現実社会において、行政その他の社会運営にいろいろな困難をもたらしかねないからだ。低収入に関する不満を社会が真剣に受け止め、その性質を理解することは、望ましくない事態を回避する上で役に立つだろう。

| 第 3 章 | 時間 |

I はじめに
──「仕事が多過ぎるから、もっと時間が欲しい」

　社会人の日常生活は、ほぼ仕事を中心に回っている。そうではない人もたまにいるが、大部分の社会人にとって、仕事は人生の中心軸だ。そして多くの場合、仕事は時間の大部分を奪い去っていく厄介な存在だ。朝、起床すると大急ぎで身支度を整え、場合によっては朝食も食べずに職場に向かう。そして、ゆっくりと昼休みをとる余裕もないまま、夕方まで仕事を続ける。さらに、深夜までの残業がある場合さえ珍しくない。その後は急いで帰宅し、入浴等の最低限の身体的ケアを行って、決して十分ではない睡眠をとる。土曜・日曜日は休みだが、疲れ切ってしまっていて、何もやる気が起きない。世の中には、このような生活を送っている人はまだまだ大変多い。場合によっては、タイムカードを押すことで仕事を終えたふりをして、帰宅後に仕事の続きをしている（あるいは、事実上強要されている）人もいるかもしれない。もちろん、ワーク・ライフ・バランスが一般的な価値観になり、政府や企業の取組みも進んできたから、よりゆとりのある生活をしている人も増えてきてはいる。だが、現実にはそうではない人も極めて多いのだ。また、たとえワーク・ライフ・バランスが比較的とれた職場にいたとしても、やはり仕事に費やす時間が長いと感じる人もいるだろう。そんな仕事のストレスが蓄積すれば、家に帰っても、休日も、気が晴れないまま過ごすことになる。もっと勤務時間が短ければ、趣味にたっぷり浸れるのに、家族と過ごせるのに、気が楽になるのに……。このような意味での、仕事に時間を奪われる感覚は、そう簡単に消えそうにない。そこで、「仕事が多過ぎるから、もっと時間が欲しい」という考えはかなりの人の頭を

よぎることになるのだ。

　本章では、この考えを手がかりに、仕事が人生の時間を奪い去ってしまうことへの懸念を、道徳の問題としてとらえ直していこう。仕事が時間を奪うことが問題なのは、時間が貴重だからだろう。しかし、なぜ時間が貴重なのだろう。いろいろな応答がありえる。例えば、ある人にとって、それは趣味のスポーツを楽しむために絶対に必要だからだ。もし、あなたがアマチュアのサッカーチームに所属しているなら、それなりの時間がなければ、試合も筋力トレーニングもできないだろう。他の応答も、もちろんある。ペットと遊ぶとか、ネットゲームをするとかいったアクティブでない活動にも、時間が必要だ。あるいは、単にボーっとする（つまりは無為に過ごす）こと、さらには（合法だが）社会的な望ましさについて疑義がある活動も、時間がなければ行えない。人は、これらの活動にいろいろな価値を見出すからこそ、時間を欲しがるのだろう。このように考えると、時間が貴重であることの背景には、その時間を用いて行われる活動の価値がある。そして、これらの価値が実現されないことが、道徳的問題になるのだ。例えば、趣味の時間をまったく持てない社会は、人々が多様な趣味を楽しむ時間を持つ社会に比べて、道徳的な点で劣るといえるかもしれない。なぜなら、趣味も楽しめないような社会は、人間らしい生き方ができない場所だからだ、といった具合である。もちろん、人々がどんな活動に価値を見出すかは極めて多様だ。しかし、仕事によって実現されえなくなる価値という観点から整理すると、大きく二つの価値に分解することができる。またそこから、「仕事が多過ぎるから、もっと時間が欲しい」という訴えを理解するための二つの観点が開かれる。

　その二つの価値とは、自己実現と自由である。まず、自己実現だ。ここでいう自己実現とは、趣味を楽しむ、ボランティア活動を行う、といったアクティブな諸活動を指す。自らの能力を十全に活かし、いろいろな人との関わりを自ら作り、人生の時間を満たすこと。これが可能な状況にいるかはさておき、自己実現を理想として考える人は多いだろう。この価値を重視するなら、仕事は自己実現の妨げになるから、できるだけ短時間で済ませたくなるのだ。もう一つの観点である自由は、注目ポイントが異なっている。仕事は、社会的活動であり、それを行うことは社会的にも道徳的にも義務であると、通常考えられて

いる[1]。つまり、生産活動に参加する義務だ。では、この義務の遂行が妨げる活動とその価値とは何だろう。それは、自由に生きることだ[2]。そこでなされる活動はいろいろだが、個別の内容には注目しない。焦点になるのは、自由に生きる、というより包括的な活動とその価値である。これこそが、義務の対極にあるものなのだ。ここで、自由は民主主義社会の最も重要な価値であるとされることを思い出そう。自由に生きることが肯定されるからこそ、民主主義社会は、独裁や権威主義の社会と異なる道徳的徳性を有する[3]。そこで、民主主義社会は常に、義務と並んで自由を尊重せねばならない。自由を中心に考えれば、仕事に費やす時間が増え過ぎたなら、義務によって自由が否定されるにいたるから、問題なのだ。本章では、この二つの観点から、仕事と時間の関係を考えていこう[4]。

　本章では、普段あまり馴染みのない観点が多く出てくるから、あらかじめやや詳細に論点をみておこう。

　自己実現につき、本章は、ジュリア・マスキヴカ（Julia Maskivker）の次の議論に依拠する。自己実現という観点から考えると、実は、仕事それ自体も自己実現の方法である。仕事は自己実現の妨げとして批判されうるが、自己実現を可能にする仕事、つまり自分の能力を開花させてくれるような仕事を得られたなら、むしろそれに時間を使うことは望ましくさえある。成功したプロのピアニストやサッカー選手を想像してみればわかる。企業においても、そのようなことが可能だろう。例えば、大企業の企画戦略の職務に憧れていた人が、そのような仕事に就いた場合等だ。ただ、実際にはそんな幸運はほとんど訪れない。多くの人にとって、仕事は不本意な活動や個人的な興味のない活動である[5]。

1　日本国憲法に「すべて国民は、勤労の権利を有し、義務を負ふ」（27条。傍点筆者）とあるのが、参考になるかもしれない。

2　ジョン・ロールズ（John Rawls）が正義論において、「社会的な協働がもたらす便益と負担（the benefits and burdens of social cooperation）」と権利と義務（rights and duties）を、ほぼ並べて扱っていることに注意されたい（ロールズ 2010、7頁）。ここからさらに、権利を自由とほぼ同じものと考えれば、自由と（生産活動に参加する）義務という対比を導くことができる。

3　もちろん、自由の概念分析をすれば、必ずしもそうとはいえないという立場も出てくるが、本書はこの手の議論には深入りしない。なお、本章が扱う自由は、アイザイア・バーリン（Isaiah Berlin）が「消極的自由」（バーリン 1971、316頁）と呼んだものにほぼ相当する。

4　このようなフレーミングは、本章が活用する Maskivker 2012 および Rose 2016、そしてロールズ 2010による。

5　いやいや、私は自分の仕事が大好きだ、という声もあるだろう。しかし、もともと嫌だった

それは、楽しみというより苦しみ、食べていくための必要悪だ。さらに悪いことに、仕事は私生活での自己実現さえ妨げるのだ。そうすると、社会には仕事を通じて自己実現ができた人と、できない人の両者がいることになる。これは問題ではないか。というのも、同じ社会の一員なのに、そこから得られるものがあまりに異なっているからだ。この観点を突き詰めると、仕事において自己実現ができない人に対して、仕事を一切しない権利を認めるという結論が導かれる。この人たちの自己実現のための時間を確保するためだ。さらに、この人たちの生活を支えるべく、社会が収入を全面的に保障すべきだとまで、マスキヴカは言う。他方で、そのようなサポートの下で暮らす仕事をしない人々は、自らの自己実現を通じて、社会に対して貢献すべきだと言う（Maskivker 2012）。

　マスキヴカの議論は、あらゆる人の自己実現の価値を守るために、仕事をしない時間を最大限認めるという議論だと解釈できる（cf. Maskivker 2012, p. 1）。この議論は一見したところ突拍子もないが、本章でみるように、それなりに根拠がある。「仕事が多過ぎるから、もっと時間が欲しい」という誰にでも起きる考えを、自己実現を社会が保障することへの要求としてとらえてみよう。多くの人がいまだに低賃金で長時間にわたる仕事を行い、充実した人生を送れていない。そうである以上、マスキヴカの議論は、極論とはいえ、検討すべき一つの重要な構想だ。

　もちろん、問題もある。本章は、マスキヴカの構想について、収入と自己実現の時間が保障されることで発生する、私生活の質の変化を指摘する。マスキヴカの議論は、市場での生産活動に参加すること、つまり仕事をする義務は否定するが、社会への貢献義務自体を蔑ろにするものではない。むしろ、社会から利益を受け取った以上は、自らも何らかの貢献をすべきだという点を強調している。そのため、仕事をしない選択をすることは同時に、社会への貢献義務を果たすべき場が、私生活へと移行していくことを意味することになる。これは、非常に窮屈になりえる事態だ。趣味を例に挙げるなら、好きな時に好きな

仕事を後から好きになったケースには、注意が必要だ。それは、苦痛な状況に対応するために、自分の主観をあえて歪めた可能性を示唆するからだ。適応的選好形成と呼ばれる、研究者にはお馴染みの問題である。要するに、自分自身が仕事に飼いならされたのだ。詳しくは論じないが、社会によって人間が徹頭徹尾コントロールされる一つの方法である。エルスター 2018 やフーコー 2020 等による有名な議論を参照されたい。筆者自身も、研究者という仕事は好きだが、それが歪められた主観でないかは、あまり自信はない。

ことをするからこそ、それは楽しく、有意義にもなる。義務という考えが頭を
よぎれば、それに費やす時間は単なる重圧で終わるかもしれない。自己実現に
焦点を当てるマスキヴカの構想の魅力は、この点で疑わしい。

　そこで注目されるのが、もう一つの価値、自由である。つまり自由に好きな
ことをして生きる時間の価値だ。ジュリー・ローズ（Julie Rose）による自由時
間（free time）の議論を通じて、この観点を探る。ローズの議論において、自
由時間とは、人間の基礎的必要を満たすための活動を行っていない時間を指す。
その活動とは、お金を得るための労働（本書の言う仕事）、家事、身体的ケアで
ある。これらを行うことで、人々は人間として生きるために必要なお金、生活
環境、身体的健全性を得られ、基礎的必要を満たすことができる。必要を満た
す活動に従事する間、人々は自由であることはできない。他方で、民主主義社
会の目的は、すべての人の自由な生き方を最低限、実現することであり、それ
に必要な資源を適切に創造し、分配することである。自由な生き方にはいろい
ろな資源が必要だが、お金等と並んで時間も重要な資源だ。そこで、必要とい
う鎖から解放された時間、つまり自由時間が、貴重な資源として誰にでも確保
されなければならないという。そのため、例えば長時間の仕事を余儀なくされ
ている者には、部分的な収入補助を行うことで、仕事に割く時間を削減させる
といった政策を行うことが提案される（Rose 2016）。

　ローズの言う自由時間は、仕事や他人のケアといった、社会への貢献義務か
ら切り離されている。その意味で、純粋に個人のための時間であり、（合法的
活動のためならば）どう用いようが個人の勝手である。私生活が社会貢献の場
になるというマスキヴカの議論が含意する重苦しさは、ここにはない。ローズ
に従えば、仕事の多さを嘆き、その負担の下にない時間を求めることは、自由
時間を求めることだ、といえるだろう。この意味で、本章との関係において、
自由時間の本質は、社会への貢献義務から解き放たれること、つまり自由を可
能にすることである。マスキヴカが考えるような自己実現の達成は、視界に入
ってこないから、先に指摘した私生活を社会的義務の場とすることの重圧はな
くなる。

　しかし本章は、ローズの議論に関して、マスキヴカとは別の重圧が発生しう
ることを指摘する。ローズの議論を社会に適用するなら、人々は社会貢献の義

務を、まずは生産活動を通じて負うことになる。つまり、誰であれ、仕事を通じて市場に参加しなければならないという前提が出てきてしまうのだ。市場と私生活のどちらも社会への貢献の場になりえるとするマスキヴカの立場と比べると、貢献の義務を果たす方法に関する多様性は、むしろ失われているとも考えられる。その点で、ローズの立場の方が、自由な生き方への制約が大きいともいえるのである。

　以上のように、仕事をしない時間の必要性は、自己実現の価値と自由の価値のいずれを用いても定めることができ、またそれに応じて、必要な施策を導くことができる。だが、いずれの価値を中心とする立場も、自由な生き方がどう可能になるかという点で、問題のある含意を持つことになる。仕事の時間を減らしたい、というのは誰でも抱く単純な考えだ。しかし、社会に対する義務との関係でその望ましいあり方を考えると、厄介な問題が発生することが本章を通じてわかるだろう。さらに本章の終わりでは、マスキヴカやローズが考える仕事からの自由の構想が問題含みとならないためには、社会の生産性の十分な向上が必要であることを指摘し、これが社会的政策に含意することを考察する。

Ⅱ　自己実現のための時間

1　自己実現の不平等を是正する

　多くの人にとって、仕事によって時間が奪われることが問題と感じられるのは、自分の楽しみに充てることができる時間が大きく減る、もしくはなくなってしまうからである。例えば、スポーツや楽器の演奏に興じる時間は、仕事が多忙になればなるほど削られていく。社会的重圧下での味気ない仕事と違い、このような楽しみの時間は、人生に充実感を与えてくれる。それは、自分の好きなように自分の能力を味わうという点で、生きていることの手ごたえを感じる瞬間だからだ。仕事は、このような貴重な機会を台無しにしうるのであるから、嫌われるのも当然だ。このような考えを理論づけ、仕事からの解放を唱えたのが、マスキヴカである。

　マスキヴカの議論（Maskivker 2012）は、自己実現という考えを明確にするところから始まる。そこで問題になる自己実現とは、①人間が能力を発揮するこ

とと、②どの能力を発揮したいかという点につき、自ら選択できることである。すなわち、能力発揮と自律の二つが、自己実現の意味とされる。マスキヴカによれば、これらは人々の心理的健康に大きな影響を持つから、重要であるとされる。つまり、人々がまともな人生を生きるために、是非とも必要なもの（基礎的必要）であるのだ。社会は、人々のこのような基礎的必要を満たすことを要するから、自己実現もまた、すべての人が享受できなければならない。もし、自己実現ができなければ、多くの人は心理的に大きな負荷を負うことにさえなるのである（Maskivker 2012, pp. 2-3, 16-20, 41）。自分の人生が、いかなる意味においても能力の自由な発揮からはほど遠いと考えてみよう。それは人生を空虚にする、恐ろしい事態ではないだろうか。

さて、今日の社会において、自己実現の場として最も重要なのは、市場における仕事である。能力の発揮という点で、仕事は大きな役割を果たす。仕事は生活の大部分の時間を占めるから、様々な能力の発揮という点で、私生活以上に、自己実現に向けた大きな足がかりとなるということだ（cf. Maskivker 2012, pp. 30-32, 51, 57）。

ところが、自由に選択された能力の発揮が可能な仕事を得られる人は、そう多くはない。その理由は、市場経済の仕組みにある。市場経済は、社会的に必要とされるものを供給するために機能しているから、人々の仕事つまりは労働力も、この目的に向けて使用される。必要がなければ、どんな能力も、市場では活かされない。このような状況では、市場が必要とする能力（例えば、プログラミングの能力）を察知し、それを身に付けなければ生きてはいけない。たとえそのような能力を自分自身が評価もせず、欲することもないとしても、である。このような状況は、極めて一般的でさえある。すなわち、自らが発揮したいと思う能力を用いることができる仕事を得るなどという事態は、非常にまれなのである。さらに、市場経済において、ほとんどの人は食べていくために仕事をしなくてはならない。仕事は、多くの時間と労力を奪い去る。そこで、市場経済において、多くの人は自己実現ができない状況に縛り付けられてしまうのだ（Maskivker 2012, pp. 4-5, 10, 31-32, 36-38, 51）。

このような状況に対処しようと試みるのが、マスキヴカの議論である。マスキヴカの主張を簡単にいえば、仕事における自己実現ができない人々に、仕事

をしない自由と生活をまかなうための給付金を与える一方、好きな能力の発揮による社会貢献を求める、というものである。この主張の下支えになるのが、互恵性と公正さ、また「［他者の］気ままさからの自由の原理（freedom-from-whim principle）」（Maskivker 2012, p. 44）である（Maskivker 2012, chap. 3）。

　説明しよう。自己実現ができない仕事が一般化しているからといって、仕事をしないことを認め、かつ生活の糧を仕事に従事している人々の成果から得られるようにする、という考えは暴論に聞こえるだろう。というのも、これでは、仕事をしない人々にただ乗りを許すことになるように思われるからだ。この考えをより明確化すると、そこには互恵性という理念が現れる。マスキヴカが依拠するハーバート・ハート（Herbert Hart）によれば、この理念は次のようなものだ。つまり、人々が何かの協働的な取組みに参加する際には、人々はルールに従うことになるから、自らの自由をある程度、諦めざるをえない。そしてもし、ある人がこのようにして自由を諦めたのであれば、その人は他の参加者が自らと同程度、自由を諦めることを求めてよい、というのである。結果として人々は、協働的取組みへの参画において、相互に同程度の自由を捨て去ることになる（Hart 1955）。さて、この理念を経済に当てはめれば、社会的必要を満たすために行われる協働的な生産活動、つまり経済活動において、人々は同程度の自由を諦めなければならない。そこでもし、ある人が仕事をするというなら、これは自由を諦めることになるから、同様に他人にも仕事を通じて自由を諦めることを求めるべきなのである。よって、ただ乗りは許されないのだ。マスキヴカは、以上のような互恵性の理念を提示し、かつそれに賛成する（Maskivker 2012, pp. 43-44）。しかし、他の考慮すべき道徳的理念を通じて、ただ乗りを許容している、という批判を乗り越えるのである。

　マスキヴカがまず考慮するのは、気ままさからの自由の原理である。互恵性は重要だ。しかし、人々が互いにいかに関わり合うべきかを決める道徳には、これ以外にも重要なものがある。その一つが、他人の気ままさに振り回されないことだ。人々は自らの好みによって、いろいろな振る舞いをする。そしてもし、あなたの人生のあり方そのものが、その人々の振る舞いによって決まってしまうとすれば、何かおかしいと思うだろう。このような考えに基づいて、気ままさからの自由の原理は次のように理解される。すなわち、人々が社会のあ

り方、そのルールを決める際には、誰も他人の考えや嗜好の一方的な支配下に置かれるべきではないというのだ。なぜかといえば、人は平等なので、社会的ルールを決める際には、人々は対等な立場に立たなければならないからだ。だから、社会の協働的活動のあり方、ルールを決める際にも、一方的に他の人々の考えや嗜好を受け入れ、そのルールに従うべき人などいないことになる。言い換えれば、社会のルールは誰にでも受入れ可能でなくてはならないわけだ[6]。そこで、社会的な協働の枠組みがあり、そのルールを受け入れられないという人がいるなら、気ままさからの自由の原理に従って、この人は協力しなくてもよいことになる。経済活動に関していえば、そこでの自己実現から排除されている人々は、このような事態を許している経済活動のルールを受け入れないだろうから、協力する必要はないことになる（Maskivker 2012, pp. 44-48）。

2　強制を終わらせる

　しかしなぜ、経済的活動に協力しない人々を積極的に支援しなくてはならないのだろうか。マスキヴカによれば、それは公正さへの配慮と気ままさからの自由の原理の考慮による[7]。先にみた互恵性の理念によれば、人々は他人と協力する際、自らが自由を放棄したのと同程度、他人にも自由を放棄するよう要求できる。このことは、一方的に自由を失う人がいてはならないことを意味する。さて、現在の社会全体のルールの下で、人々は経済活動に参画しているが、自己実現を享受する人々がいる一方で、自己実現への機会を持てない人々がいることは先にみたとおりだ。これらの人々は、いわば排除されているのであり、生き方の自由を否定された状態にある。だが、互恵性の理念からいえば、この状態は公正ではない。一方的に自由が奪われているからだ。排除されている人々は、このようなルールを認めることはできないだろう。より具体的にいえば、排除された人々は、富の創出を最優先するという現在のルールを是認できないのである。それを認めると、自らの自己実現の機会がほとんどなくなって

6　マスキヴカの言うとおり、これは契約論的思想であり、彼女が依拠するのはトマス・スキャンロン（Thomas Scanlon）による議論である（Scanlon 1998; Maskivker 2012, p. 47）。第2章の議論も参照。

7　公正さに関して、マスキヴカ（Maskivker 2012, pp. 49-51）はロールズに依拠して道徳的恣意性への補償からの議論も行っているが、ここでは割愛する。

しまうためである。そこで、これらの人々への、次のような特別な配慮が必要となる。すなわち、互恵性の原理が示すように、社会的ルールそのものの決定に際してこれらの人々の自由も同じく重要なものとして扱われなくてはならないというなら、自由な人生（ここでは自己実現の機会）を一方的に奪い去るルールを強制してはならないという配慮だ。そうでなければ、公正さを著しく欠くからだ。しかし、強制をやめるには、生活を給付金によって保障することが不可欠である。というのも、現在のルールから逃れるためには、市場への参加をやめなくてはならないが、そうなると食べていけなくなるためだ。これでは、事実上の強制が続いてしまう。そこで、このような事実的強制を終わらせるために、生活保障の給付金が必須になるのである。これは、気ままさからの自由の原理からも導くことができる結論である。この原理によれば、そもそも他人の考えや嗜好の押し付けを受け入れる必要は誰にもない。そうであるのに、市場経済の下で、ある人々は、自己実現の機会を奪われた上、自らが認めようと思わない社会のルールを受け入れなければ、食べていくことさえできない状況に追いやられてしまう。これは、道徳的に相当に問題のある押し付けである。そこで、この押し付けを終わらせるために、給付金が支給される。この給付金は、人々が押し付けられたルールから逃れて、自分の自由を回復することを可能にしてくれる（Maskivker 2012, pp. 48-53）。

　他方で、仕事をしない自由と生活のための給付金を与えるといっても、基本的な前提は、互恵性である。つまり、すべての人は互いの自由を尊重し、また、社会のために他人と同程度の自由の犠牲を払って貢献を行うべきだという道徳的要求は、どこまでも続くのだ。そのため、マスキヴカは、すべての人は自らの好きな能力を通じて、社会的必要を満たすべきだという。ただし、この必要は経済的なものでなくてもよい。それは、人間の必要である自己実現を助ける様々な行為を含むのである。例えば、オペラの歌唱を趣味として教えることでもよい。裏を返せば、怠惰な人には給付金を出す必要がないのだ（Maskivker 2012, pp. 6, 27-28, 42-43, 58-61）[8]。

---

8 ｜ この点で、マスキヴカの議論は無条件の給付金を与えるというベーシック・インカムとは異なる。詳しくは Maskivker 2012, pp. 27-28, 42, 44, 58-59 を参照。

3　私生活の変化

　以上が、マスキヴカの議論の大筋である。この議論の観点からいえば、「仕事が多過ぎるから、もっと時間が欲しい」という考えの背景にあるのは、自己実現ができないことへの不満である。一般的に、仕事の多さに対して不満を表明することは、何らかの怠惰さの表れと考えられることがかつては多かったし、今日でもそうかもしれない。だが、マスキヴカの議論に基づけば、この不満は正当なものである可能性がある。多くの人がそうであるように、大して興味もわかず、苦痛でしかない仕事に生活が埋め尽くされるなら、人間らしい、自発的な能力の養成と発揮が不可能になる。しかも、それなしには生活自体が成り立たないように社会が仕組まれているのだから、これは制度的に強制された事態だ。もし、自己実現は社会の成員全員が味わうべき果実であるというなら、「仕事が多過ぎるから、もっと時間が欲しい」という、仕事に人生を奪われたことへの不満は、社会が人々に自己実現の機会を十分与えられていない可能性を示唆するから、何らかの対応が必要であると考えられるのだ。

　そこで、マスキヴカの議論を認め、仕事を通じた自己実現が難しい人々に仕事をしないことを保障したとしよう。これが認められると、人々は生活のための給付金を受け取りながら、自らが選んだ能力を発揮する生活を選ぶことができる。これは、社会の道徳的あり方としては、祝うべきことだろう。自己実現の機会があらゆる市民に開かれたのだから。これによって、無意味な活動にずっと従事することを強制される人がいなくなる。

　しかし、懸念もある。第一に、こんなことをして経済がもつのだろうかという懸念だ。マスキヴカ自身によれば、自己実現のために仕事をしない権利は、絶対的なものではない。それは、技術の進歩と仕事をしたい人々の存在によってはじめて可能になるという。そこでもし、社会的必要の観点からどうしても求められるのであれば、この権利が成立しない可能性もある（Maskivker 2012, chap. 4）。この点は後で問題にするので、ここでは深入りせず、次の懸念を取り上げよう。第二の懸念は、私生活のあり方に関するものである。マスキヴカの議論では、給付金を受けて仕事以外の場で自己実現を目指す者は、怠惰であってはならないとされている。それは、互恵性の道徳ゆえだ。すなわち、他人の仕事の成果から給付金を得ている以上、ただ乗りは許されないから、自己実現

に自ら励み、また、その成果を他人に還元することが求められているのだ。簡単にいえば、給付金が与えてくれた時間は、自分と他人の自己実現を目指す時間でなくてはならない。もちろん、四六時中そうでなくてはならないわけではないだろうが、自己実現に向けて自らの能力を涵養したり発揮したりする時間は間違いなく必要になる。言い方を変えれば、仕事をしない選択をした者は、自らの能力を通じて他人の自己実現を促進する、という新たな義務を引き受けることになっているといえる。何ら能力を持たないというなら、このようなことはできないから、能力の養成と発揮を自らの日常生活で実践することが重要になる。こうなると、私生活は社会的義務の実践の場に変わる。自己実現を私生活において達成するという考えは、表面的には楽しげにさえ聞こえるが、給付金によって社会的義務という性格が備わると、重苦しいものにさえ感じられるだろう。「仕事が多過ぎるから、もっと時間が欲しい」という訴えの真意が、このような社会的義務を新たに引き受けたい、という考えであるなら何も問題はない。しかしそうでないなら、私生活を社会的義務の場に変えることは、非常に大きな負担ではないだろうか。このような重大な懸念が生じる。

　もちろん、自己実現のために育成されたり、発揮されたりする能力の性質によっては、このような懸念はなくなるという考えもありえる。マスキヴカは、自己実現に関連する能力を、例えば高度に知的なものに限るようなことはしていない。つまり、本人にとって重要だと思われるものであれば、何でもよいのだ（Maskivker 2012, pp. 15, 22）。そこで、自己実現に励むという生活のあり方は、さほど負担となるものではなく、大きな懸念を持つには及ばない、という議論も考えられるかもしれない。

　だが、能力の種類にかかわらず、私生活と社会的義務の境目が曖昧になることは、それ自体として負担になるのではないか。少なくとも、自己実現が社会的義務であるととらえられるようになれば、何らかの社会的規範が確立するだろう。そうなれば、道徳的にまともでありたいと思う人は、私生活に関して自己点検する視点を持つことになる。外から私生活の監視をされることがなくても、である。これは甚だ不快ではないだろうか。また、より重要な点として、能力の養成と発揮が社会的義務の一部だと強く意識された場合、たとえ能力を自ら選んだとしても、義務の感覚が勝れば、自己実現は重荷になりえることが

ある。マスキヴカの考えでは、自己実現が心理的健全さの獲得に必要だからこそ、社会はそれをあらゆる市民に保障すべきとされていたことを思い出そう。社会的義務を果たさなければならないという強迫的感覚があるなら、たとえ自律的に能力を発揮したとしても、心理的健全さは得られないのではないか。少なくとも、あらゆる人の人生において、ある程度は許されるべき生きることの楽しさは、かなり減ってしまいそうだ。これはある種の苦行であり、健全な心理状況が維持できるとは思えない。

　以上のことから、私生活の質的な変化は、やはり懸念される事態だといえそうだ。そこで、「仕事が多過ぎるから、もっと時間が欲しい」という訴えを、自己実現の機会が持てないことへの不満としてとらえ、マスキヴカの理想を採用するというのは、あまり魅力的な戦略にはならない。何か方向性を誤ったようにも感じられるだろう。

　ここで注目されるべきは、自由の重要性である。上の議論から理解されることは、好きな時に好きなことを、好きなようにできること、しかもそれが社会的義務から解放された場所で行われることが重要である、ということだ。そこで、「仕事が多過ぎるから、もっと時間が欲しい」という考えを、自由への訴えとしてとらえてみよう。つまり、この訴えは、自らのしたいことを、したい時に、したい場所で、したいようにできず、仕事という社会的義務を果たすことに人生が使い尽くされることへの不満を表明しているのだ。

　このような観点を詳細に展開するのが、ローズの自由時間をめぐる議論である。ローズは、社会的義務等とは関係なく、人々が自由に自らのしたいことに使える時間こそ、仕事から守られなくてはならないものだと考えて、議論を進めている。以下、ローズの議論を参照しながら、仕事の時間が長いことへの不満を、改めて解釈していこう。

Ⅲ　自由時間

1　自由のための資源としての時間

　ローズによる自由時間の議論を理解するカギになるのは、二つの道徳的原理である。それは、「実効的な自由の原理（effective freedoms principle）」（Rose 2016,

p. 4）と基礎的必要を満たす社会の義務である。まず、これらを簡単に説明して、ローズによる議論をみていこう。ローズの議論の最も重要な基礎となるのは、実効的な自由の原理だ。この原理によれば、社会は市民の基礎的な自由を形式的に保障するだけではなく、実際にそれらの自由を行使することができるようにしなくてはならない。具体的には、例えばお金のような資源を市民に供給することが必要になる（Rose 2016, pp. 69-70）。次に、基礎的必要を満たすことに関する社会の義務を謳う原理である。この原理によれば、もし市民が自らの基礎的必要を満たすことができないのであれば、社会が肩代わりしてその必要を満たすことを命じる。基礎的必要については後に解説するのでここでは触れないが、例えば介護を要する人のケース等が想定される。介護を受ける人は、入浴のような自らの基礎的な必要を満たすことができない。そこで、社会的にケアサービスが提供されるべきなのだ（Rose 2016, p. 62）。

　これらの前提の上に、ローズが行う主張は、自由を行使する資源として時間を考える、というものである。常識的に聞こえるかもしれないが、本章にも重要な論点を含んでいるので、解説しておこう。多くの人にとって、自由を感じる場所は私生活であろう。誰から干渉されるわけでもなく、好きに時間を過ごすことができる場所だ。裏を返せば、このような私生活の時間があるからこそ、自由を味わうことができるともいえる。そこで、時間と自由の結び付きは当然だと思えるだろう。しかし、ローズが詳説するように、これまでの法・政治哲学では、必ずしもそうではなかった。ここでは、ローズの議論をすべてたどることはせず、本章との関係で大切なポイントだけを述べておこう。それは、時間を資源として考え、それを分配するなら、人々の自由がむしろ制限されるという懸念だ。この懸念ゆえに、時間は資源として注目されてこなかったのだという。事の起こりは、哲学者たちの多くが、時間の価値を特定の道徳的理想と結び付けて定めてきたことにある。例えば、アリストテレスの議論では、余暇は観想のような、他より価値のある行為のためにこそ必要だとされた。だから、時間を資源として人々に保障することは、特定の生き方を勧めたり、強制したりすることにつながるおそれがあったのである[9]。時間を分配の対象にすると

9　これは、まさにマスキヴカの議論に見出される問題にも近い。自分と他人の自己実現を促進するという社会的義務と結び付いた時間を分配してしまうことは、ある種の生き方の強制だ

いう議論が、少なくとも自由を重視する法・政治哲学の立場においてあまり検討されなかった理由は、このようなものだったのだ（Rose 2016, chap. 2）。

　他方で、われわれの生活を振り返れば、仕事によって多くの時間が奪われることは一般的であり、そのために自由を味わえないことも普通に起きている事態である。「仕事が多過ぎるから、もっと時間が欲しい」というのは、ほとんどの人にとって身近な考えなのだ。そこで、自由を重視する立場をとるとしても、時間を資源として分配する選択肢を見逃すべきではないだろう。ローズは、資源としての時間を特定の道徳的理想から切り離し、積極的にその社会的分配を考えるべきだと主張する。その際、自由の基礎としての時間は、自由の行使に必要な資源として次のようにとらえられる。すなわち、資源としての時間は、個々人が欲する人生のあり方がいかなるものであったとしても必要な時間である、と定めるのだ。さらに、このような時間は、お金、身体的なケア、家事に関する基礎的な必要を満たすために使われる時間以外の時間である、と定義される。これが、ローズが言うところの自由時間である。お金、身体的なケア、家事の三つは、人がどんな人生の理想や欲求を持つにしても、社会において通常の生活を送り、それらの理想や欲求を追求する前提として、誰であれ、是非とも満たさなければならない必要事項である（なお、お金の基礎的必要を満たすために必須のこととは、まさに仕事だから、基礎的必要の充足に向けた活動とは仕事、身体的ケア、家事の三つを意味する）。それが満たされてはじめて、人は自分の人生を自由に生きることができ、思うままに理想を追ったり、欲求を満足させたりすることができる。そして、その自由な人生を支え、可能にしてくれるのが、基礎的必要を満たすことから解き放たれた時間、つまり自由時間なのだ（Rose 2016, chaps. 2-3, see esp., pp. 23-31, 36-38, 43, 58）。まとめるなら、自由な人生を生きるための資源としての時間、すなわち自由時間とは、仕事も、身体的ケアも、家事もしていない時間のことである。

2　自由時間の決定と分配

　自由時間は基礎的必要を満たす時間との関係で決定されるから、自由時間の分配を決めるには、基礎的必要を満たすためにどれほどの時間がかかるのかを

　｜　からだ。

考えなくてはならない。公共的な政策の問題としてこれを行うには、客観的指標を提示することが重要である。一つの案は、人々がどれほどの時間を、仕事、身体的ケア、家事に注ぎ込んでいるのか、実際に社会全体の数値を測って、統計的に適切なラインを大まかに算定する方法である（Goodin et al. 2008; Rose 2016, pp. 53-54）。だが、ローズはこの方法を採用しない。というのも、自由時間に影響する個別具体的な事情を各人は抱えているからだ。例えば、足に障碍があれば、身体的ケアには時間がかかる。社会全体の統計的な像では、このような事情を勘案できない。また、人々が実際に費やす時間が、例えば栄養摂取のような基礎的必要を満たすのに本当に十分であるかも、定かではない。そこでローズは、統計的全体像だけではなく、専門家や市民の意見も加えて、基礎的必要を満たすための時間を、社会的グループごとにより細かく定めることを提案している（Rose 2016, pp. 54-55）。例えば、介護や子育てを行っているケースでは、これが自由時間に影響する個別具体的な事情として勘案される（Rose 2016, chap. 6）。もちろん、個々人の事情をすべて考慮することは難しいが、グループごとに配慮することによって、より個々人が置かれた状況に配慮するよう努めるのだ（Rose 2016, p. 57）。

　では、具体的にどのように自由時間の分配を行うのだろうか。ローズの議論は以下のとおりである。ここでは、個別的事情への考慮が必要となるケースをひとまず脇に置いて考えよう。まず仮に、各人に割り当てられる公正な自由時間の総量が、1 日当たりに換算して X 時間だったとしよう。ここで、X 時間が実際にどれほどになるかは、その社会の技術や経済の発展度合い等に左右される（Rose 2016, pp. 59, 128-129）。これを前提として、人々の基礎的必要は、「24 − X 時間」の中で満たされねばならない、というのが自由時間の分配に関する規則となる（Rose 2016, pp. 58, 139-142）[10]。例えば、もし自由時間が 6 時間必要だ、というなら、仕事、家事、入浴や睡眠等の身体的ケアは、総計して 18 時間以内に終わらなければならない。本章との関係では、仕事が時間を食い、6 時間の自由時間が確保されない場合が注目されるが、このような場合には、仕事に従事する時間を減らすことができるよう、収入を公的に支援することで自

10　ローズの例では、週単位で自由時間を数えるが、わかりやすさのために、ここでは日単位とする。

由時間の適切な分配を実現する。ほかにも、家事の補助サービスのような、物的供給を行うことも検討できる（Rose 2016, pp. 137-142）。

3　個別的事情

　これが想定される一般的な場合だが、より個別的な事情への配慮が、ここに加わる。ローズは特に、介護のようなケアと子育てに注目している。すなわち、これらの事情は仕事、家事、身体的ケアと並んで、人々の自由時間に影響する要因として数えよう、というのだ。例えば、親の介護に毎日2時間ほどかかるというのであれば、6時間の自由時間を確保することを前提として、仕事、家事、身体的ケアの総計時間は16時間以内で収まるようにしなくてはならない。ここでも収入の補助や、介護の負担を軽減するサービス等が実施されることになる（Rose 2016, pp. 140-141）。介護や子育ては、自分自身の基礎的必要を満たすための活動ではないが、自由時間に影響する要素として考える。この理由となるのが、先にも述べた基礎的必要を満たすことに関する義務を社会が持つという原理である。ある人が、基礎的必要を自ら満たすことが難しいときには、社会がそれを満たすべきだ、というものだ。この原理を前提にすれば、介護や子育てを行う人は、社会に代わってこの義務を負ってくれていることになる。さて、実効的自由の原理によれば、社会の重要な任務の一つは、人々が実際に自由を行使できる社会状況を作ることにあるのであった。介護や子育てのような社会が果たすべき任務を代わって行うことで時間を奪われる人たちには、その時間の補塡を行わなければ、実効的自由の原理とつじつまが合わない。そこで、介護や子育ても自由時間に影響する要因として考えるのである（Rose 2016, pp. 62-63）。

　ここでローズは、子育てについて慎重な扱いをしているので、説明しておこう。老齢による身体的衰えは誰にでも訪れる一般的事態だ。そこで、いかなる人生観を持つにしても、親等の介護はほとんどの人が行うことになる。しかし、子育てはそうではない。子を持つかどうかはその人の人生観に直結する問題だからだ。こう考えると、子育てについて、自由時間を確保するための支援をするのはおかしい、という意見が出てくるかもしれない。自由時間は、どのような人生観の追求にも使用可能な資源であったことを思い出そう。そうであれば、

子育ては自由時間を使うことそのものではないか、といえるからだ。だから、子育てをする人の自由時間を確保すべく、様々な支援をすることは、自由時間を必要以上に与える不公平な政策になるのではないかというのだ（Rose 2016, pp. 63, 120）。

　これはかなり論争的な問題だが、ローズによれば、子育てを自身の人生観の追求と考えることは一面的である。というのも、子どもは公共財としての性質を持つからだ。子どもが社会にいることは、次の点で誰にとっても不可欠だ。まず、社会の継続が保障される点である。多くの人は様々な人生の理想を持つが、何らかの形で、社会の継続が前提とされていることがほとんどだろう。例えば、数世代も経ることなく社会が崩壊するというなら、仕事を含め、社会的活動の魅力は激減するのではないか。そこで、社会の継続を可能にしてくれる子どもの存在は、誰にとっても価値あるものなのだ。次に、子どもは将来の納税者であるという点である。老齢に達した人々に代わって、社会の様々な制度やインフラを修繕するための資金は、主に成長した現在の子どもたちによってまかなわれるが、この恩恵はその社会に住むあらゆる人に行き渡る。最後に、高齢者の支え手になるという点である。言わずと知れた事実だが、高齢になって心身が衰えた際には、成長した現在の子どもたちがいろいろな立場でケアを与え、支えてくれる。社会保障まで考えれば、この恩恵もあらゆる人が享受するものだ。これらを考えれば、子育ては、単なる個人的人生観の追求にとどまらない、公共的利益の生産活動であるといえるのだ。そこで、その負担はすべての人が負うべきである。こうして、子育てを行っている人々の自由時間を確保するために、公的な支援を行うことが正当化されるのである（Rose 2016, pp. 120-123）。

　もう一つ、個別的な事情を考えておこう。それは、仕事の選択に関するものだ。仕事は自由時間に影響する要素だから、もしそれに多大な時間がかかるというなら、自由時間を確保するために、給付金等の支援を行って仕事の従事時間を減らすことになる。ここで、どのような仕事にどれほどの時間がかかるかは、その人の適性等によることは容易にわかるだろう。得意と不得意が、誰にでもあるからだ。では人々は、自分の得意な仕事に就くことで、仕事の時間を最小にするだろうか。そうではないだろう。得意な仕事が好きな仕事とは限ら

ないためだ。そこで社会には、不得意だが好きな仕事で働く人も存在する。こ
の人の自由時間は、仕事にかかる多大な時間によって脅かされるが、この場合
にも補助金を出すべきだろうか。出すべきではないという意見もあるだろう。
その仕事を選んだのは、その人の責任だからだ。しかし、ローズはこのような
場合でも、補助金を出すべきだという。なぜなら、補助金を出さないという決
定をすることは同時に、好き嫌いに関係なく、最大限短時間で終えられる仕事
に就くよう暗に強制することを意味してしまうからである。自由時間を確保す
る試みが、職業選択の自由を否定する結果を生んでしまうのだ。実効的自由の
原理から出発した自由時間の確保という試みが、このような結果をもたらして
はつじつまが合わない。そこで、職業選択の自由が個人の責任に優先するので
ある（Rose 2016, pp. 90-91）。

4　共同活動と経済

　ここまで、主として個々人の生活において、自由時間がどう確保されるべき
だと考えられているのかをみたが、本章に関係する点として、さらに社会的共
同活動に関するローズの議論がある。すなわち、人々の自由時間は、いろいろ
な社会的集団（スポーツ団体やボランティア、宗教団体等、「アソシエーション」
と呼ばれるもの）での、他人との共同活動に使われることがよくある。それが、
人生の理想の自由な追求に重要だからだ。しかし、共同活動をするためには、
そもそも人々が同時に自由時間を持てるのでなければならない。そこで、日曜
日のような共通の休日が、人生の理想の自由な追求にとって重要だ、という結
論になるのである。もちろん、職業によっては例外が必要なこともある。安全
保障に関わる仕事等に関していえば、皆が一斉に休むことは現実的ではない。
しかし例外を除いて、できる限り共通の休日が設定されるべきであり、人々に
はその日に仕事をすることを拒否する権利もまた、与えられるべきだという
（Rose 2016, chap. 5, see esp., pp. 106-111）。

　当然だが、これらの自由時間を確保する措置は、人々の経済的活動を制約す
ることを意味する。それは、社会全体での経済活動の抑制と、個々人の経済的
決定への制限の二つの面においてだ。これは問題にならないのだろうか。まず、
経済全体の側面について、ローズは自由時間の確保によって経済活動が制約さ

れた結果、経済成長自体が鈍化することを認めている。しかし、ローズは、ジョン・ロールズ（John Rawls）と同様に（ロールズ 2010、390-391 頁）、経済成長がある程度に達すれば、人々にとって重要なのは経済的価値の追求よりも、仕事の意義を得ること等に代わると考える（Rose 2016, pp. 133-134）。この議論の説得力はさておき、さらに重要なのは、最大労働時間と経済的自由に関する指摘だろう。これは個々人のレベルの議論だ。ローズは、人々が望む場合、自由時間の一部を仕事に使ってもよいとする。それもまた、人生の理想の自由な追求だからだ。だがもし、ある人々の熱心な仕事ぶりが、競争を促進し過ぎたり、長時間の仕事を推奨する社会規範を生んだりして、他の人々を巻き込み、やがて自由時間の確保を難しくしていくというなら、社会が許容する各個人の最大労働時間に制限を設けるべきだとする（Rose 2016, pp. 138-139）。熱心な仕事ぶりは普通、称賛されるものだ。その理由には、それこそが社会を豊かにするとの考えがあるだろう。しかし、社会が豊かになることは無制限に価値を持つものではないし、他人の自由を侵害するというなら、仕事に熱心であることは、道徳的に誤った行為でさえあるといえるのだ。この背景には、自らの選択が他人にもたらすコストを、人々は真剣に考えるべきだ、というローズの考えがある（Rose 2016, p. 71）。こう言われれば、経済的自由の侵害になるという批判が返ってくるかもしれない。この点について、経済的自由はそこまで徹底した保護に値する自由とはいえない、という反論をローズは行っている（Rose 2016, pp. 107, 138）。

5　勤勉さを克服する

　以上が、ローズの議論の骨格である。マスキヴカの議論との違いは明確だ。自己実現のような道徳的理想が掲げられることはなく、また道徳的理想が生活のすべてを覆い尽くす心配もない。それは、仕事のあり方の時間に関する側面について、自由という理念によって規制しようとしているからだ。つまり、重要なのは人々に何かをさせる（例えば、自己実現をさせる）ことではなく、人々を何でもできる状態に置いておくことなのだ。そもそも、仕事は他人や社会に何かをさせられることであるから、長時間仕事をすることへの不満は、何かをさせられること自体に感じる道徳的な問題の表明だと、当然思われるだろう。

そうであるなら、ローズの議論は核心を突いていることになる。

　他方で、自己実現はどうなってしまうのだろうか。それは、してもしなくてもよいオプションとして残るのだ。つまり、人々が自由の実質的な行使に必要な資源（お金や時間）を得られたなら、合法的な範囲でなら、何をしても自由だから、自己実現に時間を使ってもよいし、そうしなくてもよいということだ。社会には自己実現の場にはなりえない仕事も、もちろんある。単純でつまらない仕事と人々が感じるものだ。人々がこのような仕事に嫌々従事していた場合、仕事を通じた自己実現は得られない。これらの人々に自由時間が保障されたとしよう。どう生きようが自由、というのがローズの基本的立場だから、自由時間を通じても、この人々は自己実現を果たさないかもしれない。そうすると、これらの人々は、自己実現とは無縁な人生を送ることになる。この事態を前に、それでもよいのか、という懸念を持つ人もいるだろう。結論からいえば、それでよいのである。そもそも、自己実現が道徳的に望ましい、という考えを支持するもしないも自由だから、他人の人生のあり方について、とやかく言う必要はないのだ。どのような人生の追求にも使える自由時間を保障するという発想は、実はこのような人間観、社会観につながっているのである。

　ローズの議論が示唆するこのような立場には、マスキヴカの議論に不安を覚えた人であっても、別の懸念を覚えるかもしれない。自由過ぎる、という懸念だ。もし、多くの人が自己実現を目指さないという状況が生じれば、社会全体の質もまた、下がるのではないだろうか。社会の質というのは、その構成員の持つ能力や性質に依存する部分が大きいからである。だからこそ、公教育以外にも、スポーツや芸術等、多彩な能力を養成し発揮するための活動が、行政によって推進されているのではないだろうか。自由はあるが、人々の能力が発揮されない社会は何か退廃的にさえ感じられるかもしれない。そうならば、これは道徳の問題でもある。

　しかし、自由を重視する立場は、このような問題を放置するわけではない。社会の質の衰退に歯止めをかけるのが、アソシエーションである。つまり、自発的に結成されたボランティア団体や、芸術や宗教等に関連する団体、さらには趣味を同じくする集団等が、人々の多様な関心を刺激し、また満たすことで、社会の質を維持してくれる。もちろん、こうした団体に所属するには、お金や

時間の余裕が必要だ。だからこそ、ローズは集団で自由時間を過ごすことを、社会的問題として取り上げているともいえるだろう。

　重要な点として、文化の問題としての勤勉さには改めて注目しておきたい。先にも触れたように、勤勉さは、道徳的に称賛されるべきこととして奨励されてきた。しかし、多くの場合、われわれはその根拠、つまり、勤勉さがなぜ道徳的に善いことになるのかについて、問うことをしない。この思想は、教え込まれるだけである。そして、教え込む側も、その根拠は深くは考えない。つまり、勤勉さの道徳は、根拠のある理念というより、文化として受容されている規範に近い。まっとうな社会人として認められるための、ある種の儀礼、作法である（だから、仕事をしている事実が重視され、その生産性等は問われない）。これが道徳的に問題になりえることも、先に指摘した。人々が自由に生きることが難しくなる社会環境を作ってしまうからだ。勤勉さは、実のところ、不道徳でさえありえる。それでも、そもそも勤勉さが善いとされる道徳的根拠が問われないのであれば、このことには気づくことが難しい。しかし、文化としての勤勉さは、もう一つの問題を生じる。すなわち、勤勉であることが奨励される文化は、アソシエーションでの活動を抑圧したり、不可能にしたりするのだ。われわれが自由に生きるための最重要資源の一つは、ローズが言うとおり、時間である。これが勤勉さの中に消えてしまうなら、アソシエーションでの活動どころではない。しかし、勤勉さの文化の中では、アソシエーションの活動に参加するには、まず勤勉でなければならず、またアソシエーションの活動を犠牲にすることが称賛されることさえありえる。だから、勤勉さの文化は、お金を生んでも社会の質を低下させることが十分に考えられる。ローズは、人々に許される最大労働時間を、一律に制限してしまうことさえ主張しているが、アソシエーションの活動が重要であることを考えると、社会全体の質を人々が自主的努力で守るには、当然に必要なことだといえるかもしれない。

　ただし、ローズのような自由を重視する立場の戦略（アソシエーションの活動によって、社会の質を維持すること）が成功するかどうかは、人々の考えや態度によるから、その成功が保証されているわけではない。その場合には、先の自由過ぎるという懸念は解消されないまま残る。だからといってマスキヴカの議論が良いと直ちにいえるわけでもないが、ローズの議論も完全とはいえない。

本書の関心からいえば、これは、私生活が義務の場になる窮屈さか、社会の質の低下か、という二つの方向の間で、よりましなものを選ぶという当事者たちにとっての実践的な問題になるだろう（哲学的にいえば、これは卓越主義の立場を認めるか認めないか、という問題だが、本書はこの手の大きな哲学問題にはあえて手を出さない）。

とはいえ、人生観や理想、理念の多様化が進んでいる現状を考えれば、マスキヴカの議論がより劣勢ではないだろうか。マスキヴカは、自己実現という大きな理想に皆で邁進する社会を作ろうというのだから、どこか多様性とは相容れない響きがある。自由を推し進めるローズの方が、受け入れやすいだろう。しかし、実はそうともいえないのである。以下では、この点を指摘しながら、仕事によって時間がなくなっていくという感覚の背後にある、より大きな問題を考えていこう。

IV　自由をめぐる根深い問題

1　互恵性が求めるもの

まず、ローズの議論の背景にある互恵性の考えに注目しよう。ローズの議論において、社会は人々の基礎的必要を満たす任務を負う。それには当然、原資となる財が必要になるから、生産活動が活発に行われることが必須である。そして、その生産活動を担うのは、その社会の構成員、つまり市民自身である。そこで、仕事をすること、すなわち社会的生産活動に貢献することは、誰もが期待されているといえる。だからこそ、個人で基礎的必要を満たすための活動の中に、仕事をすることが入るのだ。仕事を通じて人々は、個人としてだけではなく、社会的集団としても、基礎的必要を満たすべく活動しているといえるだろう。そうだとすると、仕事をして社会の生産活動を維持することは、事実上の義務としてとらえられていると考えられる。ローズは、互恵性についての議論を詳しく展開することはしていない。しかし、ローズの議論の背景にあるロールズらのリベラルな平等の哲学は、マスキヴカも用いた互恵性の議論を前提とすることが一般的であり（e.g. ロールズ 2004）、ローズも互恵性を前提としていると考えてよいだろう。すなわち、人々は社会的な協働を通じて互いの基礎

的必要を満たすプロジェクトに参加しており、ここでは自由への抑制となる生産活動、つまり仕事を自分が行う際には、他人もそうすべきだと考えてよい、という道徳があるのだ[11]。

　この意味で、ローズもマスキヴカも、互恵性と社会的義務を重んじる思想を提示しているといえる。実はここに、ローズの議論に起きる問題の根がある。まず、二人の共通点を確認しておこう。他人の仕事の成果にただ乗りすることは許されない、という考えは、マスキヴカもローズも共有している。そのため、マスキヴカは、仕事をしない者に私生活での自己実現を求めるし、ローズは仕事をすることが当たり前であるかのように議論を進めていく。さてここで、本章がローズの議論に注目することになった発端は、マスキヴカの考える互恵性の枠組みに感じられる重苦しさ（つまり、私生活を社会的義務の場とする発想）であったことを思い出そう。ローズも互恵性を重んじるとすれば、同じことが起きることはないのだろうか、と問いたくなるだろう。ローズは自由を重視するから、私生活を社会的義務の場所にすることにつながるような主張はしない。だが、まったく別の場所で、問題は起きる。

　それは、仕事という場所そのものである。ローズの議論をもとにした社会的枠組みでは、市場での生産活動から逃げることはできない。すなわち、社会的貢献はまず、市場を通じて行われるべきであり、だからこそ、それが行き過ぎたものになることがないよう、自由時間を設定する必要があるのだ。自由時間という考えの背後にあるのは、市場貢献時間とでもいうべき時間なのである。

11　この点に関連して、イェッペ・フォン・プラッツ（Jeppe von Platz）は、ローズの議論に社会協働の観点が欠けていると指摘している。フォン・プラッツによれば、ローズが依拠する実効的な自由の原理は、人々の基本的権利と自由を可能にするレベルでの自由時間を求めるが、それ以上の自由時間の不平等を放置するという。というのも、人々の上記のレベルが満たされれば、実効性ある自由の保障に十分なことがなされたとされるからだ。フォン・プラッツは、これよりも踏み込んだ立場を提案する。すなわち、ある人が仕事に使った時間は、協働的な生産活動全体を通じて、社会がその成員の基礎的必要を満たすために必要とする、他の人が負うべき仕事の時間を減らすから、これを根拠として人々が仕事に従事すべき時間の公平な分配を考えるべきである、というのだ（von Platz 2017）。フォン・プラッツの観点からみれば、ローズの議論は、互恵性の重要な論点を取りこぼしているともいえるだろう。ローズは、この批判に次のように応答している。実効的な自由の原理とローズ自身の自由時間の構想は、様々な正義に対する考え方に展開可能なものとして構成されており、フォン・プラッツの提案する議論も、そのような展開の一つと考えられるというのだ（Rose 2017, pp. 112-114）。ここでは、ローズの議論において、互恵性をどうとらえるかがオープンな問いとして残されていること、またそれにもかかわらず、互恵性はローズの議論においておそらく極めて重要な論点であることに気づけば十分であろう。

もちろん、自由時間が保障されている以上、生活の全般を覆い尽くすような仕事を通じての貢献が求められるわけではない。また、やむをえない事情で基礎的必要を満たせない人がいる場合、社会にはその人に代わって必要を満たす義務があるともいう。だから、病気や障碍等の事情があれば、それも考慮されるだろう。しかし、仕事をしない、という選択肢はなくなるのである。もし、市場という場に出ること自体を甚だしく嫌う人がいた場合、これは恐るべき事態ではないだろうか。

　先に進む前に、一言述べておこう。今日のわれわれにとって、仕事をすることがある種の義務であることや、余った時間を自由な活動に充てることは当然の社会的慣習だから、上のような疑問を提示することは、非常識であるともいえる。だが、法・政治哲学は常識を裏書きするためにあるのではない。その役割は、常識的な思考の裏にあるいろいろな道徳的発想の一つ一つを析出し、その組み合わせからみえてくる社会道徳の様々な可能性を考えることで、現在の常識を省みることにある。そこで、ローズの互恵性の考えを常識的なものとして単に受け入れるのではなく、それを批判することが重要なのである。その際、他の道徳的考えとの対比が役立つが、それが同じ互恵性の考えからまったく違う結論に達する、マスキヴカの思想なのだ。

2　市場参加を皆に迫るべきなのか

　話を進めよう。マスキヴカが社会貢献の場として、市場での生産活動と合わせ私的な場での自己実現に向けた活動を提示するのに対して、ローズでは市場経済での生産活動が前提とされる。つまり、社会貢献の義務を果たすには、個人的諸事情を考慮しないとすれば、まず市場の活動に参加することが求められるわけだ。これは、ローズにとって分が悪い結論を導くかもしれない。というのも、このような社会的貢献義務のあり方が公正かどうか、疑問であるからだ。その理由は、市場での生産活動が特定の人々により有利なことにある。有利さを決めるのは、例えば次のような点である。第一に、競争をしようとする心構えができていること。市場での生産活動は、生産を担う資源としての人を適材適所に配置することで、資源が無駄にならず、効率的に生産性を上げることを期待できる。他方で、このプロセスにおいては、より能力ある人物を適所に配

置する必要があるから、競争が必須である。そこで、市場での生産活動に参加するには、競争にさらされる心構えが必要だ。成功と失敗が定まってしまう環境を、受け入れることができなくてはならないのだ。第二に、これと関連して、知的能力やコミュニケーション能力に偏重した評価のあり方を受け入れることができることである。今日の経済では、知的な仕事や高度なコミュニケーション能力を必要とする仕事がより評価され、高い収入をもたらす。人々が市場での生産活動に参加したいと思うには、このようなあり方を受け入れることができなくてはならない。最後に、金銭を嫌わないことである。市場経済では、あらゆるものがひとまず、金銭的に評価される。それは環境への悪影響や、場合によっては人命までも含む。これを不道徳だと考えず、受け入れることができ思考と思想が求められる。以上の三点において、十分な心構えができていれば、市場参加者、つまりビジネスパーソンとして、思う存分活躍する素地がある。だが、競争が嫌いであるとか、机上の学習やコミュニケーションが嫌いであるとか、強固に金銭を嫌う道徳原理に従って生きているといった事情がある人には、ビジネスパーソンというのは受け入れ難い人間のあり方である。そこで、市場での生産活動に参加することを前提として社会的義務の内容を決めてしまうことは、これらの人にとっては是認し難いだろう。自分が認めたくないタイプの人間になるよう、求められるのだから。マスキヴカの議論を思い出そう。一方的に自由な人生を生きることを妨げるというのは、公正ではなく、社会のあり方を決めるルールは、皆が受入れ可能でなければならないのだった。そうであれば、ビジネスパーソンになることを嫌う人にも、社会参加を別の形で開く、というマスキヴカの考えは一理あることになる。

　こう考えると、ローズの側にも、人々の自由な人生を難しくする要因が潜んでいる。深く考えれば、市場での生産活動のあり方を是認したくないと思う人は、それなりにいるかもしれない。これらの人々は、ローズの意図する社会においての方が、より重圧を感じることになるだろう。他方で、市場での生産活動に参加するくらいなら、自己実現への義務感に覆われた私生活の方がまだましだと思うかもしれない。実際、自分と他人の自己実現に励む私生活というものは、思ったほど辛いものではない可能性もある。組織に強いられる厳しい到達目標、つまりノルマがないからだ。市場での生産活動は、この点でずっと過

酷でありえる。少なくとも、何らかの生き残りの努力や組織的到達目標、あるいは売上げの最低ライン等が決まってくるだろうから、そう呑気に構えていられないのだ。こう考えると、市場よりも自己実現を目指す私生活を選びたい人がいるのではないかと思えてくる。だが、ローズの議論から描ける社会では、これらの人々の選択肢は消えてしまう。そこで、ローズの議論について、自由な人生の尊重という観点からより優れていると、直ちにはいえなくなるのだ。

　結局、ローズの議論も、マスキヴカの議論も、自由な人生の尊重という点で問題含みである。より一般的にいえば、「仕事が多過ぎるから、もっと時間が欲しい」という考えから仕事をしない時間を確保する、という試みの延長線上には、自由をめぐる問題が発生する可能性が高いということだ。それは、時間を欲する理由が自己実現であれ、自由時間を確保することであれ、変わることはない。起きる問題のうちどちらがよりましなのか、という評価でいえば、それは市場での生産活動が苦痛かどうか、そして私生活で感じる義務感をどれほど受け入れることができるか、という二つの事情で決まってくる。この両者のどちらがより説得力を有するか、議論することもできる。しかし本書は、理論そのものというより、その応用を探究することが目的だから、やや違う観点から、この議論を深めていこう。

V　社会の生産性と自由の拡大

1　互恵性の抱える問題

　マスキヴカの議論とローズの議論のどちらにも問題が起きることがわかったが、その根源は共通している。それは、互恵性である。ある社会において人々の必要を満たすための生産活動が協働して行われている際に、他人の努力にただ乗りすることは許されない、という考えだ。この考えが自由の制限を含意することは、先にみたとおりだ。すなわち、互恵性の理念によれば、互いの必要を満たすという利益を可能にする社会的な協働に参加する際には、同程度の自由の制約を、人々は総じて受け入れるべきなのだ。だからこそ、仕事をしない選択をした者には自己実現を通じた社会への貢献を求めたり、自由時間の背後で行われる市場での生産活動への貢献を必須だと考えたりすることになるので

ある。これらの社会貢献活動は、互いの利益のために自らの自由を諦めることでもあるからである。ここで、どちらの貢献活動も負担が重過ぎると感じられうるというⅣまでの結論は、互恵性が求める自由の犠牲が大き過ぎる、という不満と理解できる。端的に、互恵性への不満というべき事態だ。

　不満が発生しないケースとの対比を考えると、これがよくわかる。今、マスキヴカの説く自己実現を通じた社会貢献、つまり自分の才能やスキルを通じて私生活で他人に貢献することが、義務として感じられたとする。この際、貢献として行うべきことが大きくなければ、その負担は重大ではなくなる。すなわち、貢献によって発生する自由の犠牲は、仕事からの解放と自己実現の時間という果実に比して小さいから、払う価値があると思えるだろう。また、ローズの議論が示唆するように、市場での生産活動が社会的要求になるにしても、実際の活動自体が軽微で、自由時間もかなり多いとしよう。この場合も、義務として生産活動に参加することによる自由の犠牲は、払うだけの値打ちのあるものになりそうだ。不満が発生するケースでは、このような状態が成立しなくなる。貢献活動の負担が過重になるためだ。そうなると、互いの自由を犠牲にして皆が必要充足の利益を得る、という互恵性の理念が支持できなくなるのである。社会的協働をするというなら、各人の負担が軽くなるようなあり方でなければ、皆、納得しないのだ。進んでいえば、軽微な負担を背負うだけで各人の必要を満たすことができるような社会的協働でないと、魅力がないのである。

　こうして互恵性という理念が支持できなくなると、マスキヴカとローズの議論もまた、魅力的ではなくなる。それは、仕事をしない時間の確保を正当化する議論である一方で、過剰な社会的貢献を正当化する議論としても機能してしまうからだ。これは、「仕事が多過ぎるから、もっと時間が欲しい」という考えから、法・政治哲学の議論を探った人々には、悪い知らせだろう。これらの人々にとって、また一般的にもだが、互恵性の理念を否定することは難しい。社会は相互の協力で成立していて、それによって人々の必要が満たされているということは、新型コロナウイルスのパンデミックを通じて、皆が思い知った事実だ。そしてまた、社会的協力体制にただ乗りすることは許されないという考えは、多くの人が共有している。だから、互恵性は重要な道徳として揺るがない。しかし、過剰な負担もまた認め難い。そこで、互恵性の理念の下であっ

ても、自由の大きな犠牲なく、人々が自由時間や自己実現の見返りを得ること
はできないだろうか、と考えたくもなる。実は、この問題に解決策がないわけ
ではない。社会的協働による自由の犠牲が過剰になる事態に、対処することが
できるからだ。

2 生産性向上という解決策

　注目すべきは、社会の生産性である[12]。技術発展等によって社会の生産性が
増大すると、人々が行うべき仕事の総量が少なくても、人々の必要を満たす大
規模な生産活動が、それなりに維持できるようになる。これによって貢献活動
の負担は、市場での生産活動への貢献であれ、自己実現を通じた私生活での他
人への貢献であれ、大きく軽減されるだろう。説明しよう。貢献活動の重圧を
軽減するためには、二つのことが重要である。第一に、自由時間がそれなりに
満足のいく量になることだ。これは、生産活動への参加の負担（時間や達成目
標等）が縮小することによって実現する。第二は、多様な才能を伸ばし活動す
る人々が、数多くいることだ。自分自身の才能を通じて行う社会貢献から生じ
る負担は、同じような才能を有する人が増えるほど減る。互いの助け合いが容
易になり、1人当たりの負担分が減少するからである。この二つを達成するた
めには、人々が総じて担うべき仕事の量と重圧が減ることを可能にするような
社会の生産性の高まりが必要になる。そのような生産性が高まれば、まず自由
時間の確保ができるようになる。また、それに応じて、人々の生き方も多様化
することが予想される。このように理想的なシナリオが実現すれば、互恵性の
理念の下で生じる負担の重さを軽減することができる[13]。

　なおこの点は、マスキヴカもローズもともに認識し、重視している。まず、

12　生産性について、より詳しくは宮川 2018 および森川 2018 等を参照。なお、以下の議論は、
　　生産性の拡大をめぐる現実的諸課題や、経済状況等によって発生する問題等を無視している。
　　本書冒頭でも述べたように、筆者は具体的な政策提言を意図していないのでこのような抽象
　　化をしているが、現実に政策を策定して実行するなら、これらを無視できないだろう。考え
　　るべき課題や問題については、上の 2 文献にあわせて、前田 2019 も参照。
13　いや、自由時間の確保を難しくしているのは富の分配の失敗の問題ではないか、という疑問
　　が浮かぶかもしれない。筆者はこれを否定するものではない。だが、分配の議論だけすれば
　　生産性が道徳上考察すべき課題としてなくなるわけでもない。実に筆者がここで狙っている
　　ことは、本書そして本章の文脈において、社会で実際に叫ばれている生産性の増大という目
　　標を批判的に吟味することにあるので、あえてこのような問題設定とした。

マスキヴカは、自らの主張する仕事からの解放の権利が、絶対的なものではないことを認めている。すなわち、仕事をしない人々がそれなりにいたとしても問題が起きないだけの、十分な社会の生産性がなければ、仕事から解放される権利は成立しないというのである（Maskivker 2012, pp. 78-83）。多くの人が多様な生き方を選べる状況を可能にするような社会の生産性が、権利の土台として必要なのだ。またローズも、人々にどれほどの自由時間が保障されるかは、その社会の生産性に依存することを認めている（Rose 2016, pp. 128-129）。そして、生産性が高まれば、人々は社会的富の増大だけではなく、個々人の仕事の社会的意義のようなものにも目を向けるようになると考える（Rose 2016, p. 134）。これは、人生観の多様化とも考えられる状況だ。ローズにおいても、十分な自由時間と多様な生き方の基礎には、それなりの規模の社会の生産性が想定されているといえるだろう。逆に、マスキヴカやローズの立場を前提とすれば、社会の生産性が小さければ、人々が自由で多様な生き方をすることは難しくなる、ともいえる。自由で多様な生き方を可能にする社会的基盤が、そもそもないからだ。

　結論として、次のことがいえる。互恵性の下で、人々が十分な自由を味わえるようにするためには、社会の生産性の向上がどうしても必要になる。それは、そもそも人々が担うべき生産活動上の仕事の量や重圧が大きく減少し、自由時間の確保が誰に対しても可能になるからである。このような意味での自由の拡大が起きれば、貢献活動によって自由を少々犠牲にしても、なお十分に自由な人生を享受することができる。貢献活動に使う時間も労力も、大きく減るからである。この観点からみれば、ローズとマスキヴカの議論は、自由の拡大が起きる二つの段階を示しているとも考えられる。まずローズだ。現在の市場経済は、一般的に多くの人が仕事に従事することを前提にしているが、この枠組みの中で、できる限り多くの自由時間を確保することが目指される。この際、技術発展等によって社会の生産性が高まれば、自由時間はさらに増え、価値観も多様化するだろう。この動きが継続し、ますます社会の生産性が上向けば、やがて多くの人が仕事をせずとも、経済が回るようになるかもしれない。こうなれば、経済のためには仕事をする人がなお必要であるものの、自己実現のために仕事をしない権利を認めることもできる、というマスキヴカの想定する段階

へ進む。人々の価値観はすでに多様だから、自らの好きな才能や技術を使って他の人の自己実現を助ける（例えば、日本画を描く方法を教える）という社会貢献をするにしても、同じようなことを愛好する人がたくさん見つかる。だから、他人に貢献しなければならないことの重圧はかなり低減するだろう。私生活を通じた貢献を皆で分担すればよいのだから。ここまで来れば、人々は仕事からの解放を純粋に楽しめるだろうから、その意味で自由を満喫できる。「仕事が多過ぎるから、もっと時間が欲しい」という不満を解消するには、この解決策が真っ先に検討されるべきだろう。

3　なぜ生産性に注目すべきなのか

　この結論には陳腐さを覚える人もいるかもしれない。社会の生産性の向上が仕事の量と重圧を減らして自由を拡大するという考えは、あまりにも当たり前で、つまらなく思えるというわけだ。しかし、社会の生産性の向上を、道徳的理念としての互恵性や自由の拡大と明示的に結び付けることは、いくつかの点で大変重要である。

　第一に、社会の生産性向上にそもそも必要な自由の犠牲を公的問題として認識し、その公正さを追求するためだ。互恵性の下での自由時間と自己実現の確保を目指して、十分な社会の生産性を得るにいたる過程では、誰かが何かの形で骨を折ることも必要だろう。人々のスキル習得や転職が必要になるなら、自由時間や自己実現に関して、人々の状況が大きく悪化することさえあるかもしれない。例えば、人工知能による技術革新によっていろいろな仕事が効率化されるなら、社会の生産性は上がるし、それによって人々が自由時間を得たり、自己実現を果たしたりする可能性は増える。しかし、これはあくまで将来の可能性に過ぎない。直近のことを考えれば、状況に対応するために一部の人々の自由時間は減り、自己実現どころではなくなるかもしれない。状況の変化は莫大な負担をこれらの人々にもたらしてしまうのだ。これは、現在における大きな自由の犠牲でもある。このような事態は、社会の生産性を拡大することの目的である自由の拡大と、根本的に矛盾してしまう。もし、互恵性は否定し難いと認めるのであれば、一部の人々が楽をし、他の人々が苦労する、というのでは互恵性の要求に外れるから、技術革新等にともなう自由の犠牲は、皆が共通

して担う負担でなくてはならないことになる。だが、残念ながら、弱い立場の人々が犠牲にされることは、歴史の上で繰り返されてきたことであるから、同じことが起きる可能性が高い。そこで、社会の生産性向上に向けた経済界や産業界の動きは、公的な議論が必要な問題を引き起こすものとしてとらえられるべきであり、負担の公正なあり方を社会全体で考えることが喫緊の課題になるのだ。つまり、弱い立場の人々を守る、まともな政治の出番なのである。

第二に、社会の生産性向上とそれがもたらす経済成長の道徳的意義を強調し、経済的成功者による成果の独占を阻むためである。社会の生産性向上の成果を、自分の富を増すことにこそ使いたいと考える人々も数多くいる。その中で、この成果をすべての人の自由拡大に結び付け、また自由が拡大してもなお必要になる自由の犠牲を互恵性の下で分かち合うには、少なくとも、自由拡大という道徳的目標が社会全体で自覚されていることが望ましいだろう。しかし、一般的に、社会の生産性を向上させ経済成長を促すべきだという議論が行われる際には、何であれ道徳的目的が明示的に問われることはあまりない。多くの場合において、生活水準の向上が漠然と意識されているだけだ。ここで、生産性の向上や経済成長が生活水準を上昇させるには、適切な所得分配が必須であることに着目しよう。先の漠然とした意識があるから、本来、所得分配は社会的目標として比較的自覚されやすいはずだ。しかし、このような簡単な観点でさえ、明示的に意識されることはほとんどない。例えば、2000年代には、経済成長に向けた構造改革が叫ばれたことがあった。しかし民主主義を左右する世論のレベルでは、経済成長はやがておこぼれを皆にもたらすだろう、という極めて素朴な議論、いわゆるトリクルダウンの議論がなされる程度にとどまってしまったのである。これを考えれば、道徳的目標が自覚されないことは、ごく普通のことだと考えられる。まして、自由を拡大させ、それによって人々が互恵性の下で公正な負担の分配を実現することなど、簡単にはできない。だから、自由時間や自己実現の確保という長期的目標を明示して掲げなくてはならないのだ。社会の生産性が上がった幸運な副産物として、皆の生き方の自由度が増す、という単純な期待には根拠がないのである。このような消極的姿勢では、社会の生産性上昇の成果を一部の富裕な人々が独占し、社会全体での自由の拡大が起きない可能性を否定できない[14]。

第三に、社会の生産性向上という、それ自体としては道徳的にも有意義な目標を、もっと働け、という命令であるかのように誤解する風潮を止めるためだ。本章の議論からいえば、社会の生産性が上がるに従って、徐々にではあれ、人々の自由もまた拡大しなくてはならない。そのためには、効率的な働き方の促進や勤労文化の見直し、収入補助、事情ある人への仕事をしない権利の承認等が進められなくてはならないだろう。また、人々が十分に自由を味わえたならば、少なくとも自由の拡大という観点からみて、生産性の上昇や経済成長自体に意味はなくなる [15]。しかし、このような観点は一般的ではない。他方で今日、社会の生産性を向上させるという目標は、マクロな観点でみた経済的豊かさを目指す観点から広く共有されている。これ自体に問題はないが、社会の生産性向上という社会的目標は、働くこと自体を美化する勤労倫理と結び付くと、誤解されてしまう。すなわち、革新的技術の導入や勤務環境の改善ではなく、人々の勤労意欲を高め仕事に熱心にさせることで社会の生産性を上げようという、自由の拡大とは逆の方向で、社会の生産性を高める（かのようにみえる、場合によっては効果のない）努力が進みかねないのである。これでは何のために生産性向上が図られるのかわからないし、目標達成の阻害要因にさえなりかねない。これは日本を長らく苦しめている問題だが、まずは無条件の勤労賛美を社会全体でやめるよりほかはない。ローズの議論を思い出そう。仕事をするこ

14　これに関連し、ルーカス・スタンチック（Lucas Stanczyk）は、ローズの議論について、次の重要な指摘をしている。すでに多くの富を持つ人々は、自由時間を財産の形ですでに保持しているから、これらの人々に対する自由時間の保障は不要ではないか、という指摘だ。例えば、多額の財産を持つ人が、莫大な収入を期待できるものの、長時間拘束される専門職を志望し、それに就いたとしよう。この場合、この人の長時間の仕事は、すでに巨額の財産を保持しているから、基礎的必要を満たすためのものではない。それは、本人の自由時間の消費に過ぎないのだ。だから、多くの財産を持つ人に対しては、たとえその人の仕事が時間の点で過酷であったとしても、自由時間のさらなる保障は不要である、というのだ（Stanczyk 2017）。
　この議論に対しローズは、すでに富を有する人の扱いについて、民主的決定にゆだねることを提案している。あわせて、その扱いが、社会的に不遇な立場の人々が享受できる自由時間の量にどう影響するか考慮し決めるという考え方も提示している（Rose 2017, p. 115）。
　スタンチックが言うように、富の分配が著しく不平等な社会では、豊かな人々の自由時間をどの程度、社会が保障する必要があるか、注意深く問われる必要があるだろう。近年、週休３日制等、勤務日の削減に関する提案も多く聞かれるようになったが、それが豊かな人々にしか手に入らない特権であるなら、社会として歓迎すべき事態なのかはおぼつかなくなる。他方、ローズは富裕層だけの自由時間拡大であっても、仕事の時間に関する社会の文化を変える上での意義はあると主張する（Rose 2017, p. 117）。この点にも考慮が必要であろう。

15　もちろん、自由を味わえる状況の維持には、より成長する経済が必要だ、という議論もありえるが、ここでは考えない。

とは義務の実践として道徳的に有意味だが、それをほめそやし過ぎればやがて道徳的害悪にさえなるのだ。勤労の文化が醸成され、皆を巻き込んで問題を生じるからである。その意味でも、自由の拡大を明示して社会目標に据えることは、重要なのだ。

VI　おわりに

　本章では、「仕事が多過ぎるから、もっと時間が欲しい」という誰もが抱く考えを、自己実現への要求と自由時間への要求という二つの観点から展開し、どのような制度や政策がこれらの要求に応えるために必要となるか、明らかにした。マスキヴカの議論によれば、自己実現への要求は仕事をしない権利の承認を求め、ローズの議論によれば、自由時間への要求は、所得の補填や勤労文化の見直し等を求めるのである。また、それぞれの議論において、互恵性の理念から他人の努力へのただ乗りが許されず、社会的貢献に関する何らかの責務が発生するが、これによって自由に関する問題を生じることも確認した。そして、この問題を解決し、仕事をしない権利や自由時間の確保を行うには社会の生産性の上昇が必要であることを指摘した。仕事の多さへの不満を真剣にとらえるなら、公共的問題としての生産性上昇を真剣に考えるべきなのである。さらに、この不満を解決したいなら、経済成長を目指す政策を実施する際には、自由という観点を明示的に目標とすべきなのだ。

　もちろん、生産性の向上や経済成長は手放しで歓迎すべきものでもない。近年は環境危機との関係で、経済成長を中心とする社会観への批判が増えていることは、周知の事実だ。本章の観点を加えるなら、経済成長の望ましさには、それに内在する制約もかけられるべきなのだ。それは、自由の拡大である。経済成長は、人々を自由にするために望ましく、また自由が十分に達成できれば、それ以上の成長が望ましいかどうかは不明になるということだ。これは、アマルティア・セン（Amartya Sen）らがかなり以前から主張してきたことと軌を一にするが、今日でも古びない主張なのである（セン 2000）。しかし、社会のために自らの仕事に邁進することが美徳である、という極めて単純な勤労倫理は、ワーク・ライフ・バランスへの政府の呼びかけなどはさておき、一般のレベル

ではまだ根強い。そこから自己実現や自由時間の面で利益を得ている人が、ど
れだけいるだろうか。もし、あまりいないとか、そのような人の存在が特定の
所得層に偏っているというなら、そろそろ根本的にこの勤労倫理を問い直すべ
きではないだろうか。

|第4章| # 仕事の質

I　はじめに
──「こんな仕事、早く辞めたい」

　「仕事を辞めたい」と思うことは、誰にでもある。だが、多くの人が仕事を辞めたいと思い続ける社会には、明らかに問題がある。仕事を辞めたい理由は様々であり、単なる一時的な感情ということもあるだろう。この場合は、しばらくすれば仕事を辞めたいと思ったことなど忘れてしまい、再びそれなりの熱意で取り組むことになるから、社会的関心が払われることは少ない。しかし、深刻な考慮に価するケースもある。それは、仕事の内容や企業組織への根深い不満から、仕事を辞めたいと思う場合だ。職場や企業は、完全に私的な場所や組織ではない。そのあり方は、いろいろな法律や社会制度、慣習的な道徳観によって規律されているから、人々が持つことを許される、仕事の内容や組織への正当な社会的期待、というものがある。例えば、ハラスメントが横行する職場や、それを許す企業は、そもそも社会にあってはならないだろう。また、極端に実行が危険であったり、犯罪行為につながったりする仕事も許されない。ここまでは法律上の問題だが、それ以外にも、多くの人にとって、何ら意味を見出すことができず、食べるための手段でしかない仕事も、それがずっと続き、精神的な困憊を招くようなら、社会的な問題になるかもしれない。裏を返せば、仕事の内容、職場や企業のあり方について、われわれには道徳的な理想像があり、それから大きく離れることは、社会的解決を要する問題になるのだ。仕事の内容、職場や企業組織への不満からくる「こんな仕事、早く辞めたい」という怨嗟の声に満ちた社会を想像してみよう。この社会には明らかに、何らかの対処されるべき道徳的問題がある、と思われるのではないだろうか。では、そ

の道徳的問題とは何だろう。

　本章では、「こんな仕事、早く辞めたい」という考えを三つの観点から解釈して、このような道徳的問題を考える。第一の観点は、意味ある仕事への機会を人々は持つべきだ、という道徳的理念である。すなわち、仕事を通じた満足をすべての人に保障すべきだ、という考えである。この観点からみると、「こんな仕事、早く辞めたい」と考える人々は、意味ある仕事への正当な機会が奪われている。ここに、道徳的問題が発生しているわけだ。第二の観点は、仕事をする人の尊重である。「こんな仕事、早く辞めたい」という考えは、仕事の内容に関する不満だけではなく、職場や企業の体質に関する不満から生じることもある。職場や企業は、そこで仕事をする人々にとって、自らの考えや理念を実現する場所でもある。職務上の計画やその実行も、この延長で行われることが多い。またそのために、相応の自己投資さえされうる。だが、職場も企業も、株主をはじめとする資本提供者の意図の下にあるから、仕事をする人の考えや理念が尊重されるとは限らない。それどころか、両者の力関係の差から、金儲けのイロハを知らない人々だと、軽蔑的に扱われることすらある。職場や企業に愛着を持ち、仕事に誇りを感じてきた人ほど、このような事態に遭遇すれば、「こんな（企業での）仕事、早く辞めたい」と思うだろう。この嘆きの裏にあるのは、金儲けが企業の存立に重要だとしても、仕事を現場で行う人々には、社会的に正当に扱われるべき別の利益があるのだ、という道徳的理念である。第三の観点は、不正なことをすることへの恐れである。すなわち、自らが仕事を通じて、何か道徳的に善からぬことに手を貸しているのではないか、という考えだ。これはあまり注目されない点だが、有名企業においても不正が続発している現状では大変重要だ。また、企業不正だけにとどまらず、リストラ業務を任されてしまった人事部の従業員のように、道徳的に大変気が進まないことをさせられるのは、企業の中ではよくある話である。もし、こうした理由から「こんな仕事、早く辞めたい」と思うなら、その背景には、道徳的に受け入れ難いことを、人々は仕事を通じて行わされるべきではない、という理念があるのだと考えられる。本章では、これら三つの道徳的理念に注目する。すなわち、こうした道徳的理念が、仕事の内容、職場や企業を律するべきであるのに、そうなっていない状況に注目するのである。これらの理念の特徴や、そ

れが含む制度改革への含意、そしてその帰結等を、本章では詳しくみていくことになる[1]。

　上述の三つの道徳的理念を代表する議論を提供しているのが、アンドレア・ヴェルトマン（Andrea Veltman）、イザベル・フェレラス（Isabelle Ferreras）、リサ・ヘルツォグ（Lisa Herzog）による議論である。

　ヴェルトマンの意味ある仕事（meaningful work）の議論によると、人々は仕事を通じて実りある人生を送るべきであり、そのために仕事は、①能力の発展、②美徳の育成、③人生目的の形成、④人生の意味の発生という四つの目的に奉仕すべきだという。そして、現在の資本主義の社会において、仕事をこれらの目的に役立つものに変える原動力は、政府の政策ではなく、企業も含めた社会全体の道徳的覚醒だと説いている（Veltman 2016）。

　フェレラスが追うのは、資本提供者に対する従業員の利益を、企業においてどう正当に取り扱うかというテーマである。フェレラスは、民主主義社会において資本提供者と従業員は本来対等であるのに、職場と企業に目を転じると、両者の上下関係が貫徹されていることの矛盾を指摘する。その上で、相反しうる利益を持つ者同士を平等に尊重するシステムとして、近代の民主主義国家が二院制を採用してきたことに注目し、企業の構成においても、資本提供者を代表する議院と従業員を代表する議院を設け、両者が対等な立場で経営に関与するべきだ、という議論を行っている（Ferreras 2017）。

　ヘルツォグは、企業組織の中における、人々の主体的な道徳的判断の尊重について議論している。市場の厳しい競争環境がある現代では、人が互いに平等に尊重し合うことや、危害を他人に与えることを避けるといった基本的な道徳を、企業はしばしば破ってしまう。この中で、従業員が道徳的なジレンマに悩むことも少なくない。ヘルツォグは、このような企業のあり方の問題と改革について議論を進めている（Herzog 2018）。本章では、以上の三つの議論を概説しながら、「こんな仕事、早く辞めたい」という人々の考えの裏にある道徳的理念を理解していくことになる。

1　もちろん、「仕事を辞めたい」という悲嘆の裏には、仕事の内容や組織への不満ではなく、低収入や勤務時間への不満があることもよくみられる。これらは第2章と第3章で扱ったので、ここでは考えない。

それぞれの理念に基づいて理解すれば、「仕事を辞めたい」という考えには、道徳的な内容がきちんとあることがわかるだろう。さらに、これらの理念の重要な含意もまた、明らかになる。先んじて述べておこう。それは、「こんな仕事、早く辞めたい」という個人的な悲嘆を解決するためには、その悲嘆が、社会全体をいかに道徳的にまともにするか、という大きな観点に結び付くことが重要だということである。本章では、いずれの理念に基づいて人々の仕事への不満を改善するにも、社会的理想を示す道徳的理念に関して熱意がある多数の市民や政府が必要になることがわかるだろう。仕事を辞めたい、という考えは多くの人の脳裏をよぎるものだ。だが、この不満が解消するための重要な条件は、たまたま良い職場や組織に恵まれるという、いつまで続くかわからない幸運を除けば、自らを含めた社会の構成員がより道徳的になること、つまり、社会改善への関心を抱き行動することなのである。

　ここで、次の点に留意しておこう。これからみる三つの議論は、漸進的に何らかの形で経済の構成を変えてしまおうとする構想を提示している。だが、示されているのは、その構成の基本的部分に関するおぼろげな輪郭に過ぎない。だから、その制度的内容の詳細に踏み込めば、極めて不明瞭な部分も多い。筆者も制度に関連した議論をするが、その点は同様である。ここで行う議論はあくまで哲学の一部だから、抽象的レベルを超えた議論をするわけにもいかないのだ（具体的制度の議論は、社会科学者や実践家の仕事である）。

Ⅱ　意味ある仕事を求める

1　意味ある仕事への期待

　企業の就職活動者向けのホームページは、意味ある仕事の宣伝に満ちあふれている。この企業での仕事にいかに大きな社会的意義があるか、誇りが持てるか、感動の体験があるか、毎日が充実するか等、仕事の意味を声高に宣伝するものがいくらでも見つかる。あたかも、意味ある仕事の提供が社会的に当然の義務であるかのようだ。しかし、これが企業の作ったイメージに過ぎないことは、誰でも知っている。もちろん、真に意義や感動のある仕事もある。だが実際に企業に入れば、ハラスメントを受けながらの苦痛な作業、無駄な会議、忖

度と追従、権力闘争、愚痴聞きと人間関係の調整等、馬鹿げた仕事を見聞きし、体験することはよくある話だ。生産性の向上に微塵も貢献しない資料作り等は、誰でも経験したことがあるだろう（いわゆる、「クソみたいな仕事（bullshit jobs）」[2]である）。とはいえ、このような現実の中でも、意味ある仕事という理念が、たとえ建前だとしても、いまだに機能していることには注目すべきだ。そう、仕事は意味あるものであるべきだと、企業も人々も、漠然と理解しているのである。そうであれば、意味ある仕事が得られるかどうかは、仕事に関して人々が抱く正当な期待を、果たして企業が満たしているのかどうかを判断する上で、一つの基準になるかもしれない。この可能性を検討してみよう。

　意味ある仕事という考えは、実に様々なものでありえる。ある人にとっては、人と社会に何かの貢献をすることであり、他の人にとっては、キャリアを向上させてくれる力量を得ることが、仕事の意味であるかもしれない。仕事の意味が、このように多義的であることを尊重しながら、それに対する期待を社会がどう満たすべきか論じるのが、ヴェルトマンの議論だ（Veltman 2016）。ヴェルトマンの議論の特徴は、人々が仕事に感じる意味は多様である、という現実を受け入れ、また満足感や幸福が、仕事から意味を得る上で重要だと認めたところにある。すなわち、宗教的教説や政治的理想から、仕事の意味を完全に決めてしまうということをしていないのだ（例えば、神聖な存在や国家への奉仕になるなら、何であれ意味ある仕事だ、というような議論はしていない）。その意味で、人々の実感に寄り添った議論を行っている。ヴェルトマンの議論はやや込み入っているが、(1)意味ある仕事とは何か、(2)なぜ、それは重要なのか、(3)それを社会と政府はどのように扱うべきなのか、という三点からまとめると、全体像をつかみやすい。

2　意味ある仕事の重要さ

　まず、意味ある仕事の内容である。ヴェルトマンによれば、それは、最も抽象的な形で次のようなものとされる。つまり、仕事を通じて客観的に価値があることを行い、そこから主観的な満足を得るならば、そこに仕事の意味が成立

2　もちろん、この語はデヴィッド・グレーバー（David Graeber）の著名な作品による（グレーバー 2020）。

する（Veltman 2016, p. 112）[3]。より具体的に意味ある仕事とは、次の複数の構成要素から成立している。すなわち、人々の行う仕事が、①人々の潜在能力（capabilities）を発展させたり、その行使を可能にしたりする、②正直さや自己統制等いろいろな美徳（virtues）を養う、③人生の目的を与える、④社会関係の形成等を通じて、意味ある人生の形成に寄与する、という四点のいずれかを満たせば、人々はその仕事に意味を見出すという（Veltman 2016, p. 117）。潜在能力や美徳を養い、生きる目的となり、人生の意味ある物語を築くこと等は客観的に価値のある事柄であり、ここに満足を覚えれば、それこそが仕事の意味だ、ということである（Veltman 2016, p. 116）。理解のために、それぞれの構成要素について、次の点を補っておこう。潜在能力は人々が・で・き・る・ことの集合体を指す言葉だが、要するに、仕事によっていろいろな技能や態度が身に付くことを指している。次の美徳だが、これが身に付くことは、人々から称賛を得ることや、心理的な安定にもつながる効果を持つ。人生の目的を与えることについては、例えば難病の治療薬の開発に携わる仕事を考えればよい。他者の人生に寄与すること等によって、多くの仕事が目的を与えてくれる。最後に、意味ある人生だ。人々は仕事を通じて、いろいろな人と出会い、地域や社会と結び付く。これによって、人生の統一感ある内容が作り上げられ、自らの人生とは何であるのかを認識するのだ（Veltman 2016, pp. 118-135）。

　意味ある仕事は、なぜ重要なのだろうか。それは、意味ある仕事を得ることが、多くの人の人生が実りあるものとなるために必要となるからだ。ヴェルトマンはより端的に、意味ある仕事は幸福にとって欠かせないからだ、とも言う（Veltman 2016, p. 2）。それは以下の点においてである。まず、先にも述べたように、意味ある仕事を通じて、人々は人生にとって重要な価値を実現する（Veltman 2016, p. 41）。潜在能力や美徳、人生の目的の実現等だ。さらに、意味ある仕事を持つことは、人々の精神的な健康にも影響しうる。常に監視と指導の下にある抑圧的な職場環境では、潜在能力や美徳の育成は難しく、他の点でも意味も見出すことは困難だ。このような環境が続けば、人々の心そのものが蝕まれ

3　これは、スーザン・ウルフ（Susan Wolf）の人生の意味に関する議論（Wolf 2010）を応用したものである（Veltman 2016, pp. 111-115）。ヴェルトマンの見解では、意味ある仕事は客観的に価値のあるプロジェクトに参画することによって可能になるから、道徳的にやましい仕事は意味ある仕事にはならないという（Veltman 2016, p. 124）。

かねないからだ。意味ある仕事を持つことは、人が自分らしく、自尊の感情を失うことなく生きることに直結しているのだ（Veltman 2016, pp. 51-52, 57-59）。このことから、意味ある仕事の有無が、仕事以外の場所で繰り広げられる人生にも影響することが容易に見て取れる（Veltman 2016, p. 83）。だからこそ、意味ある仕事は極めて重要なのだ。その有無は、人生の質を決定的に左右する。総括していえば、人は単なる金儲けのための道具として使われるべきではなく、仕事を通じて積極的に自らの能力、美徳、目的、人生を作り上げていく人間として尊ばれなくてはならないというのが、ヴェルトマンの考えである（Veltman 2016, pp.74, 91）。

3　意味ある仕事を促進する

　では、社会や政府は意味ある仕事にどう向き合ったらよいのだろうか。ヴェルトマンの答えは、やや意外ともいえるものである。すなわちヴェルトマンによれば、市民が意味ある仕事に対する法的権利を持つかのように考え、これを政府が保障することは適切でない（Veltman 2016, chap. 6）。理由は、その実行が極めて難しいからだ。意味ある仕事は、個々人の人生を豊かにする様々な要素から成立していることを思い出そう。ある人の仕事に意味があるかどうかは、極めて個人的な判断に属する問題だということがわかるだろう。そこで、政府が意味ある仕事を公的に保障しようとしても、具体的に何をすべきかが不明であり、実行し難いというのだ（Veltman 2016, pp. 188-189, 197）。これ以外にも、より根本的な問題がある。それは政府の中立性だ。一般的に、民主主義の国では政府は人々の生き方に中立的であることが要請される。法律の枠内であれば、人々がどう生きようが基本的には自由である、という考えである。そうであれば、意味ある仕事がどんなに道徳的に重要だとしても、意味ある仕事をしなくてはいけないと政府が決め、政策を実行するのは許されないのだ。意味ある仕事をすることも、人々が選ぶ良い生き方の一つに過ぎないからだ（Veltman 2016, pp. 173, 178-179, 193-195）。

　だが、道徳的に重要であり、多くの人が望ましいと考えるというのに、意味ある仕事は捨て置かれるしかないのだろうか。もちろん、ヴェルトマンはそう考えていない。ヴェルトマンの考えは、政府の強制をともなう政策ではなく、

社会全体の道徳的向上こそが、意味ある仕事を多くの人の人生において実現可能なものにする原動力であるべきだ、というものである（Veltman 2016, pp. 173-174）。つまり人や企業、また、それを取り巻くいろいろな社会集団が、より道徳的になり、自主的努力（社会全体の努力）を行うことによって、社会の環境自体が、意味ある仕事の実現により適したものへと変化していくのである（Veltman 2016, p. 198）。政府にもまったく出番がないわけではない。それは、ハラスメントのような劣悪な仕事の環境をなくすことである（Veltman 2016, p. 197）。だが、それ以上の部分（つまり、個々人が仕事を通じて客観的に価値のある活動を行い、それに主観的満足を感じ取るための社会的環境の整備）は、企業や経営者も含めた社会全体の道徳的向上と実践にかかっているということだ。

　その社会像は次のようなものだ。ヴェルトマンは、利益を追求するための効率的な企業運営を求める経済体制、つまり資本主義を否定していない。それは、適切な道徳的実践との組み合わせによって、意味ある仕事に対して十分な余地を与えることができると考えるからだ（Veltman 2016, p. 185）。そのための具体的な取組みとして、企業が人々を尊重する経営のあり方を実践することが必要だという。例えば、利益を妥協して働く人の疲労を軽減したり、その意見を尊重したりすることだ（Veltman 2016, pp. 198-211）。漠然としていて、具体策としては強さにかける印象を持たれるかもしれない。だがヴェルトマンの考えでは、歴史的にみると、このような道徳的進歩の力は極めて大きい。その例証として、かつてに比べて仕事の環境や内容は格段に改善されたことを認識するように求めている（Veltman 2016, p. 209）。また、ビジネスに携わる人々の道徳的努力の力を見くびるべきではないと説いている（Veltman 2016, p. 202）[4]。さらに消費者も、そのような企業を支えたり、消費による享楽や便利さを優先する態度を改めたりしなければならないという（Veltman 2016, pp. 203, 210）。

4　中立性はそれほど重要なのか

　ヴェルトマンの議論は大要、上記のとおりである。この考えに従えば、仕事

4　その一方で、ヴェルトマンは、すべての人が意味ある仕事を楽しむことができる社会が実現可能である、とは考えていない（Veltman 2016, chap. 5）。しかし、より多くの人が意味ある仕事を享受できるよう、努めるべきだという（Veltman 2016, pp. 168-169, 198）。

を辞めたいという考えは、十分に正当でありえる。意味ある仕事ができていない状況を指すかもしれないからだ。すなわち、能力の育成、美徳の涵養、人生の目的への寄与、意味ある人生の形成のどれか一つにおいてでさえ、主観的満足を得られないなら、その仕事に意味があるとは言い難く、人々が辞めたいと思うのはもっともなのである。人々は本来、意味ある仕事をするべきだからだ。このような不満が発生した場合、それを受け止め、道徳的に正常な社会状況を取り戻すための努力をするべきなのは、企業や市民をはじめ、主に民間の諸集団や人の役割である。これらの集団や人がより道徳的になり、どのようにビジネスのあり方を変えるべきか真剣に考え、できることをすべきなのだ。ヴェルトマンの考えを採用するなら、「こんな仕事、早く辞めたい」という発言から導かれるべきなのは、このような認識と問題解決への提案になるのである。

　この考えは、もっともらしいだろうか。ヴェルトマンの議論は、①意味ある仕事は多面的である、②良い人生をめぐる問いについて、政府は中立でなくてはならない、③社会的道徳の向上によって意味ある仕事の増加が可能である、という三つの主張からなっている。このうち、①の点についての異論は少なそうだ。仕事のどの美点に満足を覚えるかは、人によって異なるからだ（例えば、技能の習得だ、と言う人もいれば、地域社会への貢献だ、と言う人もいる）。問題は、②と③である。

　②がなぜ問題になるかを考えてみよう。意味ある仕事は人々の選ぶ良い生き方の一つに過ぎないから、政府は関与しない方がよい、というのがヴェルトマンの立場だった。しかし、ヴェルトマン自身が指摘するように、いかに仕事の時間を過ごすか、ということは、仕事以外の場所で人々がいかに生きられるかをある程度決める。問題は、その影響が政治的生活に影響するときだ。専門家にはよく知られた議論だが、仕事の質は人々の政治参加への態度や、その質に影響しているともいわれる。例えば、仕事において、従業員に大きな決定権や裁量が認められる職場民主主義（workplace democracy）が盛んになると、政治参加への意欲と質、さらには民主主義への信頼感までもが向上するという有名な議論がある（ペイトマン 1977）。本当にそうなのか、実証的には決着が付いていないが、もしそうであれば、社会的技能（例えばコミュニケーション能力）の習得という点において意味のある仕事は、民主主義的社会の政府が積極的に後

押しすべきものなのではないだろうか（Osawa 2022）。中立性を重んじるあまり、仕事の質の問題に関して、政府が関与しない方がよいと主張するのは、やや行き過ぎに思われる。そもそも、現実の政府は中立でも何でもないことにも注意しよう（cf. 大澤 2021）。人々が選挙を通じて権力を与えている政府は、健康増進に熱心で、特定の趣味・嗜好には敵対的で、健全な文化やスポーツの活動で市民生活を彩りたいと考えている。これは、個々の政権交代を経ても、あまり変化していない。そして近年は、仕事のあり方についても次々と規制改革を打ち出している。このような文脈で、いわゆる労働条件を超えた仕事の質について政府は一切関知しないというのでは、単に恣意的に感じられるし、実態にもまったくそぐわない[5]。例えば、従業員の満足を生み出すために、地域貢献や社会貢献となる事業に熱心に取り組んでいる企業があったとしよう。このような企業を政府が、税制等を通じてサポートすることは中立的でないから大問題である、という声はあがらないだろう（むしろ称賛されそうでさえある）。ヴェルトマンの議論は、少なくとも日本の文脈では現実味がないから、それほど説得的ではない。

5　道徳的覚醒は可能なのか

　③の主張に関しては、次のような問題が見出せる。すなわち、現状の資本主義において、企業と消費者が協力し、（内容は何であれ）意味ある仕事の増加を実現するというシナリオは、企業の利益追求に関する新たな道具を生むだけで終わる可能性が、大いにあることだ。現在の資本主義社会において、意味ある仕事が十分に実現されていると思う人はほとんどいないだろうが、これには当然理由がある。それは、企業は利益の追求をしないと存続できないということだ。利益以外のもの、つまり社会的理想に注意を払ってもよいのだが、それはあくまで個々の企業が存続できる範囲内で、である（cf. Singer 2019）[6]。さてこの状態で、意味ある仕事を増やすべく、政府抜きで社会全体が協力すべきだという道徳的理念は、どのような道をたどるだろうか。ポジティブなシナリオの

5　もちろん、政府はそんなことをすべきではないという、よりラディカルな批判もありえるが、ここではこれ以上踏み込まない。

6　アブラハム・シンガー（Abraham Singer）の議論については、第5章で詳しく触れる。

展開を考えよう。この道徳的理念を実現する動きはまず、消費者から始まるだろう。企業を存続させる直接の重圧を経験しないからだ。消費者は徐々に、道徳的だと自身が見なす企業を優先して取引相手に選ぶようになる。これは一見、進歩だが、新たな商機を生むだけで終わるかもしれない。道徳的であると顧客が増える、ということは、道徳が金儲けの機会になることだ。企業はこれを見逃さず、さらなる利益追求のために、自らの利益になる範囲内で、活用するだろう[7]。他方で、その範囲を超えたことはできないし、しない。場合によっては、してはならない（利益をあげられなければ、企業も雇用も消えるというときには、利益を第一に考えるべきケースもありえる）。結局、余力のある企業が、消費者向けのポーズや利益を生む人的資源の確保の一環として、できそうな範囲で意味ある仕事に配慮するだけにとどまる。ひどいケースでは、社外向けに、人に優しい企業を演出して終わってしまうかもしれない（先に指摘した、就職活動の企業ホームページを思い出そう）。ヴェルトマンは、ビジネスに関わる人の善意と努力を軽んじるべきではないという。もちろん、それは正しい。企業の道徳的努力は称賛されるべきだ。しかし、政府に限界がある一方で、企業が道徳的であることにも限界がある。これを認識すれば、意味ある仕事の増加を、ヴェルトマンが説く社会全体の努力だけで実現するというシナリオが楽観的過ぎることは明らかだ。また、歴史的に仕事の環境が改善してきた理由には、社会主義との競争や、労働運動があったことも大きい（Ferreras 2017）。ビジネスと資本主義の内在的力だけで、すべてが解決されてきたわけではない。外からの圧力もまた、必要なのだ。

　以上の議論に、次のような反論をしてみよう。ヴェルトマンは、人を利益より上位に置く経営が、企業には道徳的に求められる、と主張している（Veltman 2016, pp. 199, 201）。だから、ヴェルトマンのシナリオでは、利益追求にこだわる企業経営の形が前提とされているわけではない。むしろ、その逆だ。ヴェルトマンが描くのは、道徳的に覚醒した社会の理想である。この社会では、道徳的動機に基づいて人々が行動を選択したり、行為したりすることができる。

---

7 ｜ 経済学の観点からは、これこそがまさに市場の力だ、といえるのかもしれない。動機は何であれ、企業は道徳的になるよう、市場によって正されたのだから、道徳と市場との幸せな合一である、というわけだ。この主張において、市場の力はあくまで道具的な役割しか持っていないことに注意しよう。市場そのものが道徳的なわけではないのである。

そのような社会においては、企業経営者も、資本提供者も、消費者も、道徳的なのだ。だから、道徳が利益のための道具にされることもなく、より理想的な形でシナリオが進むはずである。そもそも、ヴェルトマンが描くシナリオはそれ自体が道徳的理想だから、現状の資本主義で何が起きるか、ということまで考慮する必要はないのだ。このような反論である。

　今、この反論を認めよう。すると、次のことがわかる。政府の強制力なく、企業や消費者、社会に存在するいろいろな集団の力だけで、意味ある仕事をする満足感の社会的総量を増やそうと思うなら、今の資本主義とは質的にまったく違う経済体制が必要になる、ということだ。つまり、誰もが利益をさほど重視しない経済体制だ（ヴェルトマンは道徳的理念に燃える資本主義を思い描いているようだが、利益の追求を重視しない経済体制を、なお、資本主義と呼べるかは大いに疑問である）。このような体制がそもそも実現可能なのか、また、そのような体制がもたらす物質的生活水準は望ましいのか、ということはひとまず脇に置こう。重要なことは、現状の社会に住む人々は、本当にそこまで道徳に熱心になりたいのか、ということだ。これは、現実的な選択の問題だ。そんなことは嫌だというなら、社会全体において、意味ある仕事を可能な限り増やす、という考えはあまり見通しが良くない[8]。

　本題に戻ろう。ヴェルトマンの議論を採用し、検討した結果を総合すると、次のことがわかる。「こんな仕事、早く辞めたい」という嘆きは、意味ある仕事のいろいろな構成要素（能力と美徳の発展、目的実現、人生の意味）からくる満足感がないことを表している。この問題を解決するには、政府の力を借りることができる。すなわち、意味ある仕事の構成要素のいくつかは、例えば民主

8　これは、ジャン゠ジャック・ルソー（Jean-Jacques Rousseau）の『社会契約論』で説かれて以来、よく知られた問題である。すなわち、人々が公的な利益を第一に考え、まともな社会を作ることはどのようにして可能になるのか、という問題だ（ルソー 2008、特に 80〜94 頁）。今日の法・政治哲学において類似の問題を提起するのが、ジェラルド・コーエン（Gerald Cohen）から始まった、平等の理念の追求に関する議論である。ロールズらの説く平等主義を実現する人々は、私的利益の追求に熱心であるよりも、そもそも極めて平等愛好的である方が、平等という観点からより望ましい社会を達成できる。私的利益の追求が社会的に減じれば、実現される平等の度合いはおそらく上がるからだ。しかし、人々は私的利益を追求する動機を持っているし、それは正当でありえる（例えば、他人の子ではなく、わが子にこそ良い人生を送らせたいと思って仕事に励むのは私的利益の追求だが、たとえ平等という価値に反したとしても、多くの人が正当だと思うだろう）。だが、それを乗り越えて、人々はさらに結び付きを深め、より無私に近い平等を重んじるべきだろうか。そもそも、そんなにも道徳的な人々はどのように出現するのだろうか（Cohen 2008; Thomas 2017）。

主義的な政治の継続や、社会・地域への貢献といった観点から重要なので、政府の後押しによって、より実現しやすい環境が整えられることが望ましい（人々の生き方に関して、政府が完全に中立的であることを求めるなら、そうとはいえなくなるが、そもそも政府は中立的ではない）。しかし、これは限定的な力しか持たない。政府の選択から漏れる構成要素が出てくるし、主観的満足まで保障することはできないからだ。では、数多くの人がこのような満足感を得られるようにするには、どうすればよいか。それには社会が丸ごと、次の意味で道徳的に目覚めた人の集団に生まれ変わらなくてはならない。それは、経済活動を通じて互いの仕事の質に細やかに気を配り合う人からなる社会だ。経営者であれ、資本提供者であれ、消費者であれ、そのような動機を優先して行動する社会である。このような社会では、完全ではなくても、何らかの形で意味ある仕事を経験する人は増える。重要なことだが、気を配る人には、「こんな仕事、早く辞めたい」と嘆く人も含まれる。自分のことを嘆くのもよいが、他人の仕事の質に対する細やかな配慮を、自ら行う気構えがなくてはならない。もし、自分はそこまで道徳的になれないし、他人にもそんなことは期待できない、というなら、主観的な満足という意味での意味ある仕事が得られない状況を大きく変えることは、期待薄である。そもそも意味ある仕事に就けていないことを嘆く当事者でさえ、それを社会的に保障する努力に対して、十分な意欲を持たないのだから。このような場所では、この話の冒頭に出てきた就職活動の企業ホームページも、道徳的理念を誠実に反映し、謳ったものにはならないだろう。それは、利益のために何とか良い人的資源を確保しようとする、現状の資本主義社会では正当とされる努力の一環にとどまるのである。

Ⅲ　従業員の考えや理念の尊重を求める

1　平等の理念と侮辱

　人々が仕事をするに際して正当に期待できることの中に、意味ある仕事の実現を直ちに含めることは、現実の社会では相当に難しい。少なくとも、主観的な満足としての意味ある仕事に関して、現状の社会を前提にする限りはそうだ。だが、「こんな仕事、早く辞めたい」という人々の悲嘆は、もう少し違う観点

の表明であるかもしれない。それは、従業員の考えや理念を企業は尊重すべきだ、という訴えである。これらの中には、意味ある仕事に関する考えも含まれうる。しかし、その実現を直接、求めるものではない。焦点は、組織運営にある。意味ある仕事の実現を目指すにしろ、そうでないにしろ、従業員は自らの考えや理念を持って仕事をしている。企業は、この人たちの理念や考えを組織として尊重することもできるし、そうしないこともできる。例えば、ある企業が他の企業に買収されそうになるとき、これまでの企業風土を愛し、また、その一員であることに誇りを感じていた従業員たちは、買収に反対するかもしれない。従業員たちの考えや理念を尊重するかしないかは、その企業の組織としての性格を問う上で、重要なメッセージになるだろう。端的にいって、従業員の考えや理念を軽視するのであれば、道徳的非難を社会から集めかねない。その企業は組織として、従業員を侮辱的に扱ったからだ。人々が早く仕事を辞めたいと考えるときには、こうした侮辱へのいら立ちが隠されているのかもしれないのである。

　しかし、なぜこのような侮辱が感じられるのだろう。それは、次の視点が広く共有されているからではないか。つまり、社会の構成員は、資本提供者や、経営者、従業員といった立場を超えて、誰もが本来は平等である、という当たり前の視点である。すなわち、民主主義の世界において、階級や差別はひとまず否定されており、人は皆平等であるという理念は、事実や実践の問題はさておき、それなりに強固である。だから、企業という、それ自体は道徳を目指さない集団であっても、民主主義社会の根本的理念とそぐわない行動に出るならば、道徳的に疑いの目を向けられるのだ。

　そこで以下において、仮に、「こんな仕事、早く辞めたい」という考えは、侮辱的扱いに対する抗議を表しているのだと解して、この考えにより具体的な内容を補ってみよう。そのために役立つのが、フェレラスの議論である（Ferreras 2017）。フェレラスは、平等という理念が一般化した今日の社会において、仕事をする人々は、もはや自分たちが下々として支配される職場の現実に屈従することはできなくなったという。結果としてこの人々は、職場やそれを提供する企業のあり方の決定に自分たちも含めるべきだ、と考えるようになる。それは、単に経営の戦略にとどまらず、個々の企業の経営理念や目的まで含む。

企業を自分たちの考えや理念の下に所有・運営したいのだ。他方で、資本提供者も企業の存続に必要だから、これらの人々にも正当な期待があるだろう。そこで、両者の利益を妥協させるために、政治における二院制議会に相当するものを各企業に設置するというのが、フェレラスの提案である。従業員の立場からみると、これは侮辱的扱いの終焉に向けた重要な一歩でありえる。順に要点を確認していこう。

2 政治的な場所としての企業

フェレラスの議論の出発点は、職場とそれを包摂する企業が、本質的に政治的な場所に変わった、という認識である（Ferreras 2017）。第一に、歴史的展開の問題として、職場はもはや私的な場所ではなく、公的な場所になったとの考えがある。人々が仕事をする場所は、かつては私的な契約によって成立した場であり、仕事のサービスと賃金が交換される場であった。この場所では、原則として、どのような契約を取り交わすかは自由だから、雇われる側が弱ければ、支配と服従の関係が一方的に押し付けられるだけとなる。しかし、労働運動や労働法の発展、そして雇用する側と雇用される側の集団的な交渉の実現は、このような状況を変えた。仕事をいかに行うかということは、徐々に私的な契約だけに関する話ではなくなったからである。つまり、公的な関心と規制の的となったのだ（Ferreras 2017, pp. 23-61, see esp., pp. 33-37）。このような展開の一つの頂点が、経営への雇用される側の参与の実現である。例えば、ドイツの共同決定（co-determination）だ。この仕組みについては、次章で説明するのでここでは省くが、要するに、企業経営の重要な部分に雇用される側の意見を反映しようとする試みである（Ferreras 2017, pp. 48-53）[9]。第二に、今日におけるサービス業の進展が以上のような変化をさらに進めた。サービス業の進展は、人々の仕事の舞台を、オフィスの中から周囲の視線のある場所へと移す効果を持った。つまり、サービス業に従事する数多くの人々は、顧客の視線を浴びながら、日々仕事をするのである。職場においてこれらの人々と顧客は、ビジネス上、上下関係に立たされる。だが、職場を出れば、両者の多くは同じ社会の対等な

---

[9] フェレラス自身の共同決定への評価はやや否定的である。雇われる側の声を十分に反映しないという点で、経営的手法に過ぎないという理由からだ（Ferreras 2017, pp. 48-53）。この評価に対する懐疑を示すのは、Rebérioux 2021, p. 1214 である。

一員、つまり市民である。そこでサービス業の職場は、本来平等であるはずの市民が、職場においては命令や支配の上下関係に服さねばならない事実に、強烈な違和感を覚えるきっかけを与えるのである（Ferreras 2017, pp. 85-87）。これらの移り変わりの結果として、職場、そして企業は、単に私的に結ばれた契約を貫徹すべき場所から、人々が共同でそのあり方を決めるべき場所、つまり政治的な場所として認識されるようになったのだという。

　企業が帯びるこのような政治的性格は、より具体的な権力をめぐる問いへと発展する。つまり、企業の目的や存在価値はどこにあり、それを誰が決めるのか、という問いだ。フェレラスは、それをこれまで決定していたのは資本提供者の側だと言う（Ferreras 2017, pp. 13, 114）。企業に資金を提供する株主たちは、当然そこから利益を得ることを期待しているから、企業が効率的に運営され、多くの金銭的な利益を生むことを望んでいる。この意味で、資本提供者の側は、金儲けのための道具として企業を活用したいという合理的な期待を抱いている。そもそも、このような人々がいなければ企業は存在しないわけだから、資本提供者の合理的な期待を軽視するわけにもいかない（Ferreras 2017, pp. 12, 66-70, 79-80）。他方で、政治的場所となった企業においては、別種の投資家もまた重要な役割を果たしている。それは、仕事をする人々だ。これらの人々は、自分という人物（persons）を投資しているのであり、そこから求める見返りには、金銭以外のもの、つまり仕事をすること自体の意味や価値が含まれている。具体的には、自らの意図に基づいた仕事をすることや、社会への貢献、さらには仕事をすること自体の喜び等がある。仕事をする人々なくして企業は存在しえないから、この人々の利益も無視されるべきではない（Ferreras 2017, pp. 79-85）。そこで、企業は、この二つの勢力が互いに競い合い、その目的や事業のあり方を決めていく政治的な闘技場として考えることが適切であると、フェレラスは言うのである（Ferreras 2017, p. 93）。

3　二院制を取り入れる

　異なった利害関心を持ち、拮抗する二つの勢力が存在する場合、権力のあり方をどう決めればよいのだろうか。フェレラスは、近代のイギリスやアメリカ等における、民主主義的な諸革命が参考になると言う。これらの革命の当事者

も、同じような問いに直面したからだ。その際、この人たちが出した答えは二院制の採用であった。つまり、異なる利益を代表する二つの議会を設け、それらが共同して権力を行使し、国のあり方を決めるのである。これによって、互いの利益を妥協させ、党派性への傾斜を避けて力の均衡を実現することができるという。また、最も重要な点であるが、多様な観点からの議論は、最終的な結論をより合理的で洗練された（intelligent）ものにするという効果も期待できる。このような民主主義革命の遺産を引き継ぎ、企業にも、資本提供者と従業員の双方の利益を代表する議院を作るべきだと、フェレラスは主張する（Ferreras 2017, pp. 7-9, 119-130）。これは、企業を民主主義の枠組みに取り込むプロセスにほかならない（Ferreras 2017, pp. 130, 156-157）。

　企業における二院制は、具体的に次のように行われる。二院を構成するのは、資本提供者を代表する議院と、従業員を代表する議院である。議員数は同数として、両者の対等が象徴される。両院を構成する議員は選挙を通じて選ばれ、資本提供者を代表する議員の選挙に対しては株主が1株当たり1票を、従業員を代表する議員の選挙においては、各従業員が1票を持つ。それぞれの議院が関与する利益を代表する者が議員となるが、議員は企業外部の人物でもよい。両院は定期的に、例えば月に一度から2か月に一度ほど、合同の会合を設け、意思疎通が図られる。この両院に加え、経営陣が、ある種の行政機関として両院における多数決による指名によって置かれる。経営陣は、企業の経営目的や、経営のあり方についての方針を作成し、これを両院に対して同じく提出する[10]。ここで、経営陣は両院を尊重し、双方の利益を適切に妥協させることができるような方針を提示しなくてはならない。両院は、方針を審議し、多数決で承認するか否認するかを決める。承認されれば、その目的と方針に沿う形で、経営陣が企業の実際の経営業務に当たる。以上が、フェレラスの構想する二院制企業の骨格である（Ferreras 2017, pp. 130-150）。この構想をどう制度設計し運用するかは企業によるとされるが、重要なことは、二院制企業が実現することによって、企業の経営目的を決める段階から、仕事をする人の声が反映されること

10　経営方針の範囲には様々なものが含まれるが、例えば、「企業のCEO・最下層の労働者・資本の投資者への報酬、ビジネス部門ごとの仕事の分配、役員の任命、研究開発への投資、新規製品の開発、訓練や持続的教育の方針、外部委託や国際事業展開の諸案件」（Ferreras 2017, p. 145）等がある。

である。これによって、資本主導の人的資源管理としての経営を越えて、資本提供者と従業員が対等にパートナーシップを結ぶことができ、民主主義の理念が経済により大きく反映することになるのである（Ferreras 2017, pp. 40-42, 134, 148-150）[11]。ただし、フェレラスは民間の資本提供者が受け持つ役割を否定するわけではないから、これまでどおりの資本提供者を中心とする企業も存続し続ける。つまり、経済への民主主義の浸透は、現在の市場経済を起点として進むのである。そこで、二院制企業の採用を進めるために、国家は税制等を通じて後押しすべきとされる（Ferreras 2017, pp. 152, 173-177）。

4　二院制企業は機能するのか

　フェレラスの議論を検討しよう。まず、その根本的動機の確認である。フェレラスの議論は、次の民主主義社会の理念を、企業が行う経済活動の領域に延長しようというものだ。すなわち、平等な市民権を持つ者は、平等に意見や利益を尊重される機会を持つべきだ、という理念である。法・政治哲学の世界で有名な言い方をするなら、平等とは、「平等な配慮と尊重（equal concern and respect）」が各人に払われることを意味する（ドゥウォーキン 2001、65 頁）。他方、意見や利益を尊重されない者は、そもそも平等な者と見なされていないわけだから、平等な市民権を享受しているとはいえない。もし、あなたの政治的発言が封じられ、利益が無視されるなら、あなたは平等な市民として尊重されているとはいえないだろう。今日の社会では、この理念が経済活動の領域に及んでいない。そこで、二院制企業を普及させることで、社会全体に平等の理念を浸透させることを目指すのである。

　フェレラスの試み自体は、非常にもっともらしい。しかし、二院制議会が実現した社会は、この目的を達成できるのだろうか。そもそも、二院制議会によって自らの意見が尊重されていると感じる人は、政治の世界でさえそう多くはない。なぜかといえば、人々の意見が多様で、また、その隔たりが大きいからである。政策の領域によって差はあるだろうが、いろいろな社会的問題への理

11　二院制を採用しても、資本は他所に逃避できるから、結局、資本提供者の有利さは変わらないという指摘もある（Boyer 2021, p. 1205）。また、フェレラスの議論は共同決定に近い制度を推奨するが、この手の制度の成否はより大きな社会的文脈（例えば、企業や雇用形態を越えた社会的連帯）等に大きく依存するという指摘もなされている（Doellgast 2021, p. 1209）。

解やそれらへの対処方法についての意見は、実に様々である。例えば、税制を改正するケースを考えよう。税制に関する理解は人によって異なっている。ある人にとっては福祉の財源として必要不可欠だが、他の人にとっては経済成長の足手まといでしかない。また、税制のあるべき改正についても、増税を認める人から減税を主張する人までいるから、統一した意見はない。さて、二院制議会も議決機関である以上、一つの政策を最終的には決定し支持することになる。この際、多くの場合において意見は多様だから、自らの意見と違う決定がなされる人はほぼ常に存在することになる。このような人は、自分の意見が尊重されたとは直ちに考えないだろう。考え方の多様性がさらに進展する今日、このような形で政治に不満を持つ人は多い。

　しかし、この政治状況には解決策も存在する。それは、人々の考えや理念が、よく似たものになることである。極端な例だが、独裁者が統治する国を想像してみよう。つまり、国民が皆洗脳されるか、暴力的に脅されるかして、独裁者と同じ考えと意見を持ったり、表明したりするようになれば、1人の国民の意見ですべての人の意見を代表できる。ここまで極端ではないが、民主主義においても同様の方策を採用できる。それは、人々が教育されることである。社会の諸制度や、そこで想定される諸問題に対して、人々に共通の理解があれば、それらへの意見は似たようなものになる。例えば、人々が自然科学に関して教育されれば、医療制度が科学的に作られ、病の問題に対しては科学的対応をすべきだという共通の理解が生じる。ここに感染症の問題が起きたなら、大部分の人々の意見は、科学的対応をすべきだ、というものにまとまるだろう（他方で、例えば、政府は占術や祈禱等の宗教的対応をしてほしい、という意見はほとんどみられなくなる）[12]。教育によって、人々の考えや理念がまとまると、このような結果が生まれる。そこで、民主主義的政府が人々の声を尊重するという理想を実行するには、人々の考えや理念にあらかじめ一定の方向付けを行う教育が重要である、ともいえる[13]（もちろん、この教育は批判的な思考習慣を身に付

12　Cf. 大澤 2021、144-145 頁。意見の不一致と政治的決定の問題から、道理ある市民が形作る民主主義とその政治的プロセスを理想化するのは、ロールズの公共的理性論による枠組みである（ロールズ 2022）。

13　これは、近代から現代の法・政治哲学における重要なテーマでもある。古典的であるが今日でも重要な議論として、ミル 2019 がある。また、ロールズ 2010 の第 3 部、ロールズ 2022 も示唆に富んでいる。

けさせることをも含むから、特定の人物や集団の思想や世界観を無批判に信じ込ませる、という意味での洗脳とは異なる）。

　政治の世界の議会制から学べることは、フェレラスの考える二院制企業の構想にも応用できる。議会政治への不満からわかることは、従業員を代表する議会に関して、個々の従業員が満足できる保証はない、ということである。つまり、自分自身の考えや理念が尊重されたと、必ずしも感じられないということだ。経営理念や経営方針について、従業員の考えの差は大きい。例えば、ある程度、資産の形成ができている年配の従業員がより道徳的な経営を望む一方で、子育て等でお金が必要なライフステージにいる従業員は、より多くの金銭的利益を生むことを望むかもしれない。この状況では、従業員の議院が直ちに、一つの意見を代表することはできない。必要なのは、教育である。従業員が互いの啓発を通じて、考えや理念をより良く理解し合い、できる限り意見を集約することだ。これが可能であれば、従業員の議会に対する不満は抑制できるかもしれない。

　そして実に、法・政治哲学において、職場は伝統的に教育の場だと考えられてきたのだ。先にも触れたが、いわゆる職場民主主義論である。この議論によると、職場における意思決定への参加によって、人々は社会的能力を伸ばし、私的利益を超える利益（つまり、企業全体の利益や公益）を理解することができるようになり、理想的な市民として生きる上で必要な徳性を得ることができる、という（ミル 1961; ペイトマン 1977）[14]。この徳性は、政治の世界だけでなく、企業の内部でも発揮されるべきものであり、そうなれば、人々は職場という共同体の理想的な構成員として、より高尚で統一感のある考えと理念を抱くことができるのかもしれない[15]。結論として、次のことがいえる。大きな教育的効果のある、より民主的な職場を二院制企業が提供できるなら、従業員の議院は従業員全体のより啓発され、統一がとれた理念や考えを反映することが可能であ

14　なお、職場民主主義を訴える議論には、ほかにも国家と企業の類似性を説くもの等がある。フェレラスは、類似性を説く議論を行っている（Landemore and Ferreras 2016）。職場民主主義の主要な論点と論拠に関して、多角的に検討を加えているものに、松尾 2021a がある。第 5 章で扱う問題を、より深く考える上でも貴重な論点を含むので、参照されたい。

15　なお、職場民主主義の議論は、従業員が企業の所有者にもなるという、いわゆる労働者管理企業の提案につながりうるが、必ずしもそこまで求めなくてもよい。より民主主義的な実践が増えれば、教育効果がありえるからだ。

る、ということだ。

5　二院制企業は支持されうるのか

　この議論はあまりに理想的だと思うかもしれないが、今はこれを認めておこう。それでもなお、この結論には二つの疑念が残る。一つは、個々人の意見を尊重するという理想が後退したのではないか、という懸念である。そもそも、個々人が自らの考えや理念を尊重してもらいたいと思うのは、それが他人のものと違うからだ。異なった考えや理念も、教育的啓発を経てやがては似たようなものになっていくから、それが議会で代表されれば十分である。このような議論をする前に、そもそも異なっている段階の意見を聞いてもらいたいのではないだろうか。「そんな段階の意見は聞くに値しない」と言うなら、これは侮辱的に聞こえ、人々を平等に尊重するという、二院制企業の目的と矛盾してしまうように感じられるだろう。第二は、教育の悪用である。二院制企業は、利益が相反する二者を妥協させるものであるから、資本提供者の側には、従業員を手なずけたいという動機が常に存在する。そのため、従業員が、職場の民主的実践を通じて事業に積極的に参加する際には、その過程で身に付ける企業や社会に関する理解が、より資本提供者に有利なものとなるよう、背後から働きかけるかもしれない。また、脅しや金銭的利益をちらつかせて平等という理念への熱意を冷ますことができれば、二院制を有名無実化できる可能性もある。このような事態が起きれば、平等という理念を経済領域にまで広げるというプロジェクトが骨抜きになる。一般的な企業では、そもそも資本提供者の方が強力であり、政治的影響力もより大きい。これは社会全体という規模での力関係でもそうである。だから、その具体的な方法はさておき、無視できない懸念になりえる[16]。

　この二つの懸念には、次のように応答できる。職場の教育効果が発揮される前から人々が持っている考えや理念は、無価値であるわけではない。それは、より啓発された考えや理念を生み出すもとになるからだ。しかし、あらゆる考

---

[16]　もう少し踏み込んでいえば、両者の利益調整の場面では、このような手なずけが、何の悪意もなく忍び込む余地もある。それを端から悪質と決めてかかることもできない。実際のところ、理にかなった妥協と区別できないケースもあるだろう。しかし、以下で述べるように、背景的な力関係がまともであれば、より適切な妥協に近いといえるのではないだろうか。

えや理念はおそらく正しいだけだから、誰の考えや理念であれ、相互に検討するプロセスを経なければ、適切なものにはなりえない。事後的にいろいろな情報や観点に触れなければ、誰も自らの正しさを確信すべきでないのだ[17]。さらに、より啓発された観点に立つことができれば、検討のプロセスがあったこと自体、肯定的に考えられるようになるだろう。本人の観点からみても、第三者の観点からみても、こちらの方がより適切に人の考えや理念を尊重するということになっているのではないだろうか。このような道徳的考慮によって、あえて検討前の考えと理念をそのまま肯定的に扱わないのである。これは、道徳的根拠なくそれらを侮蔑的に扱うこととは、まったく違う。

次に、資本提供者の干渉の懸念だ。これを避けるには、従業員の実質的な力を企業内部と社会全体の双方で、大きくするよりほかはない。例えば、企業別の労働組合ではなく、産業別の大規模な労働組合を作る、といった方策である。つまり、仕事をする人々が、個別の企業や個々人の利益を超えて連帯することだ。また、組合の力が強くなれば、例えばストライキ等で消費者は負の影響も受ける。消費者の多くは企業の従業員でもあるから、従業員の連帯は、消費者としての立場での負担を担うことも意味する。さらに、従業員という立場にない消費者にも、負担を積極的に引き受けてもらう必要がある。そこで、従業員の力の強化には、社会全体と強力に連帯する必要があることになる。このような大規模な社会連帯は、干渉の懸念への一つの応答になるだろう[18]。

これらの応答から共通して導かれる点に注意しよう。それは、二院制企業という構想をまともに運営するには、かなりの負担を従業員側も担う必要がある、ということだ。少なくとも、従業員間の利益相反を妥協させる、何らかの議論を真剣に行う必要があるし、職場やあるいはそれを超えた社会連帯に向けての行動も必要になる。これは、かなり骨の折れることである。またその結果として、消費者としての従業員全体が背負うべき社会的負担も発生する。金銭的利

---

17 ここでは一般的な観点からの主張として提示したが、より詳しくは認識的デモクラシーや徳認識論の議論につながるものだ。すなわち、社会の問題解決にあたっては、多様な観点からの精査を経た見解の方がより適切な解決策を得やすく、また各人の知識は、例えば公平な議論のような過程を経てこそ適切なものとなる、という議論である。ここでは追究しないが、詳しくは、Estlund and Landemore 2018; 上枝 2020; Baehr 2004 等を参照。

18 また、このような連帯は、資本提供者の議会も含めて行われた最終的な決定が、個々の従業員の利益にとってそれほど敵対的にならない可能性を生む。

益をはじめとする物質的利益の損失や、生活の不便さ等だ。従業員は、これらすべての負担を受け入れる程度に、道徳的でなければならないのである。

　意味ある仕事の議論でも出てきた問題が、ここにも発生する。人々はそんなに道徳に熱心であることができるか、という問題だ。企業や個人の利益、生活の便利さ等を超えて、人として互いを尊重することに対する覚悟が問われてしまうのである。このような尊重は、短期的には可能かもしれない。一時の不利益や不便さをしのぐだけだからだ。しかし、それが長期にわたるなら、成算は低くなる。フェレラスはそもそも、あらゆる企業が二院制企業に強制的に改められるべきであるとは考えておらず、二院制企業は推奨かつ促進されるべき対象にとどまるとしている。もちろん、フェレラスにとって二院制企業以外にまともな企業のあり方は存在しないが、現状からの変革に関しては、それほど強い主張をしているわけではないのだ（Ferreras 2017, p. 176; Boyer 2021, p. 1202; Rebérioux 2021, p. 1214）[19]。すると、社会全体を巻き込んだ経済体制の変革という理念は、現状の社会にすでに君臨する、金銭的利益を重視する精神性の厚い壁に突き当たることになるだろう。ある程度の金銭的利益を得られるなら、資本提供者に手なずけられている方が楽だと考える従業員も、数多く存在する可能性があるためだ。平等の理念の実現は、極めて骨が折れる作業だからだ。

　この問題は、二院制企業を採用するという計画に対して、より根本的な疑問を突き付けるものだ。すなわち、ある程度適切といえる金銭的利益が確保されるなら、人々は、人物の投資者としての立場にそこまでこだわる必要がないのではないか、という疑問である。フェレラスの議論においては、人々は①市民として平等であり、かつ②企業に人物を投資している点で資本提供者に等しいとされ、だからこそ二院制が提唱された。しかし、人物の投資者としての見返り、つまり金銭的なもの以外の利益を欲しない人が多くいるなら、②を根拠として二院制企業を提唱すべきなのかどうか、不明となるのではないだろうか[20]。

19　この点については Rebérioux 2021, pp. 1214-1215 が、その戦略的有効性に懐疑的な見方をしている。

20　金銭のみを欲する場合、その人は人物の投資者という立場を価値あるものと考えていないから、代表されるべき特殊な利益を持たず、適切な賃金（と時間）があれば（つまり、単なる金銭上の分配的正義があれば）、それで十分ということになる。このような人が大多数を占める企業の目的は、資本提供者の目指す金銭的利益追求に還元されてしまうおそれがある（cf. Ferreras 2017, pp. 70-73）。

実際のところ、企業においてまで平等な者として尊重されることが、それほど重要なことなのか、問われてしまうのである。

　他方で、この疑問は、直ちにフェレラスの議論を無効にするほどの力を持つわけではない。たとえ少数であれ、人物の投資者という立場での非金銭的な見返りを重視し、そのような立場を平等に扱ってほしいと願う人々がいるなら、これらの人々の利益もまた正当に扱われるべきだと考えよう（少数であることは、それが道徳的に重要でないことを意味しない）。さて、今日の資本主義では、明らかに資本提供者や金銭を重視する人々が優位である。ここで、公正さを期して、非金銭的なものを重視する人々を尊重できる環境作りをするというのは、それなりに筋が通っている考えだ。また、人々の考えには環境によるバイアスが掛かっていることも見逃すべきでない[21]。金銭を中心に回る社会にいるから、金銭をとりわけ重視するのだ。かつてジョン・スチュアート・ミル（John Stuart Mill）が指摘したように、自由な社会の特徴は、これまでとは違った生き方の実験が可能であることである（ミル 2020）。金銭的な見返り以外の利益を求めるという動機で経済活動に参加するのも、一つの実験である。その結果が魅力的であれば、他の人々の動機も変わるかもしれない。だからといって金銭的利益がどうでもよくなるわけではないだろうが、金銭を特に重視するようなことはなくなるだろう。自由な社会では、金を儲けるのは自由だが、それほど儲けない自由もあった方がよい。二院制企業は、これらの立場の妥協点になら、ありえる構想なのだ。

　こう考えると、二院制企業という構想は、非常に広範な社会的合意の産物であるよりほかはないことがわかる。金銭的利益を重視する人々と、それ以外の利益を重視する人々が平等な立場にいて、社会的レベルでの妥協が達成されていれば、二院制企業という実験を社会で推進することも可能になる。だがこれは、二院制企業の提案に微妙な影を投げかける。つまり、民主主義的な政治参加がそもそも低調な社会において、この構想が妥当性を獲得することの困難さである。すなわち、リベラルな市場経済の社会は、金銭的な利益を追求する市場の領域と平等な市民の理念を基礎とする政治の領域に分かれているが、何らかの形で政治領域の理念が優越しない限り、利益追求の欲求と活動を抑制する

21 ｜ エルスター 2018 を参照。

ことは難しい。二院制企業という理念自体が、このような分裂（平等という理念が、利益追求を主とする企業で軽視されていること）に対する解決として提示されていることを思い出そう。やや皮肉なことだが、この解決策自体を実行するには、すでに問題が解決されている必要がある。つまり、人々や企業組織が、平等という政治的理念に十分に馴染み、それを端的に否定しないよう、あらかじめ道徳的に洗練されていなければならない。そうなっていれば、平等の理念に基づく二院制企業を受け入れる余地も生まれ、またその成立と継続に必要な社会連帯も可能になる。だが現状の社会は、おそらくこのような状況にない。二院制企業が実現するには、ここから脱する方策が必要だが、それは今のところ明らかではない。

　そろそろまとめよう。もし人が、収入や時間というより、企業組織による侮辱的扱いへの不満から、「こんな仕事、早く辞めたい」と思うなら、二院制企業は魅力ある提案になるかもしれない。そのような企業の従業員であれば、人物の投資者として扱われるから、少なくともその点での尊重を得ることはできる。しかし、これには金銭的利益追求という点で、社会的にも個人的にもコストがともなう。だから、どの利益をどれほど実現できる環境が望ましいのかということについて、社会的合意が必要だ。これは、一つの教訓を示唆する。すなわち、侮辱なき企業組織を求めるなら最初に考えるべきは、そのような理念の源泉である民主主義的な政治や社会、そして文化を健全に保つことである。それが直ちに政治的合意を生むわけではないが、少なくとも平等という理念がおおよそ否定された社会では、今より良い状況が生じることはないだろう。「こんな仕事、早く辞めたい」という考えは、個人的な視野を超え、公的な利益を真剣に受け止めることに結び付かなければ、悲嘆以上のものにはなりえないということだ。

Ⅳ　不正なき企業組織を求める

1　不正なき企業組織の理想

　企業という組織は、今日の社会にとって不可欠であり、多くの便益を生んでいる。その意味で端的に否定すべきものではない。しかし、それは様々な道徳

的過ちの発生地でもある。続発する企業不正の問題はよく知られている。また、近年の環境や動物の扱いへの関心、そして多様性への配慮の高まりは、企業の営利活動を評価する道徳的観点が多様であることを再認識させた。これによって、例えば動物を不必要に苦しめたり、自然環境に脅威を与えたり、特定の立場の人々を差別したりするようなことが、これまでいろいろな企業によって行われてきたこともより広く認知されるようになった。さらに、Ⅲで取り上げた侮辱的扱いも、企業組織において発生する道徳的過ちの一つとして認識できる。つまり、資本提供者や経営者が従業員を平等な者として尊重しないという過ちや、従業員が相互に平等な者として尊重し合わないという過ちである[22]。他方で、道徳的過ちの継続的な発生地だといっても、多くの人にとって企業に所属することは生きる上で不可欠だ。だから、多くの人は意図の有無に関わらず、道徳的過ちを犯す可能性にさらされ続けることになる。このような状況下では、「こんな仕事、早く辞めたい」という考えが、仕事を通じて何か不正を犯しているのではないか、という恐れからくることも十分ありえるだろう。自分の仕事を通じて、社会に害を及ぼしているのではないか、他人（それは同僚や上司、部下かもしれない）に悪いことをしているのではないか、などといった恐れだ。

　ここからは、以上の視点を発展させてくれる、ヘルツォグの企業組織に関する議論をみていこう。ヘルツォグの議論の関心は、いかにして企業組織を、基本的な道徳の枠組みにとどめるかという問いに答えることにある。この際、ヘルツォグが基礎的道徳と考えるものは、①人々が互いに平等な者として尊重し合うことと、②人や社会に被害を与えないことである（Herzog 2018, pp. 15, 51-55）[23]。

　この二つの道徳は、その詳細をさらに定めようとすれば、多くの解釈上の議論を生じるだろうが、以下において、それを考えることはしない。この類の解釈の問題は、法・政治哲学の根本的課題とされることが多く、例えば、正義論

22　もちろん、単に気が合わないことや、人間関係がこじれるということもある。しかし、意図して不快な思いをさせたり、いじめを行ったりすれば、平等な者として尊重するという道徳には外れる。

23　ここで、この二つの道徳は、一体のものとして理解できることを指摘しておきたい。というのも、平等な者として扱われないことも、被害の一つだからだ。その裏返しとして、他人を見下すような仕方で扱えば、それは被害を与えることになる。どちらも、道徳的に好ましい事態ではない。

と呼ばれるいろいろな議論は、平等の解釈をめぐる議論だともされている（キムリッカ 2005）。しかし、ヘルツォグの関心はより実践的なところにあるから、道徳の内容に関する詳細を追うものではない。むしろ、社会で一般的に受け入れられている道徳として、上の二つをあげるに過ぎない（Herzog 2018, pp. 15, 56）[24]。また、それ以上の詳細な検討をしなくても、ヘルツォグの議論は理解可能である。この点を確認して、ヘルツォグの議論をみていこう。

2　不正の起きる場所

　企業組織が問題になる理由は、基礎的道徳に対する違反の現場になりやすいからである（Herzog 2018, pp. 56, 61）。一つには、企業の社会的影響力がある。企業は生産活動や製品を通じて社会に便益を提供するが、場合によっては悪影響を及ぼすこともある。環境汚染を引き起こすケース等は、よく知られているだろう。こうなると、人や社会に被害を及ぼさないという基礎的道徳が破られてしまう（Herzog 2018, p. 57）。もう一つは、企業がヒエラルキーに基づく秩序に覆われている事実がある。詳しい解説は第5章に譲るが、企業は上意下達の指揮命令系統、つまりヒエラルキーによって、内部の秩序を形作っている。だからこそ、従業員は上司の命令に従うわけだ。ヒエラルキーが実施される理由は、社会的分業の組織化を通じて、それが社会に利益をもたらすことにある。社会的分業があれば、人々は特定の財やサービスの生産に特化できるから、社会的な生産性は向上する。しかし分業は、人々の生産活動を束ねるという課題を生じる。人々が自分の作りたい財やサービスを勝手に作って、市場に持ち寄り、契約を結んで最終的な製品を作ることもできるだろう。例えば、眼鏡のフレームを作る人とレンズを作る人、ネジを作る人が市場で出会えば、一つの眼鏡ができあがる。だがこの状況は、眼鏡の生産を効率的に行うには適切ではないかもしれない。というのも、取引相手が信用できないこともあるからだ。あなたが、ある人からレンズを100個製造するので、50本のフレームを制作してほしいと頼まれたのに、レンズが納入されなければ、結局、大損である。このよ

24　事実、人々は不平等に扱われて当然だとか、人や社会に被害を与えることには何ら問題がない、といった見解は、まともに受け止められない可能性が高い。少なくとも、相当な正当化と条件を課さないと、道徳として一般社会で主張することは困難だろう。

うな問題を避けるには、部品となる財を市場で取引するのではなく、眼鏡を作るためのヒエラルキーに基づく組織を形成し、その内部ですべての部品を作った方がよっぽど効率的だろう。このように、社会の生産活動をスムーズに行うには、ヒエラルキーを軸とする企業が適切なのである（Herzog 2018, pp. 64-66）[25]。他方でこのヒエラルキーは、雇われる側を弱い立場に置く。これによって、この人々は平等な者として扱われなくなる。それは、具体的に次のような形においてだ。すなわち、従業員たちは、適切な理由に基づく自らの道徳的判断に基づいて行動し、その責任を引き受けながら生きていくことができる者（すなわち、道徳的主体〔moral agent〕であり、このように振る舞う能力を、道徳的主体性〔moral agency〕という）として尊重されなくなるのだ。ある意味、物を考えぬ機械のように扱われるわけだから、これは侮辱的であり、人々が互いに平等な者として尊重し合うという基礎的道徳に反するのである（Herzog 2018, pp. 8, 56, 70-71）。これらの道徳違反は、たとえ企業それ自体は悪意を持たず、至極適切な目的を追求していても発生してしまうことがある。知らず知らずのうちに社会に被害を与えることは十分に考えられるし、ヒエラルキーはいつでも、侮辱的扱いの温床になるからだ（Herzog 2018, pp. 56-57, 72, 75）。

　一見したところでは、道徳的には問題がなさそうに思える普通の企業においてさえ、道徳違反が発生するポイントとして、ヘルツォグは特に二つのことに注目している。それは企業内部のルールと知識である（Herzog 2018, pp. 75-76）。まず、ルールの問題をみよう。ルールは、組織の構成員がばらばらにではなく共同して日々の業務を行い、また、問題を起こした構成員に対して処罰を行う際に公正さを損なわない（同じようなケースでは、同じような処罰が与えられる）ために必要になる。この意味では、ルールは組織にとって有益だし、それを尊重しないことは非難の対象にもなるのだ（Herzog 2018, pp. 85-92）。だが、ルールには欠点がある。それは、複雑過ぎたり、不十分だったり、首尾一貫していなかったりするルールがよくみられる、ということである（Herzog 2018, p. 92）。現代の企業組織は極めて大規模なものも多く、扱う事柄も多岐にわたるから、こ

25 　もちろん、これはロナルド・コース（Ronald Coase）やオリヴァー・ウィリアムソン（Oliver Williamson）による議論である。二人の議論については、第5章で詳しくみることになるから、そちらを参照されたい。

のようなルールの不完全性が発生しやすくなっている。問題は、このようなルールが、人々の道徳的主体性に対する妨げとなる、ということだ。組織運営や割り当てられた仕事に従事するとき、ルールを用いる場面にわれわれは日常的に遭遇する。この際、不用意に被害を与えないとか、平等に尊重し合うといった基礎的道徳を十分に考慮することが求められる。しかし、そもそもルールが不完全だと、どのようにルールを適用することが基礎的道徳にかなうのか、あるいは基礎的道徳を前提とすると、そもそもルールを適用すべきなのか、といったことが不明になるのである。例えば、十分な休憩時間を従業員に与えよというルールと、成果達成の時間厳守を求めるルールがあった場合、両者は矛盾しうる。そして実際に矛盾があらわになった場合、人々への被害を避け、平等な尊重を実現するために何をすべきか、一概には何ともいえず、ルールの適用を迫られる当事者は、道徳的混沌に置かれるだろう。これでは、この当事者は責任ある判断を、自信を持って自ら下すことができない。かかる状況は、この組織において、道徳的主体性がぞんざいな扱いを受けうることを示している。同様の状況は、たとえルール自体に大きな問題がなくても起きうることに注意を払おう。というのも、ルールは一般的な取決めに過ぎないからだ。具体的にルールの適用が必要となる場合（例えば、企業での不祥事）には、いろいろな個別的事情を勘案すると、関係するルールの単純な適用がふさわしいと思えないこともあるだろう。だが、この場合にもルールの字義どおりの適用を求められるなら、ルールを適用しなくてはならない立場にある人の道徳的主体性を軽んじることになる。これでは、人は平等な尊重を受けるべきであるという基礎的道徳に、反した状態にあることになるだろう（Herzog 2018, pp. 92-94）。

　次に、知識に進もう。ここでの知識とは、単純に様々な情報が組み合わさったものを指す（Herzog 2018, pp. 110-111）。企業組織においては、各部門、そして各個人がいろいろな情報を得て、それを蓄積している。つまり、知識は部門や個人ごとに形成されていくのだ。また、秘密にされている情報もあるだろう。そのため、どのような知識や情報が、どこにあるのか、ということは往々にして、企業全体で共有されない。知識も情報も、偏って存在しているということだ。例えば、企業の経営層は、自分たちしか知らない情報や知識を持っているし、末端の従業員でも同様である（Herzog 2018, pp. 111-112, 115-116）。企業不正の

事例や、業務上の横領等は、このような知識と情報の偏りが温床となっていることも多くあるだろう。その意味で、知識の偏りは、企業の活動によって人や社会への被害が発生し、基礎的道徳が破られる原因となる（Herzog 2018, pp. 121-124）。特に注意したいのは、末端の従業員が持つ道徳的主体性に対する侵害である。一つには、企業が追求する事業の性質を知らないために、従業員が意図しない形で基礎的道徳に違反する事態に巻き込まれることだ（Herzog 2018, pp. 112-114, 129-130）。ある企業が海外で事業展開する際に、甚だしい人権侵害を生じていた（例えば、現地政治家への賄賂を活用した過酷な低賃金労働が常態化していた）としよう。このようなことを知らず、その事業のために献身した従業員は、結果的に基礎的道徳に違反する活動に励んだことになる。良心があれば、このような結果に心が痛むものだが、この人もまた自らの責任において道徳的判断を行う機会を奪われていたわけだから、被害者でもあるのだ。もう一つには、従業員への差別的取扱いがある。基礎的道徳上の問題を発生させかねない事業状況に気づいた従業員が、それを上司や企業に報告しても、その従業員への差別的感情から無視してしまうようなケースだ。これも、従業員の道徳的判断を無視すること、すなわち道徳的主体性を軽んじる行動だから、平等な尊重という基礎的道徳に違反する（Herzog 2018, p. 129）。

3　不正を防ぐための方策

　これらの問題に対して、どのような対応ができるだろうか。ルールの問題については、不完全さの少ないルールが求められる。すなわち、人々の道徳的判断を補助するようなルールである。書かれるべきことが書かれ、互いに一貫したルールであることは当然だろう。加えて、判断を下すことが難しいケースでの決定を助けるよう、そのルールが存在する理由等もわかるものであることが望ましい。このようにすれば、少なくとも、ルールが道徳的主体性の発揮を妨げることは減る。さらに、ルールが一般的であることからくる問題もあった。あるルールの適用が求められる具体的なケースにおいて、単純な適用が必ずしも適切と思えないことがあるという問題だ。これは、既存のルールに対して異議を発することが可能になれば、解決できる。このような異議を発すること自体が、道徳的主体性を発揮することそのものだから、問題解決になるのだ

（Herzog 2018, pp. 94-95, 99-104）。知識と情報に関しては、それらを積極的に開示することと、そして差別的取扱いを撤廃することが重要になる。経営層も従業員も含めて、企業に属するすべての人が、互いを重要な情報と知識の担い手として尊重し、信頼し合う環境の醸成が必要になると、ヘルツォグは論じている（Herzog 2018, pp. 134-138）。

　ヘルツォグはさらに、企業組織の基礎的道徳違反という問題が認識され、かつ解決に向かうためには、組織文化を整えていくことが重要だと論じている。ここで文化とは、企業に所属する人々が、いかにものを見て、考えるかということに関する、非公式に共有された想定を意味している（Herzog 2018, pp. 144-145）。例えば、かつて日本の企業には、上司が退勤するまで自分も仕事を続けるというような慣行があったが、これは非公式に共有された想定であった。このような企業文化は、いわば暗黙の了解だから、直接コントロールすることはできない（Herzog 2018, p. 148）。それは、相互に行動を認識することが可能な状況で、他人の行動に合わせて自らも行動するという、人間の一般的な振る舞い方の中から出てくるのである（Herzog 2018, pp. 146-149）。企業文化が人間の認識までも支配することには、特段の注意が必要である。それは、職場の問題を道徳的なものととらえられるか、という根本的な点に関わるからだ。例えば、職場における高齢従業員の事故率の高さを、道徳的問題（平等に尊重されていない人がいる）というよりも、本人の年齢からくる注意力の欠如という問題としてとらえることもできてしまう。こうなると、本来考えられるべき道徳上の問題は置き去りにされたり、その解決が困難になったりする（Herzog 2018, pp. 150-152, 154）。このような事態を避けるために、ヘルツォグは、基礎的道徳を尊重する企業文化を作ることの重要性を指摘している。具体的には、組織運営や事業においてリーダーシップをとる地位にある人々が、基礎的道徳に基づく判断や行為の仕方を例示することで、それが真似される環境を作ることである（Herzog 2018, pp. 157-165）。

　最後に、ヘルツォグが力説する「変革への主体性（transformational agency）」（Herzog 2018, p. 193）の議論をみておこう。ヘルツォグによれば、企業を基礎的道徳に沿うものとする責任は、企業の上層部だけではなく、あらゆる構成員が負うべきものだとされる（Herzog 2018, pp. 202-203）。その上で、人々は企業を道

徳的に変革していくイニシアティブをとるという意味での、変革への主体性を期待される。これは、人々が社会、特に企業での仕事を通じて、様々な役割を担う中で養成される。役割とは、詰まるところ、その役割に就いた人に期待されることと、しなくてはならないこととの混合物である（Herzog 2018, pp. 173-174）。例えば、ある人が市場調査の役割を得たならば、そのために必要なスキルの習得が期待され、また、定例会議に出席し、市況のレポートを提出することが求められる。これがこの人の役割の中身である。重要なことだが、人々はこのような役割を複数持つ。企業では通常、複数の役割を経験するし、家庭のような仕事以外の場所での役割もあるから、一人の人が経験する役割は実に多種多様である（Herzog 2018, pp. 174, 188）。そして、これらの役割を通じて、われわれは基礎的道徳がどのようなものか具体的に学び、この道徳をめぐっての葛藤も経験する。他者に害を与えるなかれ、人を平等に尊重せよ、といったことが何を意味するかを考えることは、実に普通に経験されるが、それは様々な役割を果たすことを通じてなのだ。仕事の上でのその具体的なあり方は、自らが引き受けている役割の本質とは何か、その適切な果たされ方とは何なのかを問うことである（Herzog 2018, pp. 186-193）26。こうして、人々は企業の道徳的問題に気づき、それを変革する意志を持つようになる。これは、日常の業務に誠実に励む多くの人が経験することかもしれない。

　では、実際にどのように変革的主体性は発揮されるのだろうか。アルバート・ハーシュマン（Albert Hirschman）の見解に従って（ハーシュマン 2005）、ヘルツォグは脱退（exit）と発言（voice）をあげている（Herzog 2018, p. 195）。まず、脱退だ。これは、基礎的道徳から外れる行動を拒否することだ。最終的には、企業を辞めることにまでつながる手段である。一人の人の脱退は企業の痛手にはならないが、基礎的道徳に対する信念が一般化し、多くの人にとって脱退が普通の選択肢になれば、企業は痛手を避けたいから、脱退もそれなりに有効な手段となりえる（Herzog 2018, pp. 195-196）。しかし限界もある。道徳的に問題がある企業を脱退しても、再び同じような企業に就職してしまうかもしれない。

26　ヘルツォグも言うように、これはアリストテレス的な見方である（Herzog 2018, pp. 189-190）。ヘルツォグによれば、このような意味で、業務上の役割は、それと完全に一体化して基礎的道徳への考慮を忘れてしまうようなものでも、それをぞんざいに扱って基礎的道徳との葛藤を忘れるようなものでもない（Herzog 2018, p. 185）。

こうなると転職の繰り返しである。また、金銭を道徳より重視する人は当然残るだろうから、社会全体でみると、道徳を重視する人が集まる企業と、金銭をより重視する人が集まる企業に二分化されて終わるかもしれない（Herzog 2018, pp. 196-197）。そこで、発言も重要になる。つまり、企業内部において、基礎的道徳を守るために声をあげることだ。発言を行う人々は、企業に対して敵対的であるわけではない。企業が基礎的道徳に忠実であることは、その企業が安定的に存立するために欠かせないからだ。その意味で、このような人々は、契約以上の役割を果たしてくれているのであり、批判的な形ではあるが、企業に忠実な存在なのである（Herzog 2018, pp. 197-200）。

　もちろん、脱退も発言も、実際に行うにはリスクが大きい。そこで、社会や国家によるバックアップが必要になる。例えば、解雇を厳格にすることや、失業手当の充実だ。道徳的理由に基づく失業に関しての保険制度を設けるといった提案もなされている。また、経済活動の効率性を重んじるあまり、企業に過度の負担がかかっているという点にも注意が必要である。そもそも、基礎的道徳を重んじることができない経済環境があるのだ。その意味で、道徳的な企業が生き残りやすくするための条件作り等に励むべきだという（Herzog 2018, pp. 224-236）。

4　誰が企業を道徳的にするのか

　以上がヘルツォグの議論である。ヘルツォグの構想は、①人の道徳的判断に関する主体性を平等に尊重すること、②人や社会への事業活動に由来する被害を抑制すること、という二つの道徳を基礎として、今ある資本主義の枠内で企業組織を改善することを狙っている。これは、社会全体を道徳的に覚醒させたり、社会の構造を根本から変えたりする話ではない[27]。

　この点で、より現実的な企業と経済の改革論を主張するものとして、ヘルツォグの議論を評価することができる。特に注目すべきは、不正なき企業組織を

27　ただし、政治と並んでビジネスは人々の行動に巨大な影響を与えるから、結果として、また長期的に、人と社会が道徳的に洗練されていくことも望まれる。その意味で、ヘルツォグの議論は、ヴェルトマンやフェレラスの理想と、今日の資本主義の実状との間にある隔たりを埋める役割を担うものとも考えうる。実際、ヘルツォグは、より理想的な社会の議論も行っているが（Herzog 2018, chap. 10）、ここでは割愛する。

作るというヘルツォグの理念が、ビジネス側にとって、比較的受容しやすい点だ。議論で指摘された企業組織の道徳的諸問題（企業不正、従業員への差別、ルールの不備）等は、広く社会から非難されうるものであり、資本提供者にとっても、投資対象として適格であるかを疑わせるに十分である。また、解決策として提案されるルールの整備や、差別の禁止、情報の共有や公開の促進についても、優秀な人材を集め活用する上で役立つなら、企業も積極的になれるだろう。さらに、脱退による企業への対抗という方策も、ビジネス側の賛同を得られるかもしれない。脱退は最終的に転職に行き着くが、人的資本が流動することによってこそ、市場が活性化するという一般的な理解があるからだ。より野心的な議論、つまり解雇規制の強化や過度な競争の是正については、ビジネス環境としてはマイナスであっても、野放図な解雇が評判を落とすことや、過度な競争環境が不正を生むことが知られている今日、ビジネス側にとっても受入れ不可能というわけではないだろう。少なくとも、不道徳なビジネスが長期的に利益をあげることが難しくなる社会環境の整備に対して、あからさまに反対することは容易ではない。発言についても、従業員の発言を活かす経営という文脈でとらえれば、拒絶する必要はない。もちろん、企業がこれらの実行を骨抜きにする可能性を否定するものではない。しかし、不正なき企業組織という理念自体は、それなりに強力になる可能性がある。道徳的であることは、儲けるために必須だと考えればよいのだから。ヘルツォグの理念には、資本主義に内在的な道徳的変化の可能性を探るという点で、やや高い成算がある。

　ここで、企業が金儲けのために道徳を考慮することに関して、ヴェルトマンとヘルツォグとでは、それぞれ評価が変わることに注意しよう。先にみたとおり、ヴェルトマンの議論は、政府等の外からの圧力を用いて企業を道徳的に律することに否定的である。だから、企業も含めた社会全体が道徳を目指すものに変わらなくてはならない（こうして目指されるものは、多くの人が主観的満足を引き出せる仕事を増やすことだ）。ここでは、企業が金を儲けるために道徳的になることは、道徳それ自体を目指さないのだから、理想からの逸脱だと評価される。他方、ヘルツォグは、政府が企業を律するための環境を作ることを提唱し、不正を正すことを目論んでいる。この目論見の下において、企業が道徳を金儲けの材料にすることは前提にされているといえよう。むしろ、企業が儲

けを得ようとする性質を利用して、道徳の網の中に誘い込むのだ。だから、企業が道徳を金儲けの道具にしても、直ちに非難する必要はない。このような両者の違いの裏には、企業をある種の性善説で考えるヴェルトマンと、性悪説で考えるヘルツォグという対照的な観点がある。現状の資本主義を前提にするなら、ヘルツォグの観点の方が妥当である。

　だが、ヘルツォグの理念の成算には疑問点も残る。それは、基礎的道徳を尊重する企業を実現することの負担を、誰が負うのかということに関してだ。企業の側にも、不正なき企業という理念を受け入れる余地があるのは上で指摘したとおりだ。だが、道徳は儲かる、という話ですべて済むと考えるのは、あまりにも楽観的過ぎるだろう。現実の企業は基礎的道徳の尊重からはほど遠いし、利益を得る要因として（資金等の、他の要因もある中で、）道徳がどれほど重視されうるかといえば、それほど大きなものではないだろう。だからこそヘルツォグの議論において、変革への主体性を持つことが経済に参加する人々の理想とされているともいえる。しかしヘルツォグも認めるように、変革への主体性の発揮は莫大な負担にもなる。道徳的におかしいと感じられる仕事上の活動や事業そのものについて個人として声をあげることは、多くの人にとって考えられない選択肢でさえある。企業は集団であり、個人よりもずっと強い立場にあるからだ。声をあげてももみ消され、不当な懲罰的措置の憂き目に遭うかもしれない。解雇規制があっても、失業保険が充実していても、大きなリスクをともなうのだ。道徳的に問題ある活動や事業の是正をする負担について、個人と企業のバランスは明らかに悪い。この点で、ヘルツォグは過大な要求を個々人に課しているともいえる。

　では、企業の側にすべての負担を担わせるべきだろうか。つまり、従業員個人の脱退や発言という行動に頼らず、企業の活動に政府の監視の目を光らせ、それを公に律することで、基礎的道徳を企業に守らせるのである。こうすれば、企業と政府の間で作業が終わる。しかし、この方策が魅力的でないことは明らかだ。これを進めていけば、企業活動をかなり取り締まる必要が出てくるだろう。極端な例だが、すべての事業活動に公的で細やかな道徳審査が課される、という世界を想像してみよう。生産の効率が大きく下がるだけでなく、おそらくビジネスそのものが不可能になってしまうだろう。より緩やかでも、企業活

動への規制が厳しくなるほど、生産は阻害されるというのが、一般的理解だ。人々の暮らしがまともに成立するには、ある程度の生産性を維持するのが必要であるなら、企業に過剰な負担を押し付けるわけにもいかない[28]。

とはいえ、事業活動の適正化の負担を個々の従業員にすべて負わせるのもおかしいから、結局、両者のバランスをとるよりほかはない。そのバランスはどこに定められるべきだろう。ここで、人々はどこまで道徳的になれるのかという、本章を通じて出てきた問いがまた現れる。企業組織の変革を試みる個人が壁にぶつかることの大きな要因は、基礎的道徳よりも利益が重要だと考える組織、そしてそれを構成する人々がいるからだ。もちろん、この背景には、そのような組織を期待している多くの資本提供者もいる。もしこうした人々が、利益よりも基礎的な道徳をある程度であれ優先してもよいと思うように変われるなら、企業組織を道徳的にすることはより容易になる。政府の干渉も、はじめからあまり必要ではなくなるかもしれない。他方で、利益が最優先という考えが圧倒的多数を占める社会では、そもそも変革自体が難しいから、リスクを取って声をあげることなど、皆が諦めてしまいかねない。ここでは、生産活動を犠牲にしてでも政府が本気で動かないことには、なかなか状況は変わらないだろう。だから、企業組織を適切に保つ責任のバランスの場所は、社会全体（それは、社会の構成員一人一人である）がいかに道徳に関して賢明な態度をとりえるか、という点にかかっている。もし、利益が重視され過ぎているなら、おそらくリバランスが望ましい。具体的なバランスがどこに落ち着くかは、哲学というより、実践の問題になるだろう。

5　公的空間への視点

さて、本題に戻ろう。ヘルツォグの議論から、次のようにいうことができる。道徳的な不正を行ったり、行われたりすることへの恐れから、「こんな仕事、早く辞めたい」と人が思うなら、それは、その人が変革への主体性を秘めていることを意味しているのだ。人の認識まで変えうる企業文化に染まらず、自分

28　さらに加えるなら、そもそも現実に存在する政府を信用できるか、という問題もある。このような規制と監視は、かえって企業と行政の癒着を生み、多くの不正と被害を生むかもしれない。

の道徳的基準で判断しているのだから。もし、その人がリスクを取って脱退や発言を行うなら、それは称賛されるべきことだ。しかし、そのような変革への主体性を、企業や社会が重んじてくれるかというと、多くの場合そうではない。だから、何かをするより、早く辞めたいと望むのだろう。その意味で、変革への主体性は空しい理想論であると思われるかもしれない。だが問題は、この先だ。このような状況を改善するには、おそらく、この主体性の発揮を強力にアシストしてくれる有能で公正な政府の力が必要である[29]。だから、変革への主体性を発揮する第一の段階は、そのような政府を作る努力にこそ、置かれるべきだろう。変革への主体性は、経済の世界に閉じこもる限りは完全に発揮されえないとしても、政治の世界にまで拡大されれば、空しいとまではいえないのだ。しかし、政治的な現象に関していうと、メディアやSNSのインフルエンサーが作り上げ演出する、党派や有名人のせめぎ合いや勧善懲悪のストーリーが、人々の関心と時間を奪いがちだ。関心も時間も有限だから、結果として、面倒な政策の具体的検討はされないことになる。だが本章の観点からみると、これは非常にもったいないことだ。仕事の上での道徳への気づきは、個人的な体験の枠を超えて、公的な関心に高まれば有意義なものでありえるからだ。もちろん、政治的関心や変革への主体性が、やがて政治的敵意やポピュリズム、さらには陰謀論のようなものに絡め取られなければ、という条件付きではあるが。

V　おわりに

　本章では、「こんな仕事、早く辞めたい」という声を、意味ある仕事、従業員を尊重する企業組織、不正なき企業組織のいずれかを求める考えとしてとらえ、それぞれの考えを発展させる議論を紹介し、検討した。注目すべきは、いずれの議論においても、自分自身を含めた社会全体の道徳的洗練の度合いが、「仕事を辞めたい」という声に向き合う上での問題になることである。「仕事を

29 　他方で、まともでない政府が経済に手を入れれば、かえって状況は悪化するかもしれない。特に、権威主義的支配を生じたかつての社会主義諸国の政治的失敗を無視して、単純に政府の強化を唱えることは、市場を崇拝するのと同じく理にかなわないだろう。

辞めたい」という気持ちは、そう思う本人にとって真に重大だろう。他方で、他人の同じ気持ちに向き合うことは、あまりなされない。自分のことで精一杯だから、これはやむをえないかもしれない。だが、「こんな仕事、早く辞めたい」という考えは、かなりの人の頭をよぎるものだ。その思いが皆と共有できるものであることに気づき、多くの人が視野を広げれば、それなりに大きな力にもなりえる。ヴェルトマンの言うとおり、徐々にでも社会は変わるかもしれない。しかし、人々が他人の苦しみに無関心なままであり、それを放置するなら、誰の問題も解決されずに終わる可能性が大きいのである。

| 第5章 | 企業と市場 |

I　はじめに
──「自分はいったい、どうなるのだろう」

　企業の従業員にとって、先々のことが不安の種になることはよくあることだ。最も身近なものは、日々の業務である。どのような経営者や上司の下で、どんな仕事をすることになるのか。職務は命令に基づくから、言われたことをやらないわけにはいかない。しかし、それが性に合わないこともあるし、無理難題であることもある。この意味において、人々は多くの職場で、上下関係の中で、他人の勝手さ（恣意）に耐えて生きている。どのような状況が自らに降りかかってくるかわからないのだから、とても不安だ。同じ問題は、もっと大きなレベルにもある。つまり、社会の経済全体である。例えば、雇用制度の変化や、財やサービスの生産における機械化の進展が、今後、自らの仕事とキャリアにどう影響するのか、思い悩むといった話だ。配慮も説明もない一方的な経済の展開に翻弄されることは、ごく普通に起きる。自らの先行きがわからないという不安は、ここにも発生する。こうして、現在の社会において、「自分はいったい、どうなるのだろう」という悩みは、誰にでも訪れることになる。それは大きな苦痛だ。

　具体的な不安と原因はいろいろだが、その根底には、より根本的な不安と原因がある。それは、人々にとっての良い人生と経済の構成のされ方とのギャップからくる不安である。一般に、職務の内容、雇用の状況、収入や自由時間をはじめ、人為的に作られる職場や経済の環境は、自然災害等のやむをえない事情を除き、安定的で見通しがつくことが望ましい。言い換えると、恣意や個人に対する配慮の欠如に翻弄されない方がよい、ということである。それは、多

くの人が、自分の人生のグリップを自ら握りたいと願うからだ。そうでなければ、人生がどうなるかわからないから、不安になる。この不安の裏には、自分の理想や理念を活かし、適切な判断を重ねて、自分で納得のいく人生を生きたいという願いが隠されている。これを、道徳的主体性への希求としてとらえよう。本章において、道徳的主体性とは、自らの人生の方向性を指示する理念や理想を自ら定め、かつ、それに基づく自らの判断に従って生きることを指す。道徳的主体性を発揮でき、かつ、その結果にもある程度満足できることは、一般的に望ましく、良い人生の重要な基礎となる[1]。恣意や配慮の欠如によって道徳的主体性（以下、単に「主体性」という）が発揮できないなら、良い人生を送ることが難しくなる。だから、それを生じる状況には大きな不安を覚えるのだ。しかし、今日の市場経済のあり方は、まさにそのようなものだ。企業の上下関係は厳しく、職務上の指示は決定的だ。ここでの命令は企業の利益を考えて決まるから、職務内容や賃金等について従業員にそれほど配慮してくれないし、上司に従うのが当然という風潮もあるから、恣意的な命令に直面することもよく起きる。さらに市場レベルにおいて、人々は生産活動の資源に過ぎず、その配置は、個人の意向と関係なく、需要と供給の問題で決まる。例えば、あなたがコンサルタントになりたくても、需要がなければ雇い手がなく、他方で、営業職としての能力があれば、その能力の供給者として雇われるしかない。こ

---

1 道徳的主体性は、市場の現状に適応し、利益獲得のために自分の判断と責任において不安とリスクを甘受して生きることを意味する、経済上の主体性とは異なる。道徳的主体性において、理念や理想そして判断は、できる限り、他人の勝手な命令や個々人に配慮しない社会制度の影響を排除して形成されることが適切である。自分の人生を他人の手に渡してしまわないためだ。また道徳的主体性は、それに必要な社会制度の実現を要求するものでもある（本章の議論を先取りしていえば、道徳的主体性を可能な限り守るために必要なのは、人々の意見を聴く市場経済である。人々の理念と理想そして判断が、市場のロジックに完全に侵食されることを防ぐことを目指すのである）。このような道徳的主体性は自律（autonomy）という道徳的価値の具体化である。法・政治哲学一般において、自律は自由が意味することの一つであり、特に本章後半で扱うワヒード・フセイン（Waheed Hussain）が展開するような、カント主義的な議論（Hussain 2023）に顕著だが、恣意的な支配の排除を目指す共和主義的な法・政治哲学（e.g. Pettit 1997）とも多くの共通点がある（cf. Hussain 2023, p. 100, n. 1）。本章は、フセインの議論や近年の共和主義的な議論（e.g. Anderson 2017）を土台として道徳的主体性を定めているが、概念分析が主題ではないのでこれ以上の議論はしない。なお、自律は誰にでも望ましいと考える点で、筆者は本章において、「リベラルな卓越主義（liberal perfectionism）」と呼ばれる立場を採用している。リベラリズムの内部でも、この立場を支持できるかどうかの争いがあることには注意されたい。道徳的主体性を望まない人もいるだろうし、それを欠く人生を良くないものだと判断することに躊躇する理論もあるからである。詳しくは、大澤 2021 を参照。

のように、市場経済では、無暗に他人の命令に服して仕事を行い、個人に配慮しない経済の事情で人生が左右されることが一般的だから、自らの理念や理想、判断を投げ打ち、他人に従って生きることが常態化する。こうして自分の人生のグリップを握れなくなった人々から、「自分はいったい、どうなるのだろう」という悲嘆の声がもれても、おかしくはない。自分の人生が自分の手を離れてしまうことに対する、根本的な不安だ。具体的な不安も、この根本的不安の表れであると考えられる。

　ではなぜ、このような不安の発生源としての企業を中心とする市場経済が、ずっと継続しているのだろうか。それは、市場経済が人々を（あまねく）より豊かにすると考えられているからである。企業において上下関係があるのはおかしい、ということで、企業の結成を禁止したらどうなるだろう。いろいろな財やサービスを生産し提供するには、外に出て、必要な部品やサービスを持つ人を探さねばならない。交渉も契約も必要だ。これでは、財やサービスをスムースに提供することは困難になる。また、需要と供給の関係を無視して人々が好きな仕事に就ける社会に、今日から移行したらどうだろう。これを実現するのは簡単だ。皆が、自分の就きたい仕事を自営業者として始めればいいのだから。ITエンジニア、金融アナリスト、コンサルタント等の看板を勝手に掲げるのだ。だが、そんなことをする人はいない。多くの人は、需要が足りずに、開店休業状態になって、たちまち生活できなくなるためだ。こう考えると、秩序だった企業や、需要と供給の関係で人員が配置される社会は非常にうまく回っており、個々人に配慮しないとはいえ、混乱を回避できている。社会的混乱がなく、多くの人の生活が成り立っている社会は、それなりに豊かと言っても過言ではないのかもしれない。

　しかし、豊かさと引き換えに、人々は根本的な不安を引き受けて生活しなければならないのだ[2]。しかも、豊かさは皆に平等に行き渡るわけではない。豊かさはあくまで社会全体の話に過ぎないから、ひどい生活を余儀なくされる人々も出てくる。また、上下関係の秩序が厳し過ぎたり、自分のキャリアに絶望したりして心を病むようなことがあれば、豊かさを享受するどころではない

2　不安には、混乱からくるものもあれば、恣意的で配慮に欠ける秩序からくるものもあることに注意されたい。本章が問題にするのは後者である。

そう考えると、市場経済の豊かさのレトリックに簡単に身を任せるわけにもいかない。市場経済を否定するわけでもないが、それを手放しで讃嘆することもできないのだ。たとえそれが他の経済体制に比べて優れていたとしても、現実の世界では賛否あるのも事実だからである。

　必要なのは、バランスだ。つまり、豊かであること以外の評価基準における美点を、市場に見出せるようにならないか、ということである[3]。その評価基準とは、もちろん主体性の発揮が尊重されるか否か、である。主体性の発揮を自由と言い換えよう。するとこれは、自由と平等という民主主義社会の価値がどれほど実現されるか、ということを意味していることになる。すなわち、自らの理念や理想、判断によって人生を生きるという意味での自由[4]を、市場が平等に重んじているのかどうかを問うているのである。自由と平等が否定された社会は、一握りの人々が多数の人の人生を好きなようにしてしまう、ある種の暴政となるだろう。そして、暴政の下での人々の生活は、「自分の人生は、いったいどうなるのか」という不安に満ちているに違いない。これは、現在の市場経済において人々が感じている不安と同じものだ[5]。そこで、必要なバランスとは、自由と平等という価値を市場経済に組み込み、人々が主体的に生きることを可能にする中に存在するといえる。

　以上の問題意識から、自由と平等の理念が経済に反映されるべき理由を考え、「この先、自分はどうなるのだろう」という人々の不安に、より積極的な意味と内容を持たせることを考えることが、本章の目的である。この際、重要になる観点が二つある。第一は、そもそも市場経済の中に、自由や平等に配慮する余地がどれだけあるのだろうかという観点だ。もし、市場が効率的な生産活動を目指す装置であり、それ以外のものには目配りする余地をその仕組みからして持たないというなら、「自分は、いったいどうなるのだろう」という不安を抱くことは、市場経済が継続する限り無駄でしかない。それこそ、瞑想でも行って、ただ忘れ去るしかないだろう。だがもし、市場経済の仕組みの中に、自由や平等の価値を入れ込む余地があるというなら、この不安には意味がある。

---

3 ｜ もっとも、豊かさを目指すという姿勢を根本から疑ってみることも重要だろう。橋本 2021 は、この点で示唆に富む手引きである。

4 ｜ 前掲注 1 を参照。

5 ｜ この点を詳しく論じたものとして、Anderson 2017 がある。

それは、市場経済の内在的な変革への訴えに変わるからだ。第二は、市場の機能が、自由や平等という価値と根本的に矛盾しないために何が必要なのか、という観点である。第一の観点とは、方向性が逆になる。つまり、自由や平等の価値を受容する余地を探すのではなく、これらの価値からみて、市場経済を受容することが可能になるのはどういう場合かということに力点を置いて考えるのだ。そのような場合が定まれば、主体性の発揮と市場経済の矛盾が減る。ここで、「自分は、いったいどうなるのだろう」という不安は、自由に生きたいと思う人々が、平等に、恐れることなく参加できる経済体制を求める視点に変換される。これは、外部から市場を評価するものだ。以上のように、市場経済の中で人々が抱く不安は、単なる一時的な情緒に尽きるものではない。不安が社会によって作られている以上、それが解消される社会（ここでは、主体性の発揮〔自由〕を平等に保障する社会）を求める訴えが秘められているのである。

　本章では、アブラハム・シンガー（Abraham Singer）とワヒード・フセイン（Waheed Hussain）による議論を通じて、このような訴えを具体化する。シンガーは、効率性を追求する市場経済のあり方の中に、すでに自由や平等といった価値を受け入れる余地が含まれていると主張する（Singer 2019）。シンガーによれば、効率的な生産を実現するには上意下達の秩序（いわゆる、ヒエラルキー）を柱とする企業が必要になる。この背景には、互いを拘束するルールを通じて協力を促進すると、効率的生産に資するという事実があるという。そして、民主主義社会において、このルールは自由や平等を尊重するものであることが望ましい。つまり、自由や平等を尊重する職場と企業の運営が求められるのである。シンガーは同時に、このような尊重には限界があることも認めている。すなわち、効率的生産のために自由や平等が求められるのだから、効率性を阻害するほどにこれらを尊重してはならないと説くのである[6]。次に、フセインの議論（Hussain 2023）だ。フセインは、人々の行動を効率的な生産に導くことによって、人々の主体性の発揮を難しくしてしまう装置が市場だと指摘する。他方で、市場は人々の生活の基盤として役立つから、必要でもある。この矛盾した状況を改善するために、人々が主体的な判断を通じてもなお、市場を受け

---

6 ｜ シンガーの議論に関しては、松尾 2021b が、簡潔だが網羅的な、日本語でアクセスできる書評を提供している。本章が取りこぼした論点も多いので、あわせて参照されたい。

入れられる状況を作ることを提案する。それは、市場経済の運営の中心である企業経営に、人々の積極的参加を促すというものだ。

　本章では、これら二つの議論を活用して、人々の根本的な不安の裏側にある理想的な社会像を探っていくことになる。これは、市場経済を正当化することがどのように道徳的に可能なのかを探る試みでもある[7]。人々の根本的な不安を低減したり、解消したりすることができる社会の構想が示されるからである。本章の最後では、市場経済を正当化する試みの補完として、支配欲をめぐる問題の解決が必要なことも、あわせて指摘する。

II　効率的生産を可能にする要素としての道徳

1　生産性と道徳

(1)　社会のあり方を決める道徳的価値

　本章冒頭でも指摘したが、企業組織を構成する職場のあり方は、人々の主体性を妨げることが多い。職場において人々は、職務上の命令に従わねばならないからだ。端的にいって、自由が平等に認められた状態にはないのである。しかし観点を変えると、これは当然でもある。各人が勝手に考えて動くならば、職場は混乱し、あらゆる企業は成り立たなくなり、生産活動自体が停止する。いろいろな資源や人々の力も無駄になるだろう。つまり生産活動には、秩序だった組織が必要であり、そうであってこそ、社会にモノやサービスが安定して供給されるのだ。もちろん、自給自足や物々交換、仲間内での財やサービスの融通でも生活はできるかもしれないが、欲しいものが欲しい時に手に入るという便利さや、常識を覆すような財やサービスが生まれる可能性は減るだろう。こう考えると、多くの人が嫌う職場のあり方と生産活動の活発さには関係があり、生産活動を維持するには、皆が、嫌な職場とそのような企業組織のあり方を我慢しなくてはならないという結論がすんなり出てきそうだ。だが、果たしてそうだろうか。シンガーは、支配命令の関係が貫徹する企業組織が存在する

7　もちろん、本書は、現状を前提にしその改善方法を探っているからこのような論点に着目するのであって、そもそも正当化しなくてもよいという考えも十分成り立つので、是が非でも正当化を勧めようという意図はない。

理由である、効率的な生産活動の観点からみてなお、自由と平等という道徳的価値を尊重する余地があることを主張する（Singer 2019）。

　以下、シンガーの議論を概説するが、シンガーの議論には経済学的な部分が多い。本書は法学系の読者を想定するため、その解説に分量を多く取ることにする[8]。また、シンガーは「規範」という言葉を用いるが、本章に関する限りでは、道徳とほぼ同じ意味だと考えて読み進んで問題はない。つまり、「〜すべきだ」というルールである。しかし、われわれは規範それ自体について、道徳的に適切かどうかを問うことができるから、厳密には区別可能だ。例えば、「企業での昇進の順番は、年齢に応じてなされるべきだ」という規範が適切かどうかを、さらに道徳的に問うことができる。この区別は後に重要な意味を持つから、注意しておこう[9]。

　まず、社会のあり方を決める際に参照されるべき価値を確認しよう。シンガーによれば、それには、民主主義社会の根本的価値である自由や平等がある。ここでの自由は、各人が個人として尊重されることと結び付いて理解される。つまり、特定の社会的目的や理念のために、あたかも資源のような扱いを受けることがないということだ。人々は個人として、その人にとって意義ある人生を生きることを許されるべきなのだ。ここでは本章の関心から、シンガーの言う自由を、各人が自らの理念や理想、判断に従って生きること（主体性の発揮）と理解しよう[10]。誰人であれ個人として尊重されることはまた、社会が各人を平等な者として取り扱うべきことを意味する。平等には、財等の所有物に関する実質的な平等と、法の下の平等といった形式的平等があるが、平等を重視するなら、少なくとも後者は無視できない。また、ある程度の実質的平等が必要だという見解も、広く共有されている。さらに、自由および平等の価値と並んで、経済的な意味での効率性が、社会のあり方を決める価値に加わるべきだという。効率性とは次のことを意味する。社会において資源が使用されると、人々は自らの状況に関して、自らの基準に照らし、利益や不利益を被る。ここ

8　もっとも、法と経済学の分野を学ぶ学生にとっては、お馴染みの議論であろう。

9　規範と道徳は、ほぼ同義で使われることもあれば区別することもあるが、かなり専門的な話になるので、その議論自体は本書では扱わない。

10　シンガーの自由の定義はあまり明示的でなく、いろいろな解釈の余地を残している。紙幅が限られているので、概念に関する専門的な議論はここではしない。

で、資源の社会的な使用のあり方を変えれば、人々の状況は改善することが想定されるだろう。例えば、リンゴが好きでイチゴが苦手なAさんとイチゴが好きでリンゴが苦手なBさんがいて、Aさんがイチゴを、Bさんがリンゴを持っているなら、それを交換してリンゴとイチゴの社会的な使用（消費）のあり方を変えると、両者の状況は自らの好み（選好）に照らして改善する。AさんもBさんも自分の好きなものを食べられるからだ。このような改善が進み、やがて誰かに不利益を被らせることなくしては、人々の利益の改善が進まないような状況にまでいたれば、資源は誰にとっても適切に、無駄なく使われたことになる。これが効率性である[11]。効率性が重要なのは、それが個々人の福利にとって重要だからだ。先に述べたように、人々は、自らの考えに従って自由に生きるべきであり、また、そのような人生は平等に尊重されなければならない。それには、物質的な基盤が必要である。だから、資源が重要なのだ。つまり、誰もが自らにとって良き人生を生きるためには、資源の使われ方に関する社会の状況が、誰にとっても適切で無駄のないものになっている必要があるのだ。これからみるように、効率性が生産活動に及べば、社会的資源や人的資源を無駄にすることなく、豊かさを達成することができる。これは、自由と平等の理念を物質的に支えるために重要だ。そこで、効率性の価値には、自由や平等といった価値と並んで、社会のあり方を決める上で、正当な場所が与えられるべきなのである（Singer 2019, pp. 20-28）[12]。

(2) 効率性はどう達成されるのか

　ここから、効率性を重視した生産活動とはどのようなものか、また、それが自由や平等といった価値とどう関わるのかについて、シンガーの議論の詳細を追っていこう。それには、ロナルド・コース（Ronald Coase）やオリヴァー・ウィリアムソン（Oliver Williamson）によって練り上げられた取引費用の経済学が、重要な役割を果たす（コース 1992; Williamson 1985）。シンガーの理解に沿

11　すなわち、パレート基準による効率性である（Singer 2019, pp. 27-28）。なお、このまとめでは直感的なわかりやすさを優先し、厳密な記述にはなっていないので、詳しくはミクロ経済学の入門書や専門書（e.g. ヴァリアン 2015; 神取 2014; 坂井 2017 等）を参照されたい。

12　シンガーの考えでは、だからこそ市場経済が重要なのである。それは、人々が強制されることなく、自らの選好に従って交換を行うことで、効率性を実現していく場であり、民主主義社会の自由の価値に一致する。ただしシンガーは、自由の価値が市場経済を正当化するとは考えていない（Singer 2019, pp. 27-30）。

って、それは以下のようにまとめられるだろう（Singer 2019）。

　第一に確認されるべきことは、効率性を達成する上での、価格メカニズムの重要さである。常識的にも理解されることだが、何かの財やサービスを欲しがり購入する人が増えれば、その財やサービスの価格は、通常、上昇する。例えば、特別な食パンを購入する人が増えれば、その価格は吊り上がる。高くなっても欲しい、買いたいと思う人が多いから、価格が上がるのだ。もちろん、背後には、高く売って儲けたいと思う財やサービスの生産者がいる。そこで、生産者は続々と増え、生産量も増える。他方で、人々が割高だと思う財やサービスは、売れない。そうなると、生産から手を引く者も増え、生産量は減る。先の例でいえば、特別な食パンも価格が上がり過ぎれば売れなくなり、普通の食パンを選ぶ人が増え始める。これも常識的に理解されていることだ。注目すべきは、このような仕方で、人々が購入したいという意欲を持つものに材料や人員等の様々な資源が振り向けられ、購入する意欲が失われたものには資源が使われないよう、価格が調整の機能を担ってくれていることである。特別な食パンを人々が欲しいと思っている間はそこに資源が向けられるが、人々が不必要だと思うようになると、そこから資源が引き上げられるのだ。政府が財やサービスの生産を計画し、それらを配給するような経済では、これができない。というのも、誰が何を欲しているかという情報を、個々人のレベルで厳密に政府が掌握することはできないので、不必要もしくは欲しいと思えない財やサービスをつかまされる人が続出することになるためである。それらの生産に使われたいろいろな資源は、結局のところ無駄になっているのだ。だから、価格を用いて経済活動がなされる方が、資源が効率的に使われることになり、人々にとって良い結果を生む（Singer 2019, pp. 30-31）[13]。

（3）　企業の特殊性

　以上、市場が価格メカニズムによって効率的な生産活動を可能にしていることを確認した。だが、実際の市場における生産活動では、価格メカニズムを通じた取引を用いない場所が、重要な役割を果たしている。それが、企業組織の

13　もちろん、これはフリードリヒ・ハイエク（Friedrich Hayek）による周知の議論である。ハイエクの議論について、詳しくは山中 2007 を参照。また、坂井 2017、第 1 章は、経済学の門外漢に対して、簡潔かつ非常にわかりやすくこの辺りの事情を教えてくれる。

内部である。説明していこう。企業ではいろいろなビジネス・プロジェクトが行われているが、それには、ヒエラルキーとルールによって強固にメンバーが結び付いた組織が活用される。これは、価格メカニズムを排除する生産の仕方でもあるのだ。例えば、あるビジネス・プロジェクトを行うときには人をかき集め、チームが編成され、具体的な作業が割り当てられる。この際、外部から数人を雇って、チームの作業を一部行ってもらうことを考えよう。当然、賃金を中心とするいろいろな交渉がなされ、契約が結ばれてチームに加わることになるだろう。あまりに安い賃金ならば誰も引受け手がいないかもしれないが、高ければ多くの応募があるだろう。うまく事が運べば、人を雇いたい企業も、働きたい人も、ともに状況の改善を達成でき、人手という資源も無駄にされずに済む。これには、市場の価格メカニズムが功を奏している。しかしよく考えれば、他のチームメンバーもすべて、市場の価格メカニズムを通じた個別の契約によって、調達できるはずだ。そうだとするなら、企業はそもそも必要ないとさえいえる。財やサービスの生産をしたい人々が、その都度、市場とその価格メカニズムを通じた契約によってチームを結成し、生産活動をすればよいだけだからだ。例えば、特色ある筆記用具を作りたいというなら、それに必要な材料・機械・技術等を持つ人々が集まり、互いに価格交渉を行って材料、機械、技術や労働の提供に関する契約を結び、生産活動を行えばよいのだ。これは、あくまで特定のビジネス・プロジェクトのために、互いに対等な立場で、価格交渉に基づいて自由に契約を結んだだけの生産チームだから、上下関係も人間関係も希薄で、ルールでがんじがらめということにもならないだろう[14]。このような対等で希薄な関係の人々からなるチームだけで生産活動が行われる世界も、想像できないことはない。しかし、現実にはそうなっていない。むしろこういったことは稀で、上意下達のチームプレーと強固なルール、そしてそれがもたらす長期の協力的関係を主眼とする企業組織が、価格メカニズムを排除して、生産活動の大部分を担っているのだ。では、なぜ、効率的生産の要である価格メカニズムを使わないのだろうか（cf. Singer 2019, pp. 55-56, 117-118; 菊澤 2016、

14 　シンガーは実に、企業を市場の延長だとするシカゴ学派の考え方の再検討を彼の議論の主要な目的の一つにしているが、本書との関係ではこの点は重要ではないので、シンガーが強調する対照をより厳密に描くことはしない（Singer 2019, pp. 2-3, chap. 5）。

14-16 頁）。

（4） 取引費用の議論

これに答えたのが、コースとウィリアムソンの以下の議論である。コースは、価格メカニズムを用いること自体に、コストがかかることを見出した。つまり、非効率が発生するのである。市場において、いちいち取引相手を見つけ、交渉を行い、取引されるものについての価格を決めて契約にいたるという一連の過程は非常に手間がかかる。例えば、何かを生産するにしても、作業をしてくれる人をその都度探し、価格（つまり賃金）についての交渉を行って逐一契約を結ぶなどということになれば、生産活動は滞り、資源は活用されない。このように、取引活動にはそれ自体に内在するコストがかかっているのだ。このコストを取引費用という。取引費用を削減できれば、効率性は上がる。それが企業の発生理由なのである。つまり、企業が人を探し、ただ一度の雇用契約を結び、企業組織の一員として経営者の指揮命令下において長期間にわたって仕事をしてくれるなら、人探し、交渉、契約等に関する取引費用は大きく減る。生産活動もずっとしやすくなるだろう。これによって、効率性の改善が期待できるのである（コース 1992、第 2 章; Singer 2019, chap. 3, see esp., pp. 56-57; 菊澤 2016、17-19 頁）。

ウィリアムソンは、コースの議論からさらに進み、取引費用が発生する原因として、人々の傾向や取引の性格があることを指摘した。これは、企業の役割をより精緻に説明するものである。取引費用発生の原因の中で、特に重要なものとして、機会主義（opportunism）と資産特殊性（asset specificity）がある。機会主義とは、人々が取引相手の損失を厭わず自らの利益を追求するような、悪意のある取引を行う傾向を指す。資産特殊性とは、具体的な取引関係において、取引相手等に合わせて生産されるものが選ばれたり、生産のための技術・資産等が蓄積されたりすることを指す。こうして特定の相手に合わせて生産されたものや蓄積された技術や資産は、他の相手との取引において低い価値しか持たない。機会主義と資産特殊性が合わさると、生産活動を大きく妨げる要因になる。というのも、何らかの生産活動において、悪意のある取引が行われた場合、生産されたものや、生産に必要な技術・資産等が無駄になるかもしれないからだ。前述(3)の特色ある筆記用具を作るプロジェクトの例で考えてみよう。機械を提供できる人が、プロジェクトに最適である非常に特殊な機械を作

り上げたとしよう。この機械は、他の場所ではまったく役立たない。この場合、もし他のプロジェクト参加者が悪意から参加を取りやめてしまい、プロジェクトが成立しなくなれば、機械を作った人の損失は計り知れない。このような状況が一般化すると、人々は生産活動を行うにしても、取引をする際に極めて慎重にならざるをえない。あらゆることを調べ、交渉し尽くさなければ、取引はしないだろう。そうともなれば、そもそも取引に尻込みするようにさえなるかもしれない。このように、機会主義と資産特殊性の下では、取引費用が激増し、生産活動が大きく滞る。結果として、資源の莫大な無駄を生じる。そこで、ヒエラルキーとルールに縛られた企業組織が発生する。このような組織内で起きる生産活動のやり取りでは、人々の悪意による行動は抑制されるし、資産特殊性も問題にはならない。ビジネスとして特色ある筆記用具を開発して販売する企業の内部で、機械を考案・設計して製作する際に、誰かの悪意に陥れられることを心配する必要はない。機械の考案・設計・製作にふさわしい人々が、遅滞なく仕事に取りかかるだけだから、余計な調査や交渉も要らない。こうして、資源が無駄にならずに済む（Williamson 1985; Singer 2019, chaps. 3, 7, see esp., pp. 60-67, 126; 菊澤 2016、19-25 頁; ミルグロム／ロバーツ 1997、33-36 頁、136-137 頁）[15]。

（5） 規範と生産性

シンガーは以上の観点を受け継ぎ、市場の下で優勢となった人々の利己的傾向を抑制するためにこそ、ヒエラルキーとルールを核とする企業組織が必要となるのであり、かかる企業組織のコンテクストにおいては、規範が効率的生産を下支えしている、と主張する。説明しよう。そもそも、人々が機会主義的傾向を持つのは、社会的生産活動の巨大化に対処した結果であると、シンガーは考える。つまり、小規模の生産活動においてであれば、人々は互いを見知っているので、相互の利益を慮って努力するような、互恵的な協力関係を容易に結ぶことができる。しかし、生産活動の規模が大きくなると、他人の努力にただ乗りする者が出始め、規模に応じて事の深刻さは増す。特に、社会全体での生産活動が今日のように巨大化すれば、顔見知りの関係で普通に用いられる、互

---

15 取引費用に関するまとめの部分は、ほぼシンガーの議論に即して再構成したが、理解を優先してかなり端折っており、精確さと厳密さに欠けているから、詳しくは菊澤 2016 やミルグロム／ロバーツ 1997 等を参照。また、亀本 2011、377-389 頁も有益である。

恵性の規範は使えない。こうなると、皆に働いてもらい、生産活動を維持する
には、人々に金銭的インセンティブを与えることが必要となる。利己心をくす
ぐって働かせるのだ。市場は、このような仕組みに基づく巨大な装置だ。だが、
このような利己心に満ちた状況では、機会主義的に振る舞うことが一般化して
しまう。そうなると、協力的に生産活動に参加する意欲は減退してしまうだろ
う。いつ悪意にさらされるかわからないからだ。特に資産特殊性がある場合、
生産活動に参加することには大きな危険がともなう。こうして、人的資源は十
分活かされなくなってしまう。だからこそ、企業組織が必要になる。企業組織
は、(4)でみたように、市場とは違うメカニズムで動く。ここでのメカニズム
では、価格、つまり金銭的インセンティブ以外の要素が大きな役割を果たして
いる。それは規範である。すなわち、人々がいかに考え、振る舞うべきかを教
える一連のルールだ。人々の振る舞い方を拘束する何らかの規範が尊重される
なら、自他ともに利己心は抑えられ、相互の信頼関係に基づいて、将来を見越
した協力的な仕事をすることが可能になる。資産特殊性が発生する仕事をする
ことにも、抵抗はなくなるだろう。このようにして規範は、人々の互恵的な関
係と効率的な生産の維持に重要な役割を果たしているというのである（Singer
2019, chap. 7, see esp., pp. 124-134)。シンガーは、このような考えを、「規範による
生産性（norm-governed productivity）」（Singer 2019, p. 132）と呼んでいる[16]。規範
が効率的な生産の重要な部分を担うのだ。ヒエラルキーの秩序を生じるような
今日一般的な規範もまた、生産性を支える規範の一つのあり方なのである。

　規範による生産性という考えから、企業組織内部の規範を問う視点が開ける
ことは容易にわかる。企業組織内部の規範は、人々を協働に導く一方で、例え
ばジェンダーによる差別的傾向を持つ可能性もある。つまり、規範自体をさら
に道徳的に評価することができるのだ。すると、民主主義的な観点が一般化し
た社会に住む人々の関心は、企業組織内部の規範を、自由や平等といった価値
と一致させることに向けられることになる。そこで、企業組織内部の規範は民
主主義的規範であることが望ましい。本章に合わせて具体的にいうと、企業は

16　より形式的には、「［企業に］加わる人々が、（市場に由来する［利己的な］行動指針に対し
て）協働的な行動指針と枠組みをより顕著なものと認識できるよう作られた制度の文脈を通
じてなされる、仕事の組織化、調整、誘導」（Singer 2019, p. 132）を指す。

構成員の個人としての理念や理想、判断（つまり、構成員の意見）が尊重され
かつ平等に扱われ、しかもそれに基づいて運営される場所でなければならない、
といった規範である（Singer 2019, pp. 25-26, chap. 8, see esp., pp. 136-137）。

　民主主義的規範が生産のあり方を律する組織の典型は、従業員たちの利益の
ために、従業員自身の意見に基づいて運営される労働者協同組合（以下、「協同
組合」という）だ。では、ヒエラルキーに基づく企業を、全て協同組合に改め
るべきだろうか。シンガーは協同組合を促進することは望ましいが、それを強
制すべきではないという。シンガーによると、生産活動を行う組織の規範が、
株主の利益を目指す規範（つまり、自由や平等より利益を最重視し、従業員をヒエ
ラルキーの下に使役するような規範）である必要はない。取引費用の問題を乗り
越え、効率的生産を可能にすればよいのだから、民主主義的規範等の他の規範
でも構わないのだ。ゆえに、協同組合を促進してもよいのである。だが、注意
すべき点もある。それは、協同組合の民主主義的な実践の中に、効率的生産を
阻害する要因が含まれていることだ。すなわち、意見集約が難しいことや、少
数グループが力を持ったり意思決定までに長い時間がかかったりすると、その
結果もたらされる状況が酷いものになりえること等である。だから、民主主義
的規範を徹底的に実現しようとして協同組合を強制することは、社会全体の効
率性を大きく阻害するおそれがある。そもそも規範を用いて生産活動を組織す
ることの目的は、取引費用の問題を乗り越えることで、効率的生産を促進する
ことであった。上記の強制は、この目的を忘れてしまっているわけである。と
はいえ、やや欠点があるとはいっても協同組合が規範による生産性をまったく
達成しないわけではないから、ことさら不利に扱うのもおかしい[17]。そこでシ
ンガーは、一般的企業との併存を提案する。つまり、協同組合を現実的選択肢
にできるよう、資本の市場等を整えるのである（Singer 2019, chaps. 8, 10; see also
Heath 2011; ハンズマン 2019、49-51 頁）。他方で、効率的生産のためには、利益重
視の企業が経済において主要な役割を果たすこともまた、否定しえなくなる
（Singer 2019, pp. 220-221）[18]。

---

17 ｜ ヘンリー・ハンズマン（Henry Hansmann）による、企業の所有権に関する著名な議論（ハ
ンズマン 2019）に対する、シンガーの反論を参照（Singer 2019, pp. 153-156; cf. Heath
2011）。

18 ｜ シンガーは、あるべき規範の詳細についてそれほど明確にしていない（cf. Kwok 2022, p. 403）。

（6） 企業の道徳的に適切な構成のされ方

　本章は、利益を重視する今日一般的な企業を問題にしているので、協同組合に関する詳細には立ち入らず、そのような企業に関するシンガーの議論に進む。シンガーの議論においては当然、企業も規範的生産性が実現する場所だ。ヒエラルキーの現実を考えれば、それは民主主義的規範とはそぐわないが、それにも程度がある。職場の非民主的な性格を緩和することは可能であるからだ。つまり、協同組合に比して十全とはいえないまでも、民主主義的規範を取り入れた企業の規範はありえるのだ。これは、シンガーの企業に関する法の議論から示唆されることだ。シンガーは、企業組織の意義や、経営者の果たすべき役割、また、従業員の受けるべき扱いについて、次のような議論を展開している（Singer 2019, chap. 9）。まず、企業組織の意義に関してだ。シンガーは企業を、企業に関連する個々人の契約が寄り集まったものとしてみる観点と、企業組織に関連する法規の創造物であるがゆえに政府の指導に服すべきものとしてみる観点をともに否定する。その上でシンガーは企業を、人々が特定の関係を結ぶ、それ自体の意義を有する存在としてみることを主張する。具体的には、社会に暮らす人々の人生が発展するよう、自由や平等といった民主主義社会の価値の枠組みの中で、効率的な生産活動が可能になるという意義である（Singer 2019, pp. 163-178）。その上で、経営者は、このような企業の意義に奉仕すべき者だとされる。つまり、資本提供をする者や労働力提供をする者等、企業を形成するいろいろな関係者の仲立ちとなるべく、企業組織内部のヒエラルキーの中心者として、意思決定を行うのだ。当然、経営者は適切な規範を企業内で実行し、かつそのことによって効率的な生産を実現しなければならない。これには、資産特殊性がある中で、人々に対し企業に必要な能力やスキルを伸ばしてくれる状況を保障することや、他人の努力へのただ乗りや脆弱な立場へのつけ込みを防ぐこと等も含まれる。特に重要なことは、これらのことを慮って行われる意思決定が、関係者全体について正当化可能であるような理由に基づかねばならないことである。経営者は、特定のグループの利益を体現したり、特定の思想・信条を推進したりすることを求められてはいないのだ（Singer 2019, pp. 174-175, 178-181）。最後に、ここから従業員への配慮が結論される。すなわち、企業特有の意義に奉仕すべき経営者は、従業員の声に耳を傾け、その立場も尊重し

て意思決定をすることが必要になるということだ（Singer 2019, p. 181）。これは実に、職場の非民主的な性格を緩和することだから、特に重要だ。

　以上の議論には、企業の主な役割は経済上の効率性（資源の無駄がない生産活動を行うこと）の達成にあるとする前提が置かれていることを忘れてはならない。しかし、その役割は、自由や平等という民主主義社会の価値との一致のために、妥協すべきものだとされるのだ。結論として、シンガーは、企業が目指す効率性の達成は、最大限である必要はなく、十分であればよい、と言う。つまり、競争的な市場において、金銭的見返りを求める資本や労働の提供者を引き付け続けるよう、無駄のない運営をすることによって生き残ることができる水準だ（Singer 2019, pp. 147-148, 156-158）。これは中途半端とも批判されうる微妙な立場であり、いろいろな疑問が思い浮かぶが、ここでは一応認めて、話を先に進めよう（cf. Lister 2019, p. 861）。

（7）　正義に関して企業が果たすべき役割

　さて、シンガーの見解では、企業は自由や平等の価値を丁重に扱うべきなのだが、これらの価値の公的な推進者になることまでは想定されていない。それは政府の役割だからだ。しかし、現実的な社会の状況を考慮して、シンガーはこれよりも踏み込んだ議論もしている。すなわち、社会の有り様をみれば、政府も自由や平等という価値の実現に十分な働きをしているとは言い難い。シンガーは、このような状況を「正義の失敗（justice failure）」（Singer 2019, p. 222）と呼び、この失敗に直面した企業は、これらの価値、特に平等の実現に役割を果たすべきだ、とも言う（Singer 2019, chap. 12）[19]。

　具体的には、「政治的正義の失敗（political justice failures）」、「社会的正義の失敗（social justice failures）」、「分配的正義の失敗（distributive justice failures）」の三つである（Singer 2019, p. 242）。第一の政治的正義の失敗は、民主主義的政治の根幹にある、人々の政治的な影響力に関する平等が著しく毀損される事態を指す。アメリカ等において、企業が政治的影響力を自らの経済的利益のために振るうことはよく知られているが、これは一般市民を政治的に無力化する。政治的な平等が侵犯されるのだ。このようなケースでは、企業は自らの政治的

19　これは、厚生経済学の第二定理を満たすための役割を政府が十分に果たせていないという、シンガーの状況認識から出発かつ拡大する議論である（Singer 2019, pp. 237-238）。

影響力を自主的に抑制するよう、努力すべきだという（Singer 2019, pp. 242-245）。第二の社会的正義の失敗は、機会の平等等が保障されていないケースを指す。企業は、差別されている人々への機会を増やすこと等によって、これに対応できる（Singer 2019, pp. 245-248）。第三の分配的正義の失敗は、所得格差が開くケースを指す。企業は、民主主義社会の価値観からみて十分正当化できる水準の給与を従業員に与えることで、これを是正できる（Singer 2019, pp. 248-251）。これらは、本来、効率性の実現を任務とする企業が果たすべき役割ではないのかもしれない。しかし、企業の社会的影響力は甚大で、かつ政府の役割の一部を果たしうるのも事実だから、企業の理想的あり方を考える上で、一つの指針にはなるのである。具体的には、諸企業が上にみたような役割を果たすための合意を互いに取り結んだり、それを行う上で必要な気運の醸成を社会全体で行ったりするということだ（Singer 2019, pp. 240, 251-260）。

2　正義の実現と企業・政府

(1)　ヒエラルキーが許される条件

　かなり紙幅を取ったが、本章の関心から再構成したシンガーの議論の要点は以上のとおりだ。すなわち、①企業組織は効率的な生産活動のために存在すること、②効率的な生産活動の背後には、(a)市場での価格メカニズムを用いた経済活動と(b)企業組織内部の規範を通じた経済活動があり、③(a)の欠点を補うために(b)が必要となるが、④その際、(b)は自由および平等の価値と矛盾しないものとなるべきである。ところが、⑤企業が奉仕すべきものはあくまでも効率的生産活動であるので、④はそれと矛盾しない限りで許され、かつ要求される。それにもかかわらず、⑥自由および平等の価値の実現に関して、政府が不十分な働きしかしていないのであれば、企業は社会的不正義を是正する努力をすることが望ましい。以上の六点からなる議論である。

　シンガーの議論から考えれば、職場において「自分はいったい、どうなるのだろう」という不安が蔓延する社会は明らかに、道徳的におかしい。それは、効率的生産活動の核として規範を中心に組織されている（このことは通常、ほとんど気づかれていない）企業が、自由と平等の理念に対し冷淡であることを示しているからだ。少なくとも、企業がまともであると評価されるためには、

これらの理念に対して十分な配慮を与える必要がある。それによってこそ、企業と職場の中にいる従業員が、経営者や上司等の支配力によって主体性の発揮を完全に妨げられ、職務や生活さらには人生までもが翻弄される事態を避けられるのだ。民主主義社会において、人は自由かつ平等である、という理念は広く行き渡っている。そうであるから、他人の支配によって翻弄され、人生の見通しがつかなくなることは、社会のどこで発生したとしても道徳的に受け入れ難い。だからこそ、企業もこれらの道徳を尊重することを、まずは期待されるし、そもそもそうする余地を有しているのだ。

　他方で、企業は社会に対して、遅滞なく豊富に財とサービスを提供しなくてはならないから、このような配慮には限界がある。これは、効率的生産活動によって豊かさを実現し、福利を向上させるという社会的要請に基づくものだから、自由と平等の理念を尊重することと並んで、道徳的に意味がある。むしろ、企業組織の存在理由は効率的生産なのだから、こちらの方が重要でさえある。そこで、企業は自由や平等の理念に対して十分な配慮を行うべきとはいえ、ヒエラルキーの構造を根本から変えなければならないわけではない。こう考えると、「自分はいったい、どうなるのだろう」という不安が、人々にある程度残る状態を許容しているといえる。それが甚だしくならなければよいのだ。主体性の発揮が妨げられる、自由や平等の理念が尊重されない、などといっても、程度がある。おそらくどこかに、こうした事態を道徳的に許容できる程度や、許容するための条件があるのだろう。道徳への配慮をどこまで行うべきかは、そのような程度や条件が教えてくれるのだ。経営者が従業員の声に敏感であること等は、その条件の一つである。

　さらに、シンガーの主張の⑥は、これを重要な点で補強する。すなわち、ヒエラルキーを基礎とする企業組織が人々に対して、主体性の発揮を犠牲にするよう求めることが許される条件を示していると考えることができるのである。その条件とはまさに、政府が社会的正義と分配的正義の実現に失敗している現状において、企業が自主的な努力によって、これらの正義を実現することである。すなわち、社会的機会の公正さに寄与し、人々の所得が満足のいくものになるよう、自ら動くのだ。このような点で正義にかなった社会においては、ヒエラルキーによって企業組織内部で発生する、自由や平等の理念に対する侵害

も、大きな問題にはならないかもしれない。というのも、教育や就業に関する公正な機会の下で自らの所属企業が決まり、また、所得も十分な水準に達しているのであれば、（一企業の従業員としてではなく）そのような社会に住む市民の視点から総合的に判断して、理にかなった妥協が成立していると考える余地が生まれるからである。人々がある社会の市民として道徳的に期待すべきことの中には、財とサービスが一定以上享受できる生活があるだろう。それは、自由と平等という理念が人々の生活と人生において意味を持つための、社会的基盤でもある。貧困や飢餓が社会を覆うなら、これらの理念は空虚に響く。そうであれば、かかる生活の豊かさに関する道徳的要請から、仕事という別の社会的文脈において自由と平等に関する道徳上の損失を被ることは、道徳と道徳の間の適度な妥協と考えられるのである[20]。この妥協は、企業が効率性の追求を第一の目標として活動することを、市民が道徳的に受入れ可能だと判断するための、重要な条件となりえる。

（2） 企業と正義実現の負担

　だが、シンガーの議論から導かれうるこのような立場は、根本的問題を抱えているように思われる。企業の目的は効率的生産であるが、これと正義の実現とは相反することもよくある。企業がその時々に応じて効率性を高めるためにできる行動を、正義の実現という別の目的のために諦めなくてはならなくなるからだ。企業は、最大限の効率性ではなく、自由や平等の理念を念頭に置いた上での十分な効率性だけを求めればよい、というポイントを思い出そう。正義の実現に関しては、この穏当な立場を維持することは難しいのではないか。正義の実現に向けて企業が動くとなると、それは極めて大きく企業の経済活動を拘束するだろうから、果たして十分といえる効率性が得られるのか、疑問になるためである。そもそも、様々な企業が協調して正義の実現に向けて動き出すことでさえ、それほど簡単ではない。企業は私的な団体であり、経営者や資本提供者の考え方も経営方針もばらばらであるから、諸企業が強調するための労力は大きい。ただでさえ厳しい競争環境の中にある企業の経営活動において、このような労力をどこまで受け入れることができるかは、かなり心もとない。

---

20 やや違う文脈であるが、Parr 2024 は、仕事から得られる収入と仕事の質の間のトレード・オフについて論じており、参考になる。

そうであれば、効率的生産と正義の実現のいずれを優先すべきかが問われる場面が来てしまうことは、容易に想像がつく[21]。この際、シンガーのような立場により整合的なのは、効率的生産を優先することである。そもそも企業組織が存在する理由は効率的生産にあるのだから、そう考えるのが自然だろう。結局、企業に疑似政府の役割を担わせることは、あまりに荷が重いといえるのではないだろうか。なぜなら正義の実現が効率性の追求を行うための前提条件だというのであれば、諸企業は、最初にこの条件を満たさなくてはならない。そうなると、これらの企業は疑似政府の役割を担う必要に追われることになる。だが、企業組織の本来の役割は効率的生産なのだから、その役割を十分には果しえない可能性が高いのだ。

　実のところ、シンガーは企業と正義の関係について、重要な留保を付けている。第一に、正義に関する企業の努力は、経営上の決定を拘束することまでを必要としないという。競争的な市場では、そのような決定は企業の生き残りを難しくすることさえあるからだ（Singer 2019, pp. 251-253）。例えば、ある一つの企業が分配的正義を目指して賃上げをしても、他の企業が追随しないなら、その企業の経営が単に苦しくなるだけ、ということもありえる。そこで、事実上求めることができるのは、企業が正義の実現に貢献できる状況を整えるよう、政府や社会に働きかけることにとどまる。第二に、そもそも正義の実現のために何が求められるのかということ自体がはっきりしないから、その判断を企業の裁量にゆだねること自体が不適切だということも考えられるという。例えば、社会的な機会を平等にするために、企業は、様々な理由から社会的に不利な立場に置かれてきた人々の積極的な雇用を進めることができる。しかし、どの程度まで、どのような基準で、誰に対してそれを進めるべきなのか、という問いには、はっきりした答えがない。これを、私的な集団に過ぎない企業の選択にゆだねるべきではない、という意見もありえるだろう。企業が恣意的に政治的影響力を行使してしまうことになるからだ（Singer 2019, pp. 255-256）。これらの

21　シンガーの見解において、民主的な企業・職場の追求と効率性の実現とのバランスをいかにとるべきかに関する議論が欠けているという指摘は、アンドリュー・リスター（Andrew Lister）がすでに行っている（Lister 2019, p. 861）。もっとも、シンガーの議論は、現実に存在する企業の多様性等をあまり考慮していない（Halliday 2020, pp. 469-470）。そこで、具体的な応用問題に回答するものにはなっていないのかもしれない。

二点を勘案し、シンガーは次のように結論する。すなわち、正義に関する企業への道徳的要求は、適切な経営について考える際の考慮事項として機能するものであり、直ちに実行することを求めるものではないというのである（Singer 2019, pp. 258-259）。かかるシンガーの留保を考えると、先の⑥の主張は単なる理想に過ぎず、社会制度の一部として取り入れることまでは主張されていないと考えることもできる。

　では、正義の実現に向けてより大きな責任を負うべきは誰なのだろうか。それは政府ではないだろうか。政府は、立法府の議論と決定を経て権威を帯びるにいたった法を執行する機関であるが、言うまでもなく、正義の実現は法の最も重要な目的である。これは、企業の主たる目的が効率的生産であるのとは対照的だ。しかしシンガーは、正義の実現に関して政府にあまり期待していない。それには、シンガーの議論が、企業経営の倫理を問うビジネス倫理学の発展を目指しているという事情もある（Singer 2019, chap. 12）。また、実際の政府が正義の実現に十分成功していないのも事実だろう。だが、シンガーが論じるように、企業でさえ正義の実現に役立つように変えうる余地があるのなら、政府はなおさらそうである。そこで、政府がこの点で完全なものになりえず、企業をはじめとする多くの社会集団の助けを必要とするにしても、正義の実現を目指す上で主導的な役割を果たすことは十分想定できる。また、だからこそ、シンガーの考える企業の実践においても、正義の実現を政府に働きかけることが考えられているのだろう。

(3)　あるべき見返りを求める

　以上から、本章との関係において、シンガーの議論の実践的含意は次のようなものとなる。すなわち、職場で発生する「自分はいったい、どうなるのだろう」という根本的不安の緩和は、従業員の声により敏感な経営によってなされるべきだ、というものだ。人々は主体性を発揮したいわけだから、経営者はそれを抑圧せずに、人々と対等な立場でまずはその声に耳を傾けよう、ということである。拍子抜けするくらい単純な結論だが、その背景にあるロジックを人々が知ることには、十分な意味がある。すなわち、職場における主体性の犠牲は、ある程度までは生活の豊かさのために必要である、という観点を人々が持つことだ。これが実現できれば、職場のあり方と生活の豊かさの間に発生す

るトレード・オフについて適切な妥協点を探る、という機運が生まれる。職場でのストレスだらけの日々を、何も考えずに耐え忍ぶようなあり方は改められるはずだ。だが、より重要なのは次の点を人々が理解することである。すなわち、多くの人が豊かさを経験できない社会では、職場で主体性の犠牲が求められることについての道徳的根拠は疑わしいという点だ。つまり、見返りもないのに他人の言いなりになる立場に長時間置かれ、生活全体まで左右されるのだから、これは奴隷的扱いであり、道徳的にみて、大きな問題を生じているのである。このような事態には、早急な対処が必要であり、社会的正義と分配的正義に近づく努力が政府によってなされるべきだろう。当然、企業もできる限り協力すべきだ。それによってこそ、企業組織のヒエラルキーが道徳的に許容できるものになるからである。他方で、シンガーの議論に従って効率的生産を企業組織の主要目的かつ存在理由だと考えるのであれば、正義の実現を第一の責務にすることまで求められることはない[22]。

　まとめよう。ここまでみたように、シンガーの議論は、効率的生産と自由および平等の理念の間に妥協を成立させることに主眼がある。この観点を補うなら、「自分はいったい、どうなるのだろう」という職場において人々が抱く不安には、十分な意味があるのだ。それは、次の点を人々に気づかせることである。効率的生産の実現を第一の目標とする市場経済においてさえ、自由と平等という道徳的理念が機能する余地があり、道徳的にまともな企業はそのような余地を認め、従業員の声を尊重するという点だ。また、効率的生産活動のためにはヒエラルキーをなくせない以上、企業が道徳的であるかどうかを判断する際には、果たしてそれを受け入れるにふさわしい見返りが個々人にあるのかが問われる。この見返りを決める要素には、社会的機会（教育や就職に関する実質的な機会）と賃金に関する分配的正義があるが、その実現に対して第一の責任を負うのは政府とそれを支える市民である。詰まるところ、不安を緩和する

22　そのため、生産活動の意義を効率的な生産ではなく、何か別のものに定めるというなら、現状の経済体制とは別のものが必要になる。シンガーや近年の政治哲学の流れ（e.g. Guinan and O'Neill 2019）に沿っていえば、それは協同組合等を中心とする経済体制だろう。自由や平等の理念からはこちらの方が望ましいといえそうだが、豊かさという観点からは劣後するというのがシンガーの議論である（Singer 2019, chap. 8）。どちらを選ぶかは、かなり実践的問題であり、また、一国で決められる問題だとは思えない。ジョナサン・ウルフ（Jonathan Wolff）らが議論するように、政策的観点では現状の維持が有利である（ウルフ 2016）ことは間違いないから、まずは現状の改善を目指すというのが適切なのかもしれない。

のは、社会全体での努力をおいてほかにはないのだ。この点は、第4章で考えたことと通じる。つまり、職場を道徳的に正常化するためには、不安や悲嘆を抱く人々も含めて、公的な観点からの議論が必要になるのである。

　シンガーの議論から導かれる観点、すなわち、効率的生産を重んじながら、自由および平等の理念とそれが矛盾しないように努めるという考え方は、人々が職場を超えて、「自分はいったい、どうなるのだろう」という不安を市場全体に対して抱く際にも適用できる。企業における上下関係だけではなく、市場の動きもまた、人々の不安の種だ。不景気になれば自分の仕事はどのような状況に陥るか、仕事の機械化が進めば自分の仕事は残るのか等、不安は尽きない。このような不安は非常に不快なものだが、その源である市場経済を人々は受け入れている。そこで、この不安は何らかの理由から受入れ可能だと考えられており、また受入れ可能にする条件があるはずだ、と考えることはおかしくないだろう。このような観点を深めるために役立つ議論をフセインが提供しており、道徳的に受け入れ可能な市場のあり方を探る上で、野心的な試み（自由と市場とを、理性を介して調和させること）を行っている。

Ⅲ　「見えざる手」を受容する

1　市場と自由

（1）　市場が引き起こす自由の問題

　フセインの議論は著書、『見えざる手と共に生きる（Living with the Invisible Hand）』（Hussain 2023）[23] において展開された[24]。まさに書名が示すように、市場は人々の行動を背後から操る仕組みであるというのが、フセインの理解である。そして、そのような市場を道徳的に受入れ可能なものにするにはどうすればよいかを考えるのだ。以下、フセインの議論の概要をたどっていこう。

23　言うまでもなく、この書名はアダム・スミスによる「見えざる手」の譬えからきている（Hussain 2023, pp. 65–66）。

24　なお、著者のフセインは本書を完成させることなく、病によって逝去した。そのため本書はアーサー・リプスティン（Arthur Ripstein）とニコラス・ヴルサリス（Nicholas Vrousalis）によって編集されたものであり、フセインの思想を完全にオリジナルの形で知ることはできない（読んでみるとわかるが、議論にも錯綜や繰り返しが多い）。しかしここでは、本書に書かれたものを直ちにフセインの思想として扱うこととする。

上で述べたように、人々が操り人形になってしまうというなら、ここに自由の問題が発生していることは、容易に読み取れる。実際、市場の道徳的に適切なあり方を定める際、フセインが参照する根本的な価値は自由である。フセインは自由を次のようにとらえている。すなわち自由とは、人々が自らの判断において、自らの人生を生きることを意味している（Hussain 2023, pp. 29, 100）。やや簡便な概念だが、本章が問題にしている主体性の発揮と同義として考えよう。フセインの問題意識は、現在の市場経済が自由という価値と一致しない、というところにある。つまり、市場は人々が自らの判断に基づいて生きることを難しくしているというのだ（Hussain 2023, pp. 2-3）。裏を返せば、この問題を乗り越えることができれば、市場経済は道徳的に改善されるのだということになるだろう。これは、どういうことだろうか。

(2)　市場による人々の操作

　フセインの議論を理解するには、市場に関する彼の考え方を知る必要がある。市場は人々の考えや行動を効率性の実現へと導く装置だ、という考え方だ。社会的な制度としての市場の基礎にあるのは、権利や義務、そして何かをする力（権能）に関するいろいろなルールである。例えば、私有財産や売買に関するルール等がある。これらのルールによって、人々が市場でどのように考え行動すべきか、また、何ができるかということが、大方決まる。ある人が何かを購入すれば、購入したものを自由に扱ってよくなるが、その背景には私的な財産所有に関するルールがある。売り買いという行動も、売買のルールによって可能になる。このように、市場において各人が自身の利益を得るということも、ルールに依存している（Hussain 2023, pp. 13-14, 24-25, 57-58, 84）[25]。市場という場を作り上げるルールは、でたらめに機能しているわけではない。それは一定の目的を持つと、フセインは考える。すなわち、効率性の達成である。先のシンガーの議論でもみたが、おさらいしよう。効率性とは、次の事態を指す。社会的資源が無駄なく活用され、人々の状況が改善される。そして、ある人の状況の改善が、もはや他の人の犠牲なくしては得られない、という限界点にまでいた

25　ほかにも、「契約と雇用の権利［のルール］、ビジネス・コーポレーションを創設する力［のルール］、製造物責任のルール、知的財産権［のルール］、通貨発行と通貨供給操作に関する中央銀行の権能［のルール］、自分たちの社会の市場制度を他の社会の類似制度と結び付ける諸ルール」（Hussain 2023, p. 58）等が想定されている。

ることだ（Hussain 2023, p. 62）。市場はこの目的を、独特な仕方で達成する。それは、経済活動の選択肢を増減させる、という仕方だ。市場のルールの下で、人々は自らの利得を目指して、生産や消費を行う。その際、人々の考えや行動は、互いに調整される。ある財やサービスを生産しても買い手がいないなら、それらを生産するという選択肢は閉じられる。逆に、その財やサービスを消費したい人が多ければ、選択肢は開かれる。どのような選択肢が開かれているのかは、財やサービスの価格や賃金によって知らされる。価格や賃金が高ければ需要があるから、人々は財やサービスを提供して利益を得ようとする。低ければ、この逆になる。例えば、ある人がおしゃれなカフェを開こうとしたとしよう。もし、この人の住む地域にそのようなカフェがほとんどなければ、需要があるから、この人にとってカフェを開くというのは、儲けが期待できる魅力的な選択肢になる。他方で、ある人がコンサルティングの業界で働きたいと思っても、すでに人材の供給が多くあるのなら、賃金が魅力的ではなく、結局、別の仕事を選ぶかもしれない。おそらく、コンサルティングは仕事の選択肢に入らないだろう。このような選択肢は、市場の参加者の予想を超えて常に変化し続けるから、人々は特定の選択肢がもたらされることを期待することはできないし、これからもたらされる選択肢を評価することもできない。だが、人々の思惑を超えた所で、市場は常に、効率性を達成するよう働いているのだ。すなわち、人々に開かれる選択肢は、需要と供給に従った価格や賃金の決定によって、社会的な資源が有効に活用されるようになっているのである。上の例でいえば、必要なカフェは作られるが、社会的に無駄なコンサルタントは発生しないのだ。このように、市場は人々の考えや行動を、効率性の実現に向けて導く装置なのである（Hussain 2023, pp. 59-60, 67-72）。

　ここで重要なことは、市場が人々の思考や行動を操作している事態に気づくことである。市場には中心となる司令塔がない。つまり、誰かが望ましい需要と供給を決めて、それに向けて人々を導いているわけではない。人々は、互いの行動に反応し合った結果として、意図せずに価格と賃金の選択肢を生み出していく。上の例において、カフェが少ないのも、コンサルタントが必要以上に多いのも、誰かが意図的にそういう状況をある時点で作ったのではなく、それまでの人々の思考と行動が組み合わさった結果として、勝手に出てきたものに

過ぎない。だがその一方で、市場は人々がいかに考え行動すべきかを、効率性の実現に向けて、あらかじめルールによって定めている。この意味で市場は、司令塔がなくとも、人々を操作する力を持つにいたっているのである（Hussain 2023, pp. 60, 72-76）。

　市場が自由と相容れない理由は、まさにこの点にある。すなわち、外側から作用する市場の力によって、自らの思考も行動も導かれてしまっているのだ。これでは、人々が自らの判断に基づいて自らの人生を生きること（つまり、自由）は純粋に成立しない。例えば、ある人が自らの考えに基づいて、市場の需要と供給が決める価格と賃金の選択肢に反応することをやめることができるかといえば、それは不可能である。そんなことをすれば、まともに人生を成り立たせることができないからだ。先の例でいえば、需要がないことを無視して、無理やり個人営業のコンサルタントになることはできるが、やがて食べていけなくなるだろう。このように、市場経済では、効率性をもたらすことが何より重要になるから、人々が個人として、純粋に自らの信念からくる判断に従って生きることは、そもそも、できないのである（Hussain 2023, pp. 71-72, 75-76, 94-99）。

　この状況が自由という価値との関係で問題になるのは、より詳しくは次の点においてだ。まず、もし市場の力を受け入れてしまうなら、人は自らを自由な人間として尊重することができていない。さらに、市場が作り出す社会状況を許すというなら、他の人々が自由な人生を生きられないことを認めることになる。社会において、人々は互いに自由な人格（本章に合わせてより具体的に言い直せば、自らの理念、理想、判断によって人生を生きる人格）として尊重し合うべきだというのは、道徳的には魅力的で重要な理念だ（そしてここには、互いを平等に尊重し合うという考えが顔を出していることにも注意しよう）。だが、この理念は、市場経済を良しとする社会では、そもそも実現できない（Hussain 2023, pp. 89-90, 98-99）[26]。

（3）　市場を受け入れる条件

　しかし、自由の問題はあるにしても、効率性を実現する市場という制度を捨てることにはならない。理由は以下のとおりである。人々は、そもそも市場が

---

26 ｜　フセインも言うように、これはカント主義的な自由の理念である（Hussain 2023, p. 89）。

どのように機能しているかに関して、情報を持っているわけではない。すなわち、市場において自らが経済活動を行う際、どのような個別具体的な経路を通じて、どのような財やサービスの価格が市場全体に分布しているかに関する詳細を、人々が知ることはない[27]。そのため、市場が効率性を達成する具体的なプロセスは、個々人の理解や判断を超えてしまっているのであり、市場を無視して人々が集ったところで、市場のように首尾良く価格や賃金を決めることはできない。この場合には、人々の能力の不十分さを補うために、あえて市場のメカニズムが人々の思考と行動を操作することを許した方がよいと、フセインは考える。人々が自ら納得し受け入れる理由を持つ結果（つまり、合理的利益）がもたらされる可能性は、こちらの方が高いからである（Hussain 2023, pp. 4, 103-104, 115, 135）。そこで、市場を道徳的に改善する上での課題は、自由の尊重という理念から大きく外れることなく、市場を受け入れるにはどうすればよいかを考えることに帰着する。

　自由の尊重という理念からの逸脱を防いで市場を機能させるためには、人々が自らの判断によって市場を受け入れることを可能にするような根拠が強化されればよい。これを実現するための条件を、フセインは三点あげる。第一に、「理由提供への用意（reason sensitivity）」（Hussain 2023, p. 10）である。これは、効率性がもたらす個々人の利益のみならず、分配的正義や環境保全といった道徳的観点からみてもその市場が適切に機能していると、個々人が判断できる諸理由が存在することを意味する。第二に、「透明性（transparency）」（Hussain 2023, p. 10）の確保である。人々は実際に、市場が機能した結果として、どのような消費や生産のあり方がもたらされることになるのか、また、それがどのように（効率性やそれ以外の基準に照らして）正当化できるのか、大まかに知りえなければならない。第三に、「信頼性（trustworthiness）」（Hussain 2023, p. 10）の獲得である。人々は、想定されている役割を果たすことについて、透明性に基づき市場を信頼できねばならない。透明性が不十分にしか確保できない場合は、

27　これは今日ではお馴染みの、ハイエクによる議論である（Hussain 2023, p. 115）。フセインは、市場の内部を詳細には知りえないという事実から、市場に身をゆだねるべきだと考えるハイエクの議論を、権威主義的であるとして批判している（Hussain 2023, p. 119, n. 3）。市場が機能する際のプロセスを完全に知りえないにしても、それが結果としてもたらす状況について、何らかの大まかな知識を得ることはできると考えるからである。

それが正当化可能であることを求めるのも、信頼性の一部である[28]。極めて高いハードルだが、理由提供への用意、透明性、信頼性という三つの特長を市場が備えることができれば、自由の尊重という理念との亀裂は小さくなる。市場という制度の存続を良しとする自らの判断を、あらゆる観点から人々が行う余地が大きくなるからである（Hussain 2023, pp. 104-109, 120, 192）。

（4）　共同決定にならう

　だが、実際の市場はこのような状況にはない。まず、市場のあり方を決める価値は、極端に効率性に偏っていて、人々が他の観点も加えた上で包括的に市場のあり方に納得できるのかというと、非常に疑わしい。特に、社会的な道徳への配慮だ。どのような財やサービスを、どのように売るかという決定は、社会の道徳に対して大きく影響する。場合によっては、人権や社会的少数者への配慮といった観点から、問題の多い結果が生じることもあるだろう。かつて一般的だった、社会的弱者や少数者を嘲笑の対象にするようなテレビ番組を想像すればよい。当時は需要があったのだから、それは高く売れるサービスだったのだろう。この意味に限れば、社会的資源は効率的に使われたのかもしれない。しかし、明らかに、このようなサービスは存在すべきではなかった。価格システムそれ自体は道徳とは無縁だから、効率性の観点だけから市場のあり方を評価すると、知らないうちに過ちを犯してしまうのである。また、透明性も確保されてはいない。市場において、人々は様々な経済活動の選択肢に直面するにとどまり、価格システムを通じて、どのような生産と消費の活動に導かれていくことになるのか、そもそも、大まかにさえうかがい知ることはできない。生産と消費の活動に大きく影響する要素、例えば企業の意思決定の詳細について知る機会もほとんどない現状では、これは避けようがない。このような市場の機能の不透明性に関する事情があるので、人々は、自らの置かれた状況から、市場のあり方に納得し支持すべき理由を持ちようがない。さらに踏み込んでいえば、包括的に納得できる理由も十分に成立せず、透明性がほとんどないわけ

28　詳しくは次のとおりだ。信頼性は、透明性が不十分にしか確保されない場合でも、人々が市場を受け入れる理由を持つために重要な役割を果たすと、フセインは言う。すなわち、人々が市場を信頼するためには、透明性の不十分さがやむをえない範囲にとどまっていること、どのようなときに透明性が失われるのかが明示されていること、また透明性が確保されなかった期間の状況について、事後的に正当化できるようになっていることが必要であるとされる（Hussain 2023, pp. 108-109）。

だから、市場を信頼することなどは無理なのである（Hussain 2023, pp. 116-124, 146-149）。

　この問題を解決するために、フセインは、ドイツの共同決定（co-determination）に近い制度の導入を提唱している。目的は、市場が機能する過程の中核、すなわち企業の経営に、資本提供者や経営者だけではなく、従業員の判断が取り込まれる機会を設けることによって、市場を支持する包括的な理由を補強することである[29]。説明しよう。フセインは、ドイツの共同決定の制度に関して、次の点を高く評価して取り上げている。第一に、企業に置かれている監査役会の役割である。監査役会のメンバーは、株主に加え、その半数が従業員の代表によって占められるようになっている機関で、経営のあり方の決定や取締役の選任等について、強い権限を持つ。従業員の理念や意見が、企業の経営に反映されることを意図した制度である。第二に、監査役会には、産業別の企業横断的な労働組合から選ばれたメンバーもおり、企業間の競争や各企業での労働条件について、産業レベルでの広い視野に立って、各企業の従業員が適切な環境に置かれるよう、配慮することが意図されている。フセインは、このようなあり方に類似した制度を採用することを提案する。かかる制度は、従業員の代表者が経営上の力を持つことはもちろんだが、代表者を選び支えることや組合活動において、個々の従業員が経済や経営を深く適切に理解し、この理解と道徳的関心に基づいて自らの判断を示すことを可能にするようなものになることが望ましい。また、個々の従業員とその代表者との間に、意見表明とフィードバックのルートが確保されていることが必要だろう[30]。このような制度があれば、市場は現状に比べて、効率性以外においても支持されるべき理由を持ち、透明性も高まると期待できるからである。理由に関しては、例えば分配的正義が考えられる。共同決定に類似した制度の下では、従業員の給与や役員の報酬のあり方を決める際に、人々の判断が重要な役割を果たす。そこで、不当に安い給

29　シンガーが論じるように、市場は価格で動くが、企業はそうではないから、両者は質的に異なる。だが、企業なくして市場での取引は発生しないし、企業の組織のされ方は市場がもたらす財やサービスの質や量に関する結果に大きく影響する。両者は、機能の面で分断されてはいないのだ。フセインは、このような機能の連続性に着目し、企業の機能を道徳的にすることを通じて、市場の機能の適正化を図ろうとしているのである。

30　Hussain 2023 が絶筆となったため、共同決定を参照した制度の全体像をフセイン自身は示していないので、ここでは、全体の議論の趣旨から筆者がやや補足している。前掲注 24 も参照。

与や過大な報酬は是正できる。加えて、競争に関する経済的ルール等についても、人々が産業レベルで監督することが可能になるから、これも分配的正義を実現する上で有利である。こうなれば、人々はより包括的な観点から、市場を支持するという自らの判断を下しうる。また、共同決定に類似した制度の下では、人々は、経済活動や市場の現状とそれがもたらす結果について、よりよく知ることができる立場に置かれる。これは、透明性を増大させ、市場をより信頼できるものに変える効果を持つ（Hussain 2023, pp. 193-200; see also 陳 2011; ヴァース 2013; 正井 2023, 特に第 26 章、第 30 章; 山崎 2009; 大橋 2020a; 大橋 2020b）[31]。

（5）　なぜ市場経由なのか

　想定される反論に対するフセインの応答もみておこう。フセインの目的は、市場は適切に機能していると人々が判断するに値する理由があり、かつそれを市場の動きに即して実際に認識できる状況を作ることにある。だがそれなら、市場を経由することなく、法や政治、ジャーナリズムや民間団体等を通じて、そのような理由が作られ知らされれば、それで十分ではないかという反論は、容易に思いつく。市場を効率性実現の装置としてのみ機能させる一方で、適切な規制や監視が働けばよいではないか、というわけだ。フセインは、この議論を三つの理由から否定する。第一に、分配的正義や環境保全といった価値を、政府が実現できるかは疑わしいからである。政府は、市場が今現在どのように動いているか、どのようなイノベーションが将来起きるか、各企業の意思決定はどうなっているか等を知りえない。だから、その動きはいつでも遅く、市場の動きに即応して分配的正義等を実現することは難しい。さらにいえば、政策的課題として取り上げられる社会的テーマは多いから、市場の問題は見逃されうるし、抵抗する受益者によって政府の動きが封じられることもある。第二に、透明性の確保が難しい。そもそも、参加者も取引も莫大な市場の監視は難しいが、特定の人しか知りえない企業の内部的決定等も含めると、外部から市場に関する透明性を確保することには限界がある。政府もジャーナリズムも民間の監視団体も、ここには入り込めないからだ。すると、市場の活動が社会にもたらす結果は、人々の極めて知り難いものとなってしまうのだ。この上で、第三

31　ドイツの共同決定の制度の詳細やドイツ国内における賛否等に関しては、参照注の諸文献を見られたい。

に、透明性を促進する必要があるからである。人々の自由を尊重する立場から
みて、上記のような状態はまったく望ましくない。だから、市場の内部の動き
と機能を、人々が、たとえ不完全であっても、よりよく知ることができるよう
にすべきなのだ。そうすれば市場の動きがもたらす結果を、ある程度は、読め
るようになるからだ。それには、企業の内部事情や意思決定を知る立場に人々
を置くことが、重要な方策になるのである。これらの理由から、フセインは、
市場そのものを経由して透明性が確保され、受け入れる包括的理由が発生する
ことが望ましいと考える（Hussain 2023, pp. 124-130, 192-193, 200）。

2 政府の役割に対する評価

(1) 理性の拠点としての企業

　以上がフセインの議論の大枠である。フセインの議論の核心は、人々が道徳
的観点からみても支持しうる理由を市場が持つようにすることにある。その方
法は、市場が機能する上で要となる企業の意思決定に人々を参加させることで
ある。これによって、企業の経営に人々の判断が反映され、またその過程にお
いて市場に対する深い理解を人々が得られるなら、人々は市場経済を受け入れ
る理由を十分自覚的に持つようになる、ということだ。効率的生産活動の重要
性を認め、価格メカニズムによって人々の人生が決められてしまうことを、以
上の条件付きで受け入れることは、フセインがシンガーと同じく、財とサービ
スの生産基盤として合理的な利益をもたらしてくれる市場を重視していること
を示している。他方、市場が自由の平等な尊重と相容れない側面を持つことは
避けられない事実だから、限定的解決策として共同決定のようなものが必要に
なるのだ。この点で、市場が中心となる社会構成を想定して議論がなされてい
るといえるだろう。

　市場を重視するフセインとシンガーの類似点は、次の点にも及ぶ。すなわち、
政府の果たせる機能には大きな限界があるから、それを企業が補うべきだ、と
いう指摘だ。シンガーの見解では、特に社会的正義と分配的正義の点で、政府
は不十分にしか動かない。フセインもまた、情報不足と政治的能力の欠如を原
因として、政府は市場を制御する力を発揮できないと考える（それは、民間団
体やジャーナリズムについてもほぼ同様である）。だからこそ、政府ではなく、市

場を動かす企業の内部にこそ、個々人が市場を通じて豊かさを得ることと、自由や平等の理念が尊重されることが同時に可能になるための基盤を作らなければならないわけだ。シンガーの観点を活かせば、それは従業員の声に敏感であることだが、フセインはさらに制度的に堅固なものを求め、共同決定を一つの理想として考える。共同決定に類似した制度を組み込むことで、政府に大きな期待ができないとしても、市場自体が（少なくとも、これまでよりは）人々の信頼に値するものへと変化してくれるからである。

　これらに加えて、フセイン独自の決定的な洞察がある。それは、市場を信頼するための基礎を、市民が理性を市場の内部で発揮することに置く点だ。説明しよう。先にみたように、フセインの議論の核心になるものは、市場を受け入れる道徳的理由（reasons）を人々が持ちうる状態を作ることだ。もちろん、そのような理由を生み出すのは、理性（reason）である。ここで理性とは、個々人の立場（例えば、ある企業の従業員であるとか、ある宗教の信者であるとか、そのような立場）を超えて、対等な社会構成員つまり市民が尊重する道徳に基づいて、物事を理解し、判断する能力を意味する。フセインの構想では、人々は市場を通じて理性を発揮する。第一は、企業の内部においてである。企業の共同的決定に関わることで、間接的にだが、分配的正義等に気を配った決定を行う。人々の富の分配に極端な偏りがなく、皆が平等に、ある程度自由な人生を享受できる機会を持てるようにするという意味での分配的正義は、市民が尊重する道徳であろう。ここから企業の経営に参与するというなら、それは理性の発揮である。第二に、このような理性の発揮を可能にすることによって、人々の判断が市場の動きそのものに入り込むことになる。例えば、環境に配慮した企業の決定が一般化した市場は、環境保全の観点からも道理のある働きをするようになる。こうして市場は、人々を背後から操る理解や制御ができない装置から、その機能が明らかで、理にかなった利益を生み出す装置に変わる。これを是認する、という主体的判断が行われるべき存在になるのだ。そして人々は、このような市場を、自由という市民の道徳の観点から受入れ可能であると判断する。これも、理性の発揮である。さて理性の発揮には、以上のような二つの段階があるが、中心になるのは第一の段階だ。すなわち、人々が経営参加を通じて、市場の動きに道徳を加味する段階である。これによって、第二の段階が

可能になっている。だから、なぜ市場を信頼できるのかと問われれば、それは、市場とその機能の要である企業とが、人々が理性を発揮する場になるからだ、という答えになるのだ。企業が金銭的な利益を創出する源泉であるとともに、理性を発揮する拠点になるという構想が提示されていることが、フセインの議論の核心だろう。それと同時に、政治と政府がそのような拠点として機能する可能性は、低く見積もられることになる。これは、先に確認したとおりだ。

(2) 政府の再評価

　フセインの議論を検討しよう。フセインの議論には、二つの問題を指摘することができる。第一の問題は、共同決定に似た制度と効率性との両立に関するものである。シンガーの議論でみたように、ヒエラルキーを基礎とする企業は、効率的生産を目的とする社会的制度の一部だから、効率的生産に資することがそもそもの存在理由である。このことはまた、次のことを意味する。すなわち、市場はこのような企業を中心として組織されるが、そうであってこそ、市場は効率的生産の場所でありえるということだ。これに加えて、市場にはもう一つ、効率的生産のための仕組みとして、価格メカニズムが備わっている。両者をまとめると、ヒエラルキーを基礎とする企業と価格メカニズムとが車の両輪のように作用し、効率的生産が可能になっているわけだ。市場の生み出す利益にはこのような基礎があり、これを欠くことはできないわけである。フセインは市場のもたらす利益を重視するため、この基礎を軽視することはできない。そこで、フセインが提唱する共同決定に似た制度を中心とする企業の再編成（企業を理性発揮の拠点にすること）を行う際には、企業の効率的生産と大きく相反しないかを考える必要がある。これについては、フセインの考える共同決定に似た制度が企業に行き渡った社会とそうでない社会とを実際に比較して検討しなくてはならないが、それを行うことは難しい。そもそも、効率的生産やその他の観点からみたドイツの共同決定に関しては賛否両論あるので[32]、ここで軽々に答えは出せないが、仮に共同決定に類似の制度がマイナスに作用するとする

---

[32] 　ドイツの共同決定については、効率性その他の特性に関して賛否両論ある上、共同決定をドイツとは異なった歴史・文化・経済・政治等の文脈で導入した場合、どのようなことが起きるのかということになると、さらに予見し難い（正井 2023; 陳 2011; 山崎 2009; Hayden and Bodie 2021; FitzRoy and Kraft 2005; Dammann and Eidenmüller 2021）。フセインのように実践を強く意図するなら、慎重な検討が必要である。もちろん、より理想的な世界を想定し、直ちに実践を意図しない法・政治哲学では、この限りではない（cf. Osawa 2022）。

なら、フセインの議論をこの点から批判し、検証することが必要になるだろう。その意味で、フセインは安易に共同決定に関する議論を持ち出しているように思われる。つまり、この点においてフセインの議論はやや根拠が薄いといえる[33]。

　第二に、より根本的な矛盾も問題として浮かぶ。まず、企業を理性発揮の拠点にするというフセインの構想が実現するためには、少なくとも二つの条件が整わなくてはならないことを指摘しておきたい。一つ目には、人々が市民としての観点を、企業経営の決定に関与する場面において発揮できる状況にあることだ。人々が個別の企業の利益や個人的な利益を超えて、正義や自由、平等といった観点から、企業経営の決定に関与できるだけの意欲と能力を持ちうる、ということである。もう一つは、それが可能な社会状況である。つまり、市民の道徳による従業員の経営判断を尊重する資本提供者、経営者、社会が存在することだ。資本提供者（ここでは、外国の資本提供者を無視する）や経営者等も市民であるから、これらの人々も市民が大切にする道徳は重んじるはずだ。そして、実にこのような状況でこそ、第一の条件は可能になるし、意味を持つ。どちらの条件も満たされなければ、企業を理性発揮のための拠点にする、などという構想を実現することは難しい。

　この条件を通じてフセインの構想を検討すると、問題点が浮かび上がる。フセインは市場が効率的生産を目指す一方で、政府が市場の欠点を補い、分配的

---

[33]　フセイン自身は、ドイツの共同決定が、効率性やそれによる生産性等の価値ではない価値（従業員の人格の尊重）を実現する点を高く評価して、それを市場に持ち込むことを意図している（Hussain 2023, p. 196, n. 37）。
　　　だが、市場をこの点でより道徳的にする上で、共同決定に類似の制度で事が足りるのか、疑問は残る。第4章で扱ったイザベル・フェレラス（Isabelle Ferreras）は、ドイツで実際に行われている共同決定が、従業員の声の反映という点で有名無実化したことを批判している（Ferreras 2017, pp. 48-53）。フェレラスの考えでは、従業員の判断を経営に取り込むには、共同決定よりずっと踏み込んだ根本的な制度変革が必要になるのである（第4章を参照）。そしてフセイン自身も、ドイツの共同決定において資本提供者が最終的な力を持っていることを認めている（Hussain 2023, p. 195）。この意味でも、フセインの立場と議論は徹底せず、根拠が薄い。
　　　なおフセインは、ドイツの共同決定について、市場をより道徳的にする要素を考える上での一つの参考という扱いをしているのも事実だから（Hussain 2023, p. 194）、筆者はやや不公平な批判をしていると思われるかもしれない。しかし、ドイツの共同決定を参考にした議論を無視すると、フセインの考えるより良い経済体制の実像がまったく不明になる。Hussain 2023 の成立の仕方を考えると、おそらくもう少し展開されるべき議論があったものと思われ、フセインの早世が非常に惜しまれる。

正義等の道徳を実現するという、役割分担の考え方を否定している。その理由は、政治的能力の欠如と情報不足によって、政府が市場を規制し、その市場のもたらす結果を操作することに失敗するからである。そのため、企業を理性発揮の拠点にしなくてはならないのだ。だが、フセインの構想を実現するには、従業員が理性を発揮し、さらにそれを、同様に理性を発揮できる資本提供者や経営者等が受け入れることが必要となる。ここに矛盾が発生する。もし、ある社会の市民が誰であれ十分に理性的であるとするなら、確たる道徳的判断を下すために、様々な事実や情報を集め、自らの社会に対する認識をできる限り正確にしようとするだろう。また、そのような人々は、現状に比し、市場の機能の実態やその結果、さらには、そこから生じる分配的正義や環境の問題等に関して、無関心ではいられないだろう。十分に理性的だからだ。そして、そのような人々が作る政府とその行政機構は、市場を道徳的にすることに関して、極めて意欲的であると想定できる。このような政府は、市場の道徳的是正に関して、無能力ではないだろう。情報の問題も、かなり改善されうる。資本提供者も、経営者も市民としての道徳を持っていると想定するなら、現在のように情報公開に不熱心であるとか、従業員の意見に耳を貸さないとか、そういったことはそもそもないはずだからだ。分配的正義等の観点から必要な活動を邪魔することもないだろう。こうした状況下では、政府は、各関係者から情報を集め、関係者間での利害を調整することもできる。実に、政府には十分機能する余地が生まれているのである（もちろん、市場の動きを予見することの難しさや、やむをえず秘匿される経営上の情報は残るだろうが、それはフセインの構想でも同じである）。フセインの構想は、政府を信用しない。だが、上述したように、フセイン自身の構想を実現するのに必要な社会環境は、同時に、政府をより頼りがいがあり、期待できるものに変えるのだ。だから、市場をより道徳的にまともな場所にすることに関し、政府に期待できないから企業にその主要な役割を担わせるというフセインの議論は、筋が通っているとは思えない。そもそも効率的生産の問題との関係において、フセインの構想の根拠は薄いことまで含めて考えると、それを積極的に採用する強い理由はないのではないだろうか。

　もちろん、資本提供者や経営者等が市民の道徳に配慮し、また、企業がより道徳的なものになることは良いことだし、それを否定する必要はない（むしろ、

積極的に促進すべきだろう）。だから、市場を重視したいのなら、シンガーの議論から導かれたように、企業が道徳により敏感になることを求めるのが穏当な落とし所になる。この結論を採用するなら、市場に大きな役割を認めかつそれを律する政府の役割が極めて重要になる。政府もその背後にいる市民も、常に理性を発揮できるとは限らない。しかし、政府は憲法やそれに基づく法律によって、市民の尊重する道徳をある程度実施するように作られている。例えば、賃金や労働条件に関する法律や生活保護制度は、いかに不十分にしか機能していないとしても、分配的正義をある程度は実現する。政府が企業と違って、効率的生産を目的としていないことは特に重要だ。政府の存在理由は、まさに基礎的権利の保全をはじめとする正義の実現にあるわけだから、政府に正義の実現を求めるのは、企業にそれを求めることよりも適切であり、効果も期待できるのである。同時に、この点で有能かつ適切な政府があれば、企業は効率的生産活動に注力できるだろう[34][35]。

　また、市場を支持すべき理由を市民が得ることについても、フセインの構想に比して、政府を中心に考えるアプローチにはメリットがある。フセインによれば、人々は市場を道徳的観点からも受け入れる理由を持ち（「理由提供への用意」）、そのために市場の機能や動きとその結果について情報提供を受け、かつ、それを理解し（「透明性」）、透明性からの逸脱がある場合には、やむをえずそうなった事情を知らされなければならない（「信頼性」）のであった。フセインは、企業経営に従業員が参加することを通じてこれを実現しようと提案するが、そのデメリットも考えるべきだ。従業員も企業組織の一員である以上、経営に参加して市場を理解するときには、どうしても関心と視野が限定されたりバイアスがかかったりして、その企業を中心に据えた理解が生じるかもしれない。そうなれば、市場を何らかの偏見や先入観の下でみることもあるだろう（これ

---

[34]　紙幅の関係で詳しくは論じないが、これは、ロールズの「後ろ盾となる正義（background justice）」（ロールズ 2022、315 頁）の議論と同様である（ロールズ 2022、第 7 講義）。つまり、正義原理とそれに基づく憲法および諸制度が正義を実現していれば、企業をはじめとする私的集団や個々人は、正義の追求を目的にせず、各々自由にそれにふさわしい目的を追求してよいのである。

[35]　ところが、政府が市場に協調し過ぎ、効率的生産のバックアップが政府の最大かつ主要な任務であるかのようになってしまえば、政府の存在意義が根本から揺らぎ、さらには、正義の実現がない中で活動する企業の道徳的な立場も、同時に危うくなる。しかし先に論じたとおり、これは企業が政府に取って代わるべきことを直ちに意味しない。

は、産業レベルでも起きうる事態である。自分の産業を中心にものを見るようになるからだ）。ここで、サービス産業の企業従業員（Aさん）と先端的情報産業の企業従業員（Bさん）を考えてみよう。両者とも、分配的正義の観点から、今ある市場を受入れ可能だと考えていることとする。ここで、市場と分配的正義との関係に関する両者の理解が違っていたらどうだろう。Bさんは、激しい競争と人材流動化で市場は成長し良質な就業機会が増えるという感覚を、自分の企業と産業を通じて持っている。そして、分配的正義が実現しているのは、まさにそのような競争が市場に広がりつつあるからなのだ、と考えている。他方でAさんは、自分の企業と産業を通じて、激しい競争は人材を疲弊させ産業を衰退させるという感覚を持っている。また、Aさんは、市場が分配的正義を実現しているのは、競争が適切に抑制されているからなのだ、と考えている。AさんもBさんも、市場を受け入れる主要な理由の一部に、分配的正義への考慮を組み込んでいるが、理由の実質はかなり異なる。もし、分配的正義が実現している本当の理由が競争の抑制にあったとしたら、Bさんの抱いている理由は適切とはいえない。そして、適切さにおいて劣っている理由から市場を受け入れた人は、おそらくフセインの理想にかなった状態にはない。勘違いがあるからだ（もちろん、状況が違えば、同様の問題はAさんにも起きうる）。両者が自らの企業と産業を通じて異なる観点から市場を理解し、何らかの偏見や先入観を持つから、こうなってしまうのだ。この点で、政府は、より幅広くかつ公平な観点から適切な道徳的理由にいたるための情報を提供することが、（理想的に機能すれば、）可能である。

(3) 不安から公的関心へ

　以上から、フセインの議論には問題があることがわかるので、一部を修正して受け入れよう。つまり、企業を理性発揮の拠点とする構想だけは採用せず、政府を中心として効率性以外の価値を追求し、かつ透明性と信頼性を向上させるということだ。その上で、「自分はいったい、どうなるのだろう」という根本的不安に向き合ってみよう。景気の変動や技術革新等による市場の波に抗えず、翻弄される中で、人々が抱く不安である。

　フセインの理解によると、市場は人々の背後にあり、司令塔を持たずに様々な選択肢を通じて人々を操り、効率的生産活動へと誘導する。そして、これは

人々が主体性を発揮して人生を生きることを難しくするから、自由という理念と相容れない。人々が抱く上記の不安は、ここに発生源がある。「自分はいったい、どうなるのだろう」という不安が積もれば、人生を自由に生きられないことへの不満や怒りにもつながるだろう。この不安の背景には、誰もが等しく自由な人生を生きるべきであるのにそれを許さない市場という制度への不満がある。

フセインの議論（ただし、修正したもの）に基づけば、この不安と不満は道徳的に十分な根拠があるが、やや一面的であり、より積極的な社会的関心に振り向けるべきだと結論できる。人々が主体性を発揮することができるという意味での自由が平等に保障されることは、社会制度の道徳的是非を判断するための要であるから、人々の不安と不満には十分な根拠がある。しかし一面的であるのは、市場の利益に関する判断と総合して、人々の最終的な判断が下されないことである。特定の条件下では、市場による人々の操作を許した方が、自由の平等な尊重を考えても、より満足のいく結果になる可能性がある。その条件とは、適切に機能する政府とそれを支える市民によって、分配的正義等の市民にとって重要な道徳が実現され、企業が効率的生産を第一に活動しても道徳的問題が起きない状況が、あらかじめ作られていることだ。それには、市場に関する情報の提供も含まれる。政府によって「見えざる手」の存在と問題が可視化され、その働きに制約が設けられるのである。その上で、企業が効率的生産を目指して活動するならば、市場の具体的な動きや機能は道徳的観点からも受入れ可能であると、人々が判断する理由が発生する。この判断に従って人々が市場を是認するなら、市場の内部で自由が十分に実現できなくても、そのこと自体が主体性の発揮、つまり自らの判断の結果なのだから、このレベルでは自由が保障されるし、不安は大きく緩和される。この判断の背景にあるのは政府だから、市場に対する人々の根本的な不安の問題に取り組むには、適切な政府を作る市民が大きな役割を果たすことがわかる。人々は、根本的な不安に飲み込まれるより、それに対処するための公的な関心を持ち、行動した方がよいということである。これは共同決定のような制度の否定を意図するものではない。企業の経営においても、従業員のより大きな関与と監督が、社会の豊かさをはじめとする他の道徳的価値と大きな矛盾なく可能であるのであれば、そのよう

にすべきだ[36]。要は、市場経済を是認するなら、政府の役割を過小評価したり、その任務を過剰に減らしたりすべきではない、ということだ[37]。

この結論は市場に対して譲歩するものであるから、保守的にさえ聞こえうるが、そうではない。フセインのように（シンガーもだが）、市場の利益を重視する立場では、ある程度の譲歩は避けられない。しかし、いわゆる市場原理主義のように、市場がもたらす結果が道徳そのものであるかのような主張とはなっていないことには注意が必要だ。市場を評価する道徳規準は市場の内部ではなく、その外側、つまり自由や平等といった市民が重視する道徳的価値の側にこそある。その中にはすべての市民が享受する豊かさも含まれており、この価値をもたらすからこそ、市場が条件付きで支持されるのである。そして、これらの価値を実現する上で一次的な義務を負うべきは政府であるが、企業も、それに協力するという二次的な義務を負う。二次的であれ、義務は義務だから、それに反すれば、強い非難の対象になる。この意味で、市場に対する譲歩はかなり限定的であり、現状を肯定することとはまったく異なることがわかる。

Ⅳ　支配欲と向き合う

1　支配欲という問題

シンガーとフセインの議論を検討したが、どちらの議論においても、まともな政府とそれを作る市民の重要性が導かれた。すなわち、企業や市場が人々に不安をもたらすことや、その反転として人々が抱くであろう自由と平等の理念を尊重するには、分配的正義等を実現する政府が必要であり、人々は市民としてそのような政府を作らねばならないのである。これは、第4章で指摘したこ

36　筆者は、共同決定に関するフセインの議論は、詳細と根拠が十分には明らかではないと思うが、道徳的理想としての共同決定を否定しているわけではない。むしろ、共同決定の理念それ自体は、効率性への暴走を抑制する観点からみて望ましいであろう。

37　市場を抑制するのは政府の役割であるべきだという考えは、常識的に聞こえるかもしれない。しかし、この考えの根拠や実現方法は必ずしも明確ではない。本章が行ってきたことは結果的に、企業道徳論の検討を通じてそれらを明らかにすることだから、常識の追認ではない。また、近年の市場賛美の風潮の中で、政府の役割が脇に追いやられていたことも思い出そう。市場経済が道徳的観点からまともな政府を必要とすることを確認するのには、それなりに意味がある。

ととも通じる。つまり、仕事や職場等への不満に対処するには、私的な不満を公的な関心に展開させる必要があるという指摘だ。市場や企業が暴走しないよう規制することは政府の仕事である、という理解はそれほどおかしなものではないだろう。そして、民主主義社会において、そのような政府を作ることは市民の責任なのである。より詳しくいえば、政府を介してではあるが、市民として人々は、市場、企業、そして互いの仕事のあり方に責任を負うのである。つまり、誰もが適切な仕事に就くことができるよう努力する政府を形成するために、個々人が市民としてできることをしなくてはならないのだ[38]。仕事をまともにするのは、不安のない社会を作るという公的なプロジェクトなのである。

だが、これではまだ検討が不十分である。説明しよう。本章ではここまで、もっぱら効率的生産の必要に基づいて、企業のヒエラルキーや市場の機能が道徳的にも重要であることを想定し、その適切なあり方を考えてきた。しかし、これでは十分に考察できない点が存在する。それは、支配欲の問題である。市場の動きと企業の秩序の裏側には、力を持つ人々の存在がある。これらの人々は、社会的地位に付随する力や個人的な資産を通じて、他の人々に命令を下したり経済活動を左右したりすることができる。力を持つ人々をこのような行動に導くのは、経済的利益を目指すという動機だけではない。他人に対して力を行使することや経済を意のままに動かすこと自体への享楽的欲望、つまり支配欲を動機としても行われうるのだ（Reiff 2015, chap. 5; cf. Gourevitch 2015, p. 162）。そして当然ながら、支配の対象になる人々にとって、自らの人生の舵を奪われることは脅威であり、巨大な不安を生じる。そこで、ヒエラルキーを基礎とする企業、そして市場を正当化するには、支配欲を考慮に入れる必要がある。経済的な動機に基づく効率的生産と支配欲とは、必ずしも結び付かないから、本章で検討してきたヒエラルキーや市場の正当化の議論は、支配欲の問題にまで及ばないのだ。そのため、企業と市場の裏に存在している支配欲を道徳的に評価し、検討することが課題として残る。

実のところ、民主主義の理念を前提として企業のヒエラルキーと市場とを正当化するためには、支配欲の存在は邪魔である。というのも、支配欲は市場を

38　これは、ロールズが説く「正義の義務（the duty of justice）」（ロールズ 2010、155 頁）であるともいえよう。詳しくはロールズ 2010、153-158 頁を参照。

拠点とし、経済的行為をその武器として、道徳的理念としての自由と平等への挑戦を引き起こすからだ。自らの理念・理想・判断によって生きることを、平等な社会構成員として、相互に尊重するという道徳的理念は、社会と他人を支配したり、その命運を握ったりすることへの享楽的欲求を満たすには、障害でしかない。そこで、この道徳的理念を無力化し打ち破ることは、支配欲に憑りつかれた人にとって重大な関心事となりえるのである。問題は、ヒエラルキーを秩序の核とする企業や市場が、この欲望を生み育む場所としても機能してしまうことである。人々の生活に豊かさをもたらす一方で、重要な道徳的理念を脅かす諸刃の剣になるのだ。だから、民主主義社会の市民にとって効率的生産とそれがもたらす豊かさが望ましいことを根拠に、企業のヒエラルキーと市場を道徳的に正当化するためには、同時に支配欲を排除することを明らかにしなくてはならない。さもなければ、根本的な矛盾を抱え込んでしまう。

2　支配欲の実態と脅威

　では具体的に、経済における支配欲の問題はどのような形をとるのだろうか。マーク・リーフ（Mark Reiff）の議論（Reiff 2015, chap. 5）を参照するならば、支配欲の問題がみられるのは、次のような経済的成功者の振る舞いにおいてである。経済的成功者には、第一に、政治を差し置いて、自らこそが経済の根本的あり方を決めたいという欲求がある。儲けそのものというよりも、社会の上に力を行使することが喜びのもとになるのである。このような人にとって、例えば失業のような経済上の問題が政治によって解決されると認めることは、自らの経済における役割が決定的ではないことを承認するに等しい。そこで、たとえ市民全員の経済的利益になる政策があったとしても、自らの力を維持するために、これに反対する。第二に、弱者を存在させることへの欲求がある。力を振るうには、その対象が必要だ。自らの命令に翻弄され、運命を握られる人が欲しいわけである。だから、経済的に弱い立場の人がいてくれないと困るのだ。そこで、またしても人々を平等に豊かにする政策には反対する。第三に、自己称賛のための道徳操作への欲求がある。道徳は、自由・平等・慈恵・自律・勤勉・努力といった様々な価値の上に成立している。そこで人物の適切な道徳的評価には、洗練された思考を必要とする（伝統的哲学教育が古典の習熟や批判的

思考を重視するのは、その表れだろう）。ところが、市場においては金銭の所有が称賛の対象になりやすいから、面倒な思考は経由せずに、金銭の所有と道徳が近似的にとらえられてしまう。つまり、金銭を所有しているなら勤勉であったに違いない、努力したに違いない、という単純な思考が成り立ちやすいのだ。これを利用すれば、道徳を操作することができる。経済的に成功した自らを有徳な人物として自己称賛する一方で、成功していない人々を不道徳な怠け者であるとか、非合理な思考の持ち主だと貶め、これらの人々を支配することを正当化するのである。リーフによれば、これは強者崇拝の文化そのものであり、かつて存在した貴族政への先祖返りを目論むような考え方なのである（cf. Reiff 2015, pp. 114-130）[39]。これは、すべての人に平等に尊ぶべき人格を認めるという、近代の民主主義が推し進めてきた思想の真逆である。

　もちろん、すべての経済的成功者がこのようなことをするわけではないし、特定の人物をあげて批判することが議論の目的でもない。リーフが導くものは、現状を理解するために必要な極端な例である。次の点が重要なのだ。すなわち、経済的な成功の階段を上るに従って、上記した支配欲は大なり小なり、誰もが持つ可能性があるということだ。市場参加者になった以上、経済的成功や金銭を道徳的美点と取り違えて自己称賛と弱者嫌悪に浸ったり、力の行使そのものに喜びを見出したり、自分より弱い立場の人に威張ったりすることへの欲求は、誰にでも起きうるのである。これは強者崇拝の文化を作る実践（practice）だ。このような実践が増加すれば、経済全体は道徳的に腐るし、強者崇拝の文化の中では、やがて本当の脅威も生じるだろう。その意味で、市場経済を道徳的観点から正当化し支持するなら、支配欲による行動は、まったく好ましいものではない。

　他方で、このような支配欲が経済を活性化させ、社会の豊かさを可能にしているのではないか、だからそれをむしろ促進すべきなのではないか、という反論もあるだろう。この反論によれば、経済が爆発的に成長するには、ギャンブルのようなビジネスが必要である。奇想天外な技術の開発や賭け事のような投資行動だ。このような桁違いのビジネスを始める人物は、金銭的報酬などというつまらないものではなく、世界を掌握したいとか、人々の人生を自分の思い

---

39 ｜ Halliday and Thrasher 2020 も参照。

のままに形作りたいとか、そのような支配欲によってこそ突き動かされる。投資家は、それに魅了される。こうして、多額の資金が集まり、未知の産業が発展する。だから、巨大な支配欲は経済の起爆剤なのであり、社会が豊かになるための必要悪なのだ、という議論だ[40]。

　この議論はそもそも的を外しているし、誰にとってもあまり合理的ではない。本章の議論の前提は、民主主義社会の重要な理念である、自由と平等を尊重することである。経済成長とそれがもたらす豊かさは、あくまでこの理念の枠組みと矛盾しないものである限りで望ましい。他方で、この理念と矛盾するなら、そこには、政治的退行現象が発生している疑いが濃厚に発生する。リーフの言うように、貴族政への先祖返りである（貴族政の時代には、豪華な宮殿が建てられ、学術と芸術が発展したから、人々の予想を超えたことが起きるのかもしれない[41]）。そこで、巨大な支配欲を擁護しようとする議論は、主張者の意図とは関係なく、その含意において極めて政治的である。それは、時計の針を逆に進めようという提案になってしまうのだ。かつての権威主義的な政治を望むのであれば、それも一つの立場ではある。だが、提案者がそのような社会において成功者でいられるか、さらには生存が安全であるかは不明だ。自由と平等が否定された社会は、敗者の人生と生命を重視しないからだ。今日ではよく知られた話だが、人は自分が成功する可能性を過剰に見込んでしまうという[42]。そうであれば、この点で、あまり合理的な提案だとは思えない[43]。これは、他人を出し抜きたいとか大儲けしたいという考えが経済にとって重要であることを完全に否定するものでもない。本章の議論は、より大きな金銭的報酬を目指した経済行動を否定しているのではないし、条件が揃えば、それは道徳的に重要でさえある。しかし、自由と平等という理念そのものと根本的に矛盾する議論は、受け入れる余地がないのだ。

40　これは、不確実状況下においての経済活動促進に関して、合理的計算を飛び越えるアニマル・スピリッツ（Animal Spirits）が必要であるという話とは異なる（ケインズ 2008、223-224 頁; Koppl 1991）。

41　もちろん、ジャン=ジャック・ルソー（Jean-Jacques Rousseau）にならっていえば、である（ルソー 1968）。

42　すでに人口に膾炙した話だと思うが、より専門的な心理学的知見については、広田 2009 等を参照せよ。Moore and Healy 2008 の概説も有益である。

43　では何が合理的かと問われれば、ロールズ的な問題に戻ることになる。これは興味深い問題だが、ここでは扱わない。関心のある読者は、小島 2004 等を参照されたい。

3 市場正当化論の射程

　先に、すべての人の仕事の質をまともにするのは、不安のない社会を作るという公的プロジェクトであると指摘した。人々を巨大な不安に陥れる支配欲の問題を考慮に入れると、このプロジェクトは、支配欲を排除しようという、自由と平等の理念によるより大きな法的・政治的プロジェクトの一部として完結させるべきことがわかる。支配欲の問題への対処は何より、自由と平等を根本的理念とする政治体制を確立するにあたって、最重要の課題であり続けてきた。それは、支配欲にさらされた多くの人々が歴史的に味わってきた辛酸をみれば明白である。これらの人々の人生は常に、様々な抑圧に対する不安の連続である。状況を改善するには、人々の地位を、モノのように支配されるだけの存在から自由かつ平等な人格としての市民に押し上げる、法的・政治的プロジェクトが必要であった。今日では、不十分ながらも、政治体制においては自由と平等の理念がその基礎に置かれ、憲法がそれを守っている。だが、企業と市場はそうではない。むしろ、不平等が拡大を続ければ、企業と市場は支配欲による抑圧のゆりかごにさえなりえるし、すでに成立した自由と平等の理念に基づく政治体制としての民主主義を揺るがす可能性も十分にある[44]。この意味で、上記のプロジェクトは未完成であると考えるべきであり、経済活動を通じた支配欲の問題に対処することはその喫緊の課題になりえるのである[45]。

　そこで、企業のヒエラルキーと市場の正当化を、効率的生産と豊かさに基づいて行う際には、この大きなプロジェクトを拡大するという視点を考慮に入れることが不可欠である。支配欲の問題が残る限り、企業も市場も、道徳的にみてどこか胡散臭いものであり続けるし、人々が持つ不安もまた、真剣に取り上げるに値するものであり続ける。それは、場合によっては生存さえ脅かされるという、根本的な不安を生じうるからである。多くの人にとって耐え難い不安の源泉になってしまえば、市場を中心とする経済体制が今のまま継続するとは、とても思えない。本書の目的は経済制度の詳細を論じることではないから、支

---

44 | エリザベス・アンダーソン（Elizabeth Anderson）が、近年の議論で、企業を「私的政府（private government）」（Anderson 2017, p. 6）と表現したことは、この点で実に適切である。
45 | もちろん、これは極めて単純化された理解である。理論的また歴史的観点からより深く学び、考えたい読者は、髙山 2024; ケリー 2023; シュクラー 2023; 山岡 2009 等を参照されたい。また Candler 2023 は、現代においてこのようなプロジェクトが持ちうる意味を考えるために有益である。

配欲を排除する方法は探求しない[46]。むしろそれは、自由な世界を自称してきた市場経済を真に堅固にしたいと願う人々が取り組むべき課題ではないか。もちろん、政府もまたその制度の根本において、支配欲により汚染されうるし、歴史をみれば本来危ういのは、政府の方であるともいえる。これを考慮すると、市場の道徳的質が上がれば上がるほど、それは政府に対する健全な対抗者になるとさえいえるだろう。もしそうであるなら、市場経済の強固な支持者にとって、支配欲を排除するという試みは十分に価値のあるものである。これと軌を一にして、効率的生産と自由・平等の理念とが強固に結び付いた市場経済は、不安の源泉であることをやめ、競争がすべての参加者を潤す、真の豊かさの源泉にさえなりえるのかもしれない[47]。だが、市場参加者がまともな社会を目指す努力を怠り、このような試みを一顧だにせず、それどころか軽蔑さえするというなら、今とは別の政治と経済の体制に取って代わられる可能性も、まったくないとはいえない[48]。

V　おわりに

　本章では、企業や市場がもたらす人生の先行きへの人々の不安を起点として、理想的な市場像や、その達成のために求められていることを検討した。効率性を求める今日の市場経済を前提として議論する限り、人々の不安のもとであるヒエラルキーや市場の「見えざる手」は残るから、すべての問題を解決することは難しい。ただし、人々に不安が残るにしても、それが許容されるためには、厳重な条件が課され、歯止めが欠けられることが必要なのである。それは、企業と政府の努力によって、人々の声が尊重され、また、分配的正義をはじめと

46　法・政治哲学では、ロールズの「財産私有型民主制（property-owning democracy）」（ロールズ 2004、241 頁）等が論じられている。詳しくはロールズ 2004、241–250 頁; 福間 2014; 齋藤・田中 2021 を参照。

47　これは、フセインが他所で考えた理想でもある。詳しくは Hussain 2020 を参照。

48　権力は政治的なものや経済的なものまで含め、いろいろだが、それらの特徴や関係、また関係する規範について考えることは、本書が扱うべき範囲を超えるので、ここで論じることはできない。法・政治哲学の観点からこの議論に進む手引きとしては、井上達夫 2017 を、またさらに進んでは、井上達夫 2003; 井上達夫 2016 を参照。なお、日本においても党派の別なく格差是正が叫ばれて久しいが、社会的文脈に対する冷静な理解なくしては、得るものなく終わるかもしれない。この点で、竹中・山本・濱本 2021 は有益である。

する道徳が可能な限り実現することである。そして、このような動きは、社会を不安のない場所にしようという法的・政治的プロジェクトの一部としてとらえられるべきであり、その成否を決するのは、市場参加者自身なのである。

謝　辞

　本書の執筆は、多くの方のお力添えによって実現したので、記して感謝したい。

　井上達夫先生には本書の執筆の機会を作っていただき、深く感謝申し上げる。筆者が井上先生にはじめてお会いしたのは、香港で開かれたワークショップだった。学術研究と民主主義の現実的諸問題とを巧みに架橋して熱弁を振るわれる姿が、鮮明に記憶に残っている。本書は、喫緊かつ困難な社会的問題と全身全霊で格闘される井上先生の姿勢にも通じるよう、実践的問題関心を中心に据えて構成した。

　筆者が University College London の博士課程に在籍した際の指導教員であった、Saladin Meckled-Garcia 先生は、一から研究方法を教えてくださった。Meckled-Garcia 先生は大変教育熱心で、ご多忙であっても、数時間にも及ぶ個人指導がしばしば行われた（課程の最終年度には、指導はほぼ毎週であった）。毎回、筆者の議論に対して、猛烈な批判の嵐が浴びせられるのだが、それに応答する中で、学術的な技法を学ぶことができた。Meckled-Garcia 先生の真摯な教育に、深く感謝したい。また、Meckled-Garcia 先生の下で共に学んだ、Chiara Cordelli 先生と Julio Montero 先生の友情にも、あわせて謝意を表したい。

　ご多忙のところ、本書の草稿に詳細なコメントを頂戴した遠藤知子先生、上條諒貴先生、近藤卓也先生、林田幸広先生、蛭田圭先生、山本健人先生にも深く感謝している。筆者が見落としていた点や勘違いしていた点、注意しておくべき点等を本当に細かく教えてくださった。大変ご活躍なさっている先生方ばかりで、有難いと同時に、お手数をおかけし申し訳ないという気持ちもある。諸先生方のコメントに応じて修正をしたおかげで、本書の質は大きく上がった。もちろん、本書に関するあらゆる問題の責任は筆者一人に帰属する。

　法哲学・政治哲学やその他の学術分野について、筆者の知的関心と研究の深化に多大な恩恵を与えてくださったのは、これまでに出会った多くの先生方である。学生時代以来お世話になっている諸先生方、特にゼミの恩師である鷲見

誠一先生をはじめ、田上雅徳先生、堤林剣先生、萩原能久先生（故人）、川添美央子先生、藤田潤一郎先生、松元雅和先生、川上洋平先生、沼尾恵先生、原田健二朗先生、古田拓也先生、輪湖美帆先生には、様々な折に激励のお言葉や御支援、御指導をいただいてきた。非常に感謝している。そのほかにも、井上彰先生、上原賢司先生、宇佐美誠先生、加藤晋先生、岸見太一先生、福間聡先生、田畑真一先生、森村進先生、児玉聡先生、杉田敦先生、齋藤純一先生、佐野亘先生、田中将人先生、成田大起先生、西﨑純代先生、広瀬巌先生、藤田泰昌先生、谷澤正嗣先生、山岡龍一先生、Michael Freeman 先生、Louis-Philippe Hodgson 先生、Martin O'Neill 先生、Tom Parr 先生、Lucas Stanczyk 先生、Lasse Thomassen 先生、Albert Weale 先生など、数多くの高名な先生方と交流する中で、筆者は自らの研究を省みて、大きく視野を広げることができた。さらに、石田柊先生、押谷健先生、宮本雅也先生、阿部崇史先生、榊原清玄さん、辻悠佑さんといった進取の研究が注目される方々からも、大きな刺激をいただいてきた。出会いの有難さをかみしめつつ、ご厚情の数々に心より御礼申し上げたい。特に、山岡龍一先生とともに放送大学の講義に携わったことは貴重な経験だった。教材作成について職員の方々から貴重なお話をうかがう機会があり、研究者と一般読者とでは、読み方や理解の仕方に違いがあることを学んだ。これは、本書を作成する上でも非常に参考になった。

　中村英樹法学部長、田代洋久政策科学科長、重松博之先生、申東愛先生、狭間直樹先生、樋原真二先生、横山麻季子先生をはじめ、筆者が奉職する北九州市立大学・法学部の先生方や大学職員の皆様、また、ご退職された小野憲昭先生、小池順一先生、田村慶子先生にも、これまで御支援をいただいてきたことに感謝したい。互いに敬意を持って自由に意見を交わせる、非常に風通しの良い職場を作り上げてこられたのは、諸先生方のご努力の賜物であると思う。これだけでも十分有難いが、職場には石松一仁先生、黒石啓太先生、澁谷壮紀先生、水野陽一先生、吉田舞先生を筆頭に気鋭の研究者が多く、筆者はいつも活発な議論に触発されている。さらに、現在は転籍されたが、石塚壮太郎先生、中井遼先生、秦正樹先生、濱本真輔先生、堀澤明生先生、山口亮介先生からも、同僚として多くを学んだ。現在も活発な交流を続けてくださっていることに感謝する。

北九州市立大学・2019年度・特別研究推進費によって行われた研究（「企業が持つべき政治的インパクトに関する規範的研究」）は、本書の執筆の重要な基礎となった。同大学の御支援に深謝したい。

　北九州市立大学の学生、特にゼミの学生から学んだことも非常に多く、大変感謝している。筆者は、東京とロンドンのごく狭い文化圏における体験から、正義を論じるにはジョン・ロールズの思想のようなものが適切だろうと思い込んでいた。しかし、そのような考えはまったく通用しないということを、ゼミで学生と議論する中で思い知った。ゼミ生の政治哲学への興味は様々で、人生経験もいろいろである。そして何より、日本の地方都市や過疎地における政治・経済・教育、そして社会の現実を、実体験からよく知っている。ゼミ生の鋭い指摘や厳しい批判、また、納得のいかない表情を見て、考えを改めさせられることも多かった。こうして学んだことが、本書にも反映されていると思う。なお、自分のゼミ生がじっくり読んで、大まかにわかるかどうかを一つの基準にして、本書は執筆されている。

　株式会社弘文堂と、編集を担当された北川陽子さんには、脱稿を大変お待たせしたことをお詫びしつつ、執筆の時間を十分与えてくださったことに深く感謝申し上げる。実は、本書は、日本の社会制度をより意識したものにする予定だったのだが、近年の法改正で制度が目まぐるしく変わってしまうので、結局それを諦め、方針を途中で大転換した。研究のやり直しが多く、非常に難儀であった。とはいえ、遅れは筆者の怠惰と無能によるものであることを言い訳するつもりはない。

　そのほかにも、いろいろな形で筆者を支えてくださった方々がいる。お名前をあげるときりがないのでそうしないが、深く感謝している（また、10年間にわたり筆者の研究活動における愚痴を聞いてくれた大学猫のおサビにも、「ありがとう」と言いたい）。

　最後に、学術の道に進むことを許してくれた筆者の両親と、姉に感謝したい。父・佑好は戦前の生まれですでに他界したが、東京の老舗ホテルでベッドメイキングから仕事を始め、筆者が成長した頃には役員をしていたので、日本経済や企業と組合、また雇用における差別防止等の話をよくしてくれた。これは、筆者自身の社会観が形成される上で大きな意味があったと思う。母・幸子は最

近、体調を崩し、筆者も世話に携わることになった。その中で、ケアの重要性やジェンダーの問題、また、高齢者の社会参加に関する課題等について、当事者として新たに気づくことが多かった。親が授けてくれる教育とは、まさに生きることの全体を通じてなのだという有難さを感じている。形になるのはずっと先だが、研究の幅を広げ、ここからの学びを社会に還元したいと思う。姉・万伊子は、東京の母を支え、筆者が本書の完成に集中できるようにしてくれた。

　最後に、個人的な話をお許しいただきたい。筆者の父が勤務していたホテルは、バブル経済崩壊後の不況から大きな影響を受けた。ホテルの前には有名な公園がある。筆者が高校生の時に、父の勤務先近くのレストランで食事をした後、その公園を散歩する機会があった。その際に父は、「従業員を守るため、自分も大きな覚悟をしなければならないかもしれない、そうなると家族には大変な迷惑をかけるが、それでもよいか」と聞いてきた。筆者は、従業員とその家族の人生を優先するという父の考えをそれとなく知っていたし、また、母も姉も賛成することは明らかだったので、「それでよいと思う」と答えた。父は微笑んでいた。難局は無事に乗り越えたようだが、この時筆者は、華やかにさえ見える市場経済の裏に別の顔があることを知った。「仕事の正義」を問うことは、この時からすでに筆者が漠然と意識していたことなのかもしれない。

　父と母に本書を捧げたい。

　2025 年 1 月

　　　　　　　　　　　　　　　　　　大澤　津

参考文献

(参考文献は、（著者名　発行年：ページ数）で表示している）

〈日本語文献〉

アトキンソン、アンソニー・B　2015、『21 世紀の不平等』山形浩生・森本正史訳、東洋経
　　済新報社。

有江大介　1994、『労働と正義——その経済学史的検討〔新装版〕』創風社。

アリストテレス　2002、『ニコマコス倫理学』朴一功訳、京都大学学術出版会。

井上彰　2017、『正義・平等・責任——平等主義的正義論の新たなる展開』岩波書店。

——　2022、「概念分析」山岡龍一・大澤津編『現実と向き合う政治理論』放送大学教育振
　　興会、160-177 頁。

井上達夫　2003、『法という企て』東京大学出版会。

——　2007、「憲法の公共性はいかにして可能か」同編『岩波講座 憲法 1　立憲主義の哲学
　　的問題地平』岩波書店、301-332 頁。

——　2016、「正義、法、そして立憲民主主義」『山形大学法政論叢』65 号 43-88 頁。

——　2017、『自由の秩序——リベラリズムの法哲学講義』岩波書店。

上枝美典　2020、『現代認識論入門——ゲティア問題から徳認識論まで』勁草書房。

宇佐美誠・児玉聡・井上彰・松元雅和　2019、『正義論——ベーシックスからフロンティア
　　まで』法律文化社。

ヴァース、ベルント　2013、「ドイツにおける企業レベルの従業員代表制度」仲埼訳、『日本
　　労働研究雑誌』630 号 13-25 頁。

ヴァリアン、ハル・R　2015、『入門 ミクロ経済学〔原著第 9 版〕』佐藤隆三監訳、勁草書
　　房。

ウルフ、ジョナサン　2016、『「正しい政策」がないならどうすべきか——政策のための哲
　　学』大澤津・原田健二朗訳、勁草書房。

エルスター、ヤン　2018、『酸っぱい葡萄——合理性の転覆について』玉手慎太郎訳、勁草
　　書房。

大澤津　2021、「規範の役割」佐野亘・山谷清志監修／佐野亘・松元雅和・大澤津著『政策
　　と規範』ミネルヴァ書房、137-154 頁。

大橋昭一　2020a、「現代ドイツ企業経営における労資共同決定方式の構想過程——『共同決
　　定法方式』の成立過程の研究(1)」『経済理論』401 号 37-52 頁。

——　2020b、「現代ドイツ企業経営における労資共同決定方式の確立過程——『共同決定
　　法方式』の成立過程の研究(2)」『経済理論』402=403 号 1 -19 頁。

亀本洋　2011、『法哲学』成文堂。

——　2015、『ロールズとデザート——現代正義論の一断面』成文堂。

神取道宏　2014、『ミクロ経済学の力』日本評論社。

菊澤研宗　2016、『組織の経済学入門——新制度派経済学アプローチ〔改訂版〕』有斐閣。

岸見太一　2021、「外国人一時的労働者受け入れ制度の政治理論——M・ルースの正当化論
　　の批判的検討」『年報政治学』72 巻 2 号 185-208 頁。

―― 2023、「許可なく暮らすことは悪いことなのか―― 政治理論から入管政策を考える」岸見太一・髙谷幸・稲葉奈々子『入管を問う―― 現代日本における移民の収容と抵抗』人文書院、215-257 頁。

キムリッカ、ウィル　2005、『新版　現代政治理論』千葉眞・岡崎晴輝訳、日本経済評論社。

ケインズ、ジョン・メイナード　2008、『雇用、利子、および貨幣の一般理論(上)』間宮陽介訳、岩波書店。

ケリー、ポール　2023、『リベラリズム―― リベラルな平等主義を擁護して』佐藤正志・山岡龍一・隠岐理貴・石川涼子・田中将人・森達也訳、新評論。

グレーバー、デヴィッド　2020、『ブルシット・ジョブ―― クソどうでもいい仕事の理論』酒井隆史・芳賀達彦・森田和樹訳、岩波書店。

コース、ロナルド・H　1992、『企業、市場、法』宮沢健一・後藤晃・藤垣芳文訳、東洋経済新報社。

小島寛之　2004、『確率的発想法―― 数学を日常に活かす』日本放送出版協会。

齋藤純一　2018、「政治思想史におけるロールズ―― 政治社会の安定性という観点から」井上彰編『ロールズを読む』ナカニシヤ出版、181-203 頁。

齋藤純一・田中将人　2021、『ジョン・ロールズ―― 社会正義の探究者』中央公論新社。

齋藤純一・谷澤正嗣　2023、『公共哲学入門―― 自由と複数性のある社会のために』NHK出版。

坂井豊貴　2017、『ミクロ経済学入門の入門』岩波書店。

サンデル、マイケル　2021、『実力も運のうち―― 能力主義は正義か？』鬼澤忍訳、早川書房。

シュクラー、ジュディス　2023、『不正義とは何か』川上洋平・沼尾恵・松元雅和訳、岩波書店。

スウィフト、アダム／ホワイト、スチュアート　2011、「政治理論、社会科学、そして現実政治」大澤津訳、デイヴィッド・レオポルド／マーク・スティアーズ編著『政治理論入門―― 方法とアプローチ』山岡龍一・松元雅和監訳、慶應義塾大学出版会、69-98 頁。

スタイナー、ヒレル　2016、『権利論―― レフト・リバタリアニズム宣言』浅野幸治訳、新教出版社。

セン、アマルティア　2000、『自由と経済開発』石塚雅彦訳、日本経済新聞出版社。

瀧川裕英編　2016、『問いかける法哲学』法律文化社。

――編　2024、『もっと問いかける法哲学』法律文化社。

武田晴人　2008、『日本人の経済観念―― 歴史に見る異端と普遍』岩波書店。

竹中佳彦・山本英弘・濱本真輔編　2021、『現代日本のエリートの平等観―― 社会的格差と政治権力』明石書店。

田中正司　1988、『アダム・スミスの自然法学―― スコットランド啓蒙と経済学の生誕』御茶の水書房。

田中将人　2017、『ロールズの政治哲学―― 差異の神義論＝正義論』風行社。

髙山裕二　2024、『憲法から読む政治思想史〔新版〕』有斐閣。

陳浩　2011、「ドイツのコーポレート・ガバナンスの変容と監査役会改革の課題」『立命館国際研究』24 巻 2 号 547-574 頁。

ドゥウォーキン、ロナルド　2001、『権利論Ⅱ』小林公訳、木鐸社。

成田大起　2023、『「批判」の政治理論――ハーバーマスとホネットにおける批判の方法論』勁草書房。

新村聡　1994、『経済学の成立――アダム・スミスと近代自然法学』御茶の水書房。

―　2011、「アダム・スミスにおける貧困と福祉の思想――高賃金の経済と国家の政策責任」小峯敦編著『経済思想のなかの貧困・福祉――近現代の日英における「経世済民」論』ミネルヴァ書房、34-63頁。

ハーシュマン、アルバート・O　2005、『離脱・発言・忠誠――企業・組織・国家における衰退への反応』矢野修一訳、ミネルヴァ書房。

バーリン、アイザイア　1971、『自由論2』生松敬三・小川晃一・小池銈訳、みすず書房。

橋本努　2021、『消費ミニマリズムの倫理と脱資本主義の精神』筑摩書房。

ハンズマン、ヘンリー　2019、『企業所有論――組織の所有アプローチ』米山高生訳、慶應義塾大学出版会。

広田すみれ　2009、「リスク性を測る」海保博之監修／坂上貴之編『朝倉実践心理学講座1　意思決定と経済の心理学』朝倉書店、104-124頁。

ファインバーグ、ジョエル　2018、「正義と人のデザート（報いに値すること）」嶋津格訳、嶋津格・飯田亘之編集・監訳『倫理学と法学の架橋――ファインバーグ論文選』東信堂、117-146頁。

フーコー、ミシェル　2020、『監獄の誕生――監視と処罰〔新装版〕』田村俶訳、新潮社。

福沢諭吉　1995、『文明論之概略』松沢弘陽校注、岩波書店。

福間聡　2014、『「格差の時代」の労働論――ジョン・ロールズ『正義論』を読み直す』現代書館。

フレイザー、ナンシー／ホネット、アクセル　2012、『再配分か承認か？――政治・哲学論争』加藤泰史監訳、法政大学出版局。

ペイトマン、キャロル　1977、『参加と民主主義理論』寄本勝美訳、早稲田大学出版部。

ブランシャール、オリヴィエ／ロドリック、ダニ編　2022、『格差と闘え――政府の役割を再検討する』月谷真紀訳／吉原直毅解説、慶應義塾大学出版会。

前田泰伸　2019、「TFP（全要素生産性）に関する一試論――経済マクロモデルによる実験的シミュレーションも含めて」『経済のプリズム』183号10-27頁。

正井章筰　2023、『ドイツにおける労働者の共同決定――歴史と制度』尾形祥・菊田秀雄・内藤裕貴補訂、早稲田大学出版部。

松尾隆佑　2021a、「民主的企業統治の擁護――共和主義的諸構想からステークホルダー・デモクラシーへ」『法と哲学』7号145-171頁。

―　2021b、「企業の政治理論はいかにして可能か――Abraham A Singer, *The Form of the Firm: A Normative Political Theory of the Corporation* (Oxford University Press, 2019) を読む」『政治思想学会会報』52号1-3頁。

松元雅和　2015、『応用政治哲学――方法論の探究』風行社。

メイヤー、コリン　2021、『株式会社規範のコペルニクス的転回――脱・株主ファーストの生存戦略』宮島英昭監訳／清水真人・河西卓弥訳、東洋経済新報社。

宮川努　2018、『生産性とは何か――日本経済の活力を問い直す』筑摩書房。

宮島英昭　2021、「監訳者あとがき」コリン・メイヤー『株式会社規範のコペルニクス的転回——脱・株主ファーストの生存戦略』宮島英昭監訳／清水真人・河西卓弥訳、東洋経済新報社、431-457頁。

宮本雅也　2018、「安定性から読み解くロールズの転回問題」井上彰編『ロールズを読む』ナカニシヤ出版、50-72頁。

ミラー、デイヴィッド　2019、『はじめての政治哲学』山岡龍一・森達也訳、岩波書店。

ミル、ジョン・スチュアート　1961、『経済学原理(四)』末永茂喜訳、岩波書店。

――　2019、『代議制統治論』関口正司訳、岩波書店。

――　2020、『自由論』関口正司訳、岩波書店。

ミルグロム、ポール／ロバーツ、ジョン　1997、『組織の経済学』奥野正寛・伊藤秀史・今井晴雄・西村理・八木甫訳、NTT出版。

森川正之　2018、『生産性——誤解と真実』日本経済新聞出版社。

ルソー、ジャン=ジャック　1968、『学問芸術論』前川貞次郎訳、岩波書店。

――　2008、『社会契約論／ジュネーヴ草稿』中山元訳、光文社。

ロールズ、ジョン　2004、『公正としての正義 再説』エリン・ケリー編／田中成明・亀本洋・平井亮輔訳、岩波書店。

――　2010、『正義論〔改訂版〕』山本隆史・福間聡・神島裕子訳、紀伊国屋書店。

――　2022、『政治的リベラリズム〔増補版〕』神島裕子・福間聡訳／川上隆史解説、筑摩書房。

山岡龍一　2009、『西洋政治理論の伝統』放送大学教育振興会。

山崎敏夫　2009、「ドイツの労資共同決定制度とその現実的機能」『同志社商学』60巻5＝6号46-85頁。

山中優　2007、『ハイエクの政治思想——市場秩序にひそむ人間の苦境』勁草書房。

〈外国語文献〉

Arnold, N. Scott 1987, 'Why Profits Are Deserved', *Ethics* 97(2), pp. 387-402.

Anderson, Elizabeth 1993, *Values in Ethics and Economics*, Harvard University Press.

―― 2017, *Private Government: How Employers Rule Our Lives (and Why We Don't Talk about It)*, Princeton University Press.

Baehr, Jason S. 2004, 'Virtue Epistemology', *Internet Encyclopedia of Philosophy* 〈https://iep.utm.edu/virtue-epistemology/〉.

Baier, Annette 1986, 'Trust and Antitrust', *Ethics* 96(2), pp. 231-260.

Baptist, Edward E. 2014, *The Half Has Never Been Told: Slavery and the Making of American Capitalism*, Basic Books.

Becker, Lawrence C. 1986, *Reciprocity*, Routledge.

Boyer, Robert 2021, 'Joining a Century-long Process or Imagining a Revolution?', *Socio-Economic Review* 19(3), pp. 1201-1207.

Candler, Daniel 2023, *Free and Equal: What Would a Fair Society Look Like?*, Allen Lane.

Cohen, Gerald A. 2000, *Karl Marx's Theory of History: A Defence* (Expanded Edition), Princeton University Press.

—— 2008, *Rescuing Justice and Equality*, Harvard University Press.

Dammann, Jens and Eidenmüller, Horst 2021, 'Codetermination: a Poor Fit for U.S. Corporations', *Columbia Business Law Review* 2020(3), pp. 870–941.

Doellgast, Virginia 2021, 'Labor Power and Solidarity in Economic Bicameralism', *Socio-Economic Review* 19(3), pp. 1207–1211.

Elegido, Juan M. 2015, 'The Just Price as the Price Obtainable in an Open Market', *Journal of Business Ethics* 130(3), pp. 557–572.

Estlund, David and Landemore, Hélène 2018, 'The Epistemic Value of Democratic Deliberation', in Andre Bächtiger, John S. Dryzek, Jane Mansbridge, and Mark Warren (eds.), *The Oxford Handbook of Deliberative Democracy*, Oxford University Press, pp. 113–131.

Feldman, Fred 2016, *Distributive Justice: Getting What We Deserve from Our Country*, Oxford University Press.

Ferreras, Isabelle 2017, *Firms as Political Entities: Saving Democracy through Economic Bicameralism*, Cambridge University Press.

FitzRoy, Felix and Kraft, Kornelius 2005, 'Co-Determination, Efficiency, and Productivity', *British Journal of Industrial Relations* 43(2), pp. 233–247.

Gaus, Gerald F. 2003, *Contemporary Theories of Liberalism: Public Reason as a Post-Enlightenment Project*, Sage.

—— 2010, *The Order of Public Reason: A Theory of Freedom and Morality in a Diverse and Bounded World*, Cambridge University Press.

Goodin, Robert E., Rice, James Mahmud, Parpo, Antti, Eriksson, Lina 2008, *Discretionary Time: A New Measure of Freedom*, Cambridge University Press.

Gourevitch, Alexander 2015, *From Slavery to the Cooperative Commonwealth: Labor and Republican Liberty in the Nineteenth Century*, Cambridge University Press.

Guinan, Joe and O'Neill, Martin 2019, *The Case for Community Wealth Building*, Polity Press.

Halliday, Daniel 2018, *The Inheritance of Wealth: Justice, Equality, and the Right to Bequeath*, Oxford University Press.

—— 2020, 'The Form of the Firm: A Normative Political Theory of the Corporation, Abraham Singer. Oxford University Press, 2019, xii + 296 pages', *Economics & Philosophy* 36(3), pp. 465–471.

Halliday, Daniel and Thrasher, John 2020, *The Ethics of Capitalism: An Introduction*, Oxford University Press.

Hardin, Russell 2002, *Trust and Trustworthiness*, Russell Sage Foundation.

Hart, H. L. A. 1955, 'Are There Any Natural Rights?', *The Philosophical Review* 64(2), pp. 175–191.

Hawley, Katherine 2019, *How to Be Trustworthy*, Oxford University Press.

Hayden, Grant M. and Bodie, Matthew T. 2021, 'Codetermination in Theory and Practice', *Florida Law Review* 73(2), pp. 321–358.

Heath, Joseph 2011, 'Business Ethics and the "End of History" in Corporate Law', *Journal of Business Ethics* 102(Suppl 1), pp. 5–20.

Herzog, Lisa 2013, *Inventing the Market: Smith, Hegel, & Political Theory*, Oxford University Press.

—— 2015, 'Capitalism, but Better? Mark R. Reiff: Exploitation and Economic Justice in the Liberal Capitalist State. Oxford: Oxford University Press, 2013, 368 pp', *Res Publica* 21 (1), pp. 99–103.

—— 2018, *Reclaiming the System: Moral Responsibility, Divided Labour, and the Role of Organizations in Society*, Oxford University Press.

Holtug, Nils 2021, *The Politics of Social Cohesion: Immigration, Community, and Justice*, Oxford University Press.

Hsieh, Nien-hê 2000, 'Moral Desert, Fairness and Legitimate Expectations in the Market', *The Journal of Political Philosophy* 8(1), pp. 91–114.

Hussain, Waheed 2020, 'Pitting People against Each Other', *Philosophy & Public Affairs* 48 (1), pp. 79–113.

—— 2023, Arthur Ripstein and Nicholas Vrousalis (eds.), *Living with the Invisible Hand: Markets, Corporations, and Human Freedom*, Oxford University Press.

Janssen-Lauret, Frederique 2021, 'Anti-essentialism, modal relativity, and alternative material-origin counterfactuals', *Synthese* 199, pp. 8379–8398.

Kinghorn, Kevin 2021, *The Nature of Desert Claims: Rethinking What it Means to Get One's Due*, Cambridge University Press.

Koppl, Roger 1991, 'Retrospectives: Animal Spirits', *Journal of Economic Perspectives* 5(3), pp. 203–210.

Kristjánsson, Kristján 2005, *Justice and Desert-Based Emotions*, Routledge.

Kwok, Chi 2022, 'Abraham A. Singer: *The Form of the Firm: A Normative Political Theory of the Corporation*', *Res Publica* 28(2), pp. 401–406.

Landemore, Hélène and Ferreras, Isabelle 2016, 'In Defense of Workplace Democracy: Towards a Justification of the Firm–State Analogy', *Political Theory* 44(1), pp. 53–81.

Lister, Andrew 2019, 'The Form of the Firm: A Normative Political Theory of the Corporation. By Abraham A. Singer. New York: Oxford University Press, 2018. 296p. $74.00 cloth.', *Perspectives on Politics* 17(3), pp. 860–861.

Mankiw, N. Gregory 2010, 'Spreading the Wealth Around: Reflections Inspired by Joe the Plumber', *Eastern Economic Journal* 36(3), pp. 285–298.

Maskivker, Julia 2012, *Self-Realization and Justice: A Liberal-Perfectionist Defense of the Right to Freedom from Employment*, Routledge.

McCloskey, Deirdre N. 2006, *The Bourgeois Virtues: Ethics for an Age of Commerce*, University of Chicago Press.

McLeod, Owen 1999, 'Introduction', in Louis P. Pojman and Owen McLeod (eds.), *What Do We Deserve: A Reader on Justice and Desert*, Oxford University Press, pp. 61–69.

Miller, David 1976, *Social Justice*, Oxford University Press.

―― 1999, *Principles of Social Justice,* Harvard University Press.

Moore, Don A. and Healy, Paul J. 2008, 'The Trouble with Overconfidence', *Psychological Review* 115(2), pp. 502–517.

Mulligan, Thomas 2018, *Justice and the Meritocratic State,* Routledge.

Napoletano, Toby 2023, 'Can Essentiality of Origin Save Meritocracy from the Luck Objection?', *Philosophia* 51, pp. 883–895.

Olsaretti, Serena 2003, 'Introduction: Debating Desert and Justice', in Serena Olsaretti (ed.), *Desert and Justice,* Oxford University Press, pp. 1–24.

Osawa, Shin 2022, 'Social Promotion of Meaningful Work as a Project of Democratising Society: A Liberal Perfectionist View', *Social Theory and Practice* 48(2), pp. 331–355.

Pack, Spencer J. 2017, 'Reflections on the Systems of Smith and Hegel inspired by Lisa Herzog's *Inventing the Market: Smith, Hegel and Political Theory*', *The Adam Smith Review* 10, pp. 168–178.

Parr, Tom 2024, 'In Cash We Trust?', *Journal of Applied Philosophy* 41(2), pp. 251–266.

Pettit, Philip 1997, *Republicanism: A Theory of Freedom and Government,* Oxford University Press.

Preiss, Joshua 2021, *Just Work for All: The American Dream in the 21st Century,* Routledge.

Rawls, John 1971, *A Thery of Justice,* The Belknap Press of Harvard University Press.

Rebérioux, Antoine 2021, 'Worker Involvement in Decision-Making: Bicameralism, Codetermination and Co-management', *Socio-Economic Review* 19(3), pp. 1211–1215.

Reiff, Mark R. 2013, *Exploitation and Economic Justice in the Liberal Capitalist State,* Oxford University Press.

―― 2015, *On Unemployment, Volume II: Achieving Economic Justice after the Great Recession,* Palgrave Macmillan.

Rose, Julie L. 2016, *Free Time,* Princeton University Press.

―― 2017, 'Justice and the Resource of Time: a Reply to Goodin, Terlazzo, von Platz, Stanczyk, and Lim', *Law, Ethics and Philosophy* 5, pp. 105–121.

Sadurski, Wojciech 1985, *Giving Desert Its Due: Social Justice and Legal Theory,* D. Reidel Publishing Company.

Scanlon, Thomas M. 1998, *What We Owe to Each Other,* The Belknap Press of Harvard University Press.

Schmidtz, David 2006, *Elements of Justice,* Cambridge University Press.

Shapiro, Daniel 2015, 'On N. Scott Arnold's "Why Profits Are Deserved"', *Ethics* 125(4), pp. 1168–1170.

Sheffrin, Steven M. 2013, *Tax Fairness and Folk Justice,* Cambridge University Press.

Sher, George 1987, *Desert,* Princeton University Press.

Singer, Abraham A. 2019, *The Form of the Firm: A Normative Political Theory of the Corporation,* Oxford University Press.

Stanczyk, Lucas 2017, 'Free Time and Economic Class', *Law, Ethics and Philosophy* 5, pp. 62–73.

Thomas, Alan 2017, *Republic of Equals: Predistribution and Property-Owning Democracy*, Oxford University Press.

Vallier, Kevin 2019, *Must Politics Be War?: Restoring Our Trust in the Open Society*, Oxford University Press.

——— 2020, *Trust in a Polarized Age*, Oxford University Press.

Veltman, Andrea 2016, *Meaningful Work*, Oxford University Press.

von Platz, Jeppe 2017, 'Free Time, Freedom, and Fairness', *Law, Ethics and Philosophy* 5, pp. 47–61.

Veneziani, Roberto 2015, 'Exploitation and Economic Justice in the Liberal Capitalist State. By Mark R. Reiff. Oxford: Oxford University Press. 2013. 372p. $100.', *Perspectives on Politics* 13(4), pp. 1137–1138.

Wertheimer, Alan 1996, *Exploitation*, Princeton University Press.

Williamson, Oliver E. 1985, *The Economic Institutions of Capitalism: Firms, Markets, Relational Contracting*, Free Press.

Wolf, Susan R. 2010, *Meaning in Life and Why It Matters*, Princeton University Press.

事項・人名索引

あ

アーノルド、スコット（Scott Arnold）………… 9
アイデンティティ……………………………… 33
アソシエーション…………………… 95, 97, 98
アニマル・スピリッツ……………………… 192
安全……………………………………………… 30
アンダーソン、エリザベス（Elizabeth Anderson）
………………………………………………… 193

い

遺伝的特徴……………………………………… 23
意味ある仕事………………… 114, 116, 117, 122
意味ある人生………………………………… 117

う

ウィリアムソン、オリヴァー（Oliver Williamson）
……………………………… 139, 157, 160
後ろ盾となる正義…………………………… 185
ウルフ、ジョナサン（Jonathan Wolff）…… 171
運………………………… 12, 22, 23, 32, 51

か

介護……………………………………………… 93
価格………………………………………… 14, 15
　　正しい――………………………… 43, 47
価格メカニズム………………… 50, 158, 160
株主…………………………………………… 127
カント主義………………………… 151, 175
関連原理……………………………… 20, 32

き

機会主義………………………………… 160, 161
機会の平等………………………………… 19, 166
企業………………119, 125–127, 143, 178, 185
　　――の道徳的努力………………………… 122
　　道徳的な――…………………………… 144
起業家………………………………………… 8
企業組織……………………… 161, 162, 164
　　不正なき――…………………………… 144
企業内部のルール……………………… 139
企業文化………………………………… 142, 147

技術革新………………………………………… 107

基礎的諸権利…………………………………… 63
基礎的道徳……………………………………… 137
基礎的必要…………………………… 81, 91
　　――を満たす社会の義務………………… 90
　　共同体への――………………………… 29
規範………………………… 156, 161, 162
　　――による生産性……………………… 162
　　民主主義的――………………… 162, 164
気ままさからの自由の原理…………… 84, 86
教育……………………………… 130, 131
強者崇拝…………………………………… 191
競争…………………………………………… 102
競争的市場…………………………………… 15
共同決定…………… 126, 178, 182, 183, 187
共同体への基礎的必要……………………… 29
共和主義…………………………………… 151
キングホーン、ケヴィン（Kevin Kinghorn）… 34
金銭的インセンティブ……………………… 162
金銭的利益………………………… 134, 135
勤勉さ………………………………………… 98
　　――の道徳………………………………… 74
勤労倫理…………………………………… 109

く

クリスチャンソン、クリスチャン
（Kristján Kristjánsson）………………… 26

け

経営者……………… 164, 167, 178, 183, 184
経済活動の選択肢…………………………… 174
経済成長……………………………………… 65
　　――の道徳的意義……………………… 108
経済的貢献…………………………………… 13
結社への権利………………………………… 64
権威主義……………………………………… 69
権力…………………………………………… 127

こ

公共的理由…………………………………… 60
　　――のリベラリズム………………… 59, 61
貢献………………………………… 8, 17, 73

高収入·································· 1, 12, 25
公正さ······························86, 135
公正な機会の平等····················· 20
公正な競争······························ 55
功績························· 2, 3, 31, 73
——の基礎····················· 3, 34, 37
構造改革································108
効率性················ 154, 156, 157, 163, 165,
　　　　168, 173, 175, 177, 178, 182
コーエン、ジェラルド（Gerald Cohen）···· 46, 123
コース、ロナルド（Ronald Coase）···· 139, 157, 160
互恵性······ 44, 84, 86, 99, 100, 103, 161
——への不満····························104
互恵的な協力関係························161
子育て································· 93
コミュニケーション能力················102

さ

サービス業······························126
財産私有型民主制························194
最大労働時間··························· 96
最低賃金····························· 31, 47
サドゥルスキ、ウォーチェク（Wojciech Sadurski）
··································· 5

し

シェ、ニエン＝ヘ（Nien-hê Hsieh）················ 16
シェフリン、スティーブン（Steven Sheffrin）··· 17
自己裁量への権利····················· 64
自己実現··········· 78, 79, 82, 83, 88, 97
自己責任論····························· 40
事後的な救済························· 70, 71
仕事································· 91
——の正義····························i
意味ある—— ······· 114, 116, 117, 122
正しい—— ··························· 55
資産特殊性·····················160-162, 164
市場············· 9, 57, 172, 174, 176-179, 189, 194
——が持つべき徳性····················· 49
——に期待されるべき徳性··············· 51
——の道徳的存在意義··················· 54
——の目的··························· 11
——の利益··························187
——を支持する包括的な理由············178
——を信頼するための基礎···············181
競争的—— ··························· 15
市場価格····························· 16, 45

市場経済··············· iii, 48, 64, 69, 83, 151-153,
　　　　157, 172, 173, 175, 194
市場原理主義··························188
私生活································· 88
自尊心································· 70
実効的な自由の原理····················· 90
私的財産への権利····················· 64
支配欲····················· 155, 189, 193
資本主義·········· iii, 46, 64, 69, 123, 135, 144
——に内在的な道徳的変化···············145
資本主義社会····························· 47
資本提供者··············· 127, 128, 132, 134,
　　　　145, 178, 183, 184
市民································183
シャー、ジョージ（George Sher）················· 19
ジャーナリズム························179
社会主義····························· 65, 122
社会的関係の道徳的質··················· 36
社会的機会····························· 30
社会的義務························· 88, 100
社会的貢献························· 21, 25
社会的信頼························· 61, 62
社会的正義····························167
——の失敗··························166
社会的制度····························· 30
社会的負担····························· 5
社会的ルール········· 58, 62, 63, 66, 69, 71
社会保障··········· 65, 67, 69, 71, 73, 74
社会連帯································133
シャピロ、ダニエル（Daniel Shapiro）·············· 12
自由··············· i, 78, 81, 153, 154, 156,
　　　　162, 165, 173, 175, 176
従業員······ 128, 132, 134, 140, 167, 178, 183, 184
——への配慮··························164
自由時間························· 81, 91, 105
——の分配··························· 92
自由と平等に関する道徳上の損失········168
自由と平等への挑戦····················190
自由の犠牲····························107
主体性····················· 19, 153, 187
——の犠牲··························171
——の発揮··········· 154, 156, 167, 173
——への権利························· 64, 66
道徳的—— ·················139-141, 151
変革への—— ·············142, 146, 147
勝者総取り社会························· 53
消費者································122

209
事項・人名索引

情報不足…………………………………… 180, 184
職業選択の自由……………………………… 64, 95
職場………………………………………… 126, 127
職場民主主義……………………………………120
職場民主主義論…………………………………131
所得格差…………………………………………166
自律…………………………………… 19, 83, 151
シンガー、アブラハム（Abraham Singer）
……………………………… 154, 161-165, 169, 185
人工知能…………………………………………107
真実に基づく社会的関係……………………… 37
人生の目的………………………………………117
信頼……………………………………………… 57
信頼性……………………………………………176

す

スウィフト、アダム（Adam Swift）……………vii
スキャンロン、トマス（Thomas Scanlon）…… 85
スタンチック、ルーカス（Lucas Stanczyk）…… 109
スミス、アダム（Adam Smith）………… 49, 172
スミス的な秩序ある社会……………………… 53

せ

正義の義務………………………………………189
正義の原理……………………………………… 60
正義の失敗………………………………………165
生産活動に参加する義務……………………… 79
生産性…………………………………… 105, 107
政治的権利……………………………………… 30
政治的正義の失敗………………………………165
政治的な影響力…………………………………165
政治的な能力の欠如…………………… 180, 184
制度の功績…………………………………… 10, 12
政府………………… 146, 170, 179, 184, 185, 187
セン、アマルティア（Amartya Sen）…………110
潜在能力…………………………………………117
全体主義………………………………………… 69

そ

相続財産………………………………………… 55
組織文化…………………………………………142

た

怠惰さ…………………………………………… 73, 87
妥協……………………………………………… 18
正しい価格……………………………………… 43, 47
正しい交換価値………………………………… 46

正しい仕事……………………………………… 55
ただ乗り………………………… 84, 87, 161, 164
脱退…………………………………………… 143, 145

ち

知識………………………………………………140
知的能力…………………………………………102
中立性…………………………………… 118, 121

て

低収入…………………………… 40, 41, 59, 66, 68
低収入者………………………………………… 2, 33
　　――への配慮……………………………… 38
デジタル化……………………………………… 54
転職………………………………………………145

と

道徳………………………………………………156
　　勤勉さの――……………………………… 74
道徳的主体性…………………………… 139-141, 151
道徳的な企業……………………………………144
透明性…………………………………… 176, 178-180
徳認識論…………………………………………133
トリクルダウン…………………………………108
取引費用………………………………… 160, 161
努力…………………………………… 4, 6-8, 21
奴隷制…………………………………………… 48

に

二院制……………………………………………128
二院制企業……………………………… 128, 134, 135
認識的デモクラシー……………………………133

の

能力発揮………………………………………… 83

は

ハーシュマン、アルバート（Albert Hirschman）
…………………………………………………143
ハート、ハーバート（Herbert Hart）………… 84
ハイエク、フリードリヒ（Friedrich Hayek）
…………………………………………… 158, 176
発言…………………………………………… 143-145
ハラスメント……………………………………119
ハリデー、ダニエル（Daniel Halliday）………… 55
パレート基準……………………………………157
ハンズマン、ヘンリー（Henry Hansmann）……163

ひ

ヒエラルキー…………138, 159, 161, 164, 167, 189
非合理な利益追求………………………………… 47
ビジネスパーソン………………………………102
必要………………………………………………… 28
美徳………………………………… 26, 50, 51, 117
　　──への報酬……………………………… 49, 73
人への評価……………………………………… 33
費用……………………………………………… 45
平等……………………… i, 85, 153, 154, 156, 162, 165
平等主義…………………………… 65, 68, 70, 123
比例性…………………………… 13, 34, 35, 37
貧困…………………………………………56, 65, 73
　　──の改善……………………………………… 53

ふ

ヴァリア、ケヴィン（Kevin Vallier）
　　………………………… 59, 61-63, 65, 68, 73
フェルドマン、フレド（Fred Feldman）…… 29, 30
ヴェルトマン、アンドレア（Andrea Veltman）
　　……………………… 114, 116, 122, 145
フェレラス、イザベル（Isabelle Ferreras）
　　………………114, 125, 128, 129, 134, 183
フォン・プラッツ、イェッペ（Jeppe von Platz）
　　……………………………………………100
福澤諭吉…………………………………………… 75
福祉国家…………………………………65, 69, 72
侮辱…………………………………………125, 139
不正なき企業組織………………………………144
フセイン、ワヒード（Waheed Hussain）
　　……………………… 154, 172, 180, 181
プライス、ジョシュア（Joshua Preiss）…52, 68, 72
ヴルサリス、ニコラス（Nicholas Vrousalis）…172
分配的正義………………………………167, 178
　　──の失敗………………………………166

べ

ベイヤー、アネット（Anette Baier）…………… 58
ヘルツォグ、リサ（Lisa Herzog）… 49, 50, 68, 72,
　　114, 137, 139, 142, 144-146
変革への主体性………………… 142, 146, 147

ほ

補償…………………………………………… 5
ホワイト、スチュアート（Stuart White）………vii

ま

マスキヴカ、ジュリア（Julia Maskivker）
　　……………… 79, 82, 83, 85-87, 102, 106
マリガン、トマス（Thomas Mulligan）
　　…………………………… 18, 20, 21, 23
マルクス、カール（Karl Marx）………………… 46
マンキュー、グレゴリー（Gregory Mankiw）……2

み

ミドル・クラスの生活………………………… 55
ミラー、デイヴィッド（David Miller）……… 6, 14
ミル、ジョン・スチュアート（John Stuart Mill）
　　…………………………………………135
民主主義的規範………………………… 162, 164

や

役割……………………………………………143

り

リーフ、マーク（Mark Reiff）……… 43, 46, 68, 190
利己心…………………………………………162
リスター、アンドリュー（Andrew Lister）……169
理性…………………………………………181
理性発揮の拠点………………………… 182-184
利点…………………………………… 18, 21
リプスティン、アーサー（Arthur Ripstein）…172
リベラルな卓越主義…………………………151
理由提供への用意………………………………176

る

ルソー、ジャン＝ジャック
　　（Jean-Jacques Rousseau）……………… 123, 192

れ

レント……………………………………… 22, 24

ろ

労働運動………………………………… 122, 126
労働組合………………………………………178
労働者共同組合………………………………163
労働法…………………………………………126
ローズ、ジュリー（Julie Rose）……… 81, 89-92,
　　94-96, 99, 102, 106
ロールズ、ジョン（John Rawls）…… 59, 69, 79, 96,
　　123, 130, 185, 194

大澤　津（おおさわ　しん）

現　職　北九州市立大学法学部政策科学科教授
　　　　放送大学客員教授
1979 年　東京生まれ
2002 年　慶應義塾大学法学部政治学科卒業
2010 年　University College London, Department of Political Science/School of Public Policy にて博士課程を修了（PhD in Political Science, University of London）
主要著作　「ロールズ正義論と『意味ある仕事』」『法哲学年報 2012』（2013 年）、「正義と正統性はいかに関係すべきか――公共的理性のリベラリズムの批判的考察」『法哲学年報 2017』（2018 年）、『政策と規範』（佐野亘・松元雅和と共著、ミネルヴァ書房・2021 年）、『現実と向き合う政治理論』（山岡龍一と共編著、放送大学教育振興会・2022 年）、Social Promotion of Meaningful Work as a Project of Democratising Society: A Liberal Perfectionist View, *Social Theory and Practice* 48(2), (2022)

仕事の正義【法哲学叢書［第Ⅱ期］5】

2025（令和 7）年 3 月15日　初版 1 刷発行

著　者　大　澤　　　津
発行者　鯉　渕　友　南
発行所　株式会社　弘 文 堂　　　101-0062 東京都千代田区神田駿河台 1 の 7
　　　　　　　　　　　　　　　TEL 03(3294)4801　振 替 00120-6-53909
　　　　　　　　　　　　　　　https://www.koubundou.co.jp
装　丁　笠 井 亞 子
印　刷　三　陽　社
製　本　牧製本印刷

© 2025 Shin Osawa. Printed in Japan

JCOPY　〈(社)出版者著作権管理機構　委託出版物〉

本書の無断複写は著作権法上での例外を除き禁じられています。複写される場合は、そのつど事前に、(社)出版者著作権管理機構（電話 03-5244-5088、FAX 03-5244-5089、e-mail : info@jcopy.or.jp）の許諾を得てください。
また本書を代行業者等の第三者に依頼してスキャンやデジタル化することは、たとえ個人や家庭内での利用であっても一切認められておりません。

ISBN 978-4-335-30099-8

法哲学叢書　第Ⅱ期刊行にあたって

●現代社会における法のあり方をラディカルに問い直す法哲学の最前線！

　1990年に刊行開始した法哲学叢書は好評を博し、2016年に10巻目が上梓されるに至った。これを機に、執筆陣に若手中堅の気鋭の研究者を新たに加え、テーマにも新たな先端的課題を多く取り込んで、シリーズの刷新を図り、法哲学叢書第Ⅱ期として世に問う次第である。

　第Ⅱ期では、法制度・政治システムの批判的再編原理の構想に繋がる先端的問題が扱われるとともに、新たな法哲学的アプローチの可能性も検討される。これに加えて、グローバル化の進展により主権国家秩序が揺らぐ一方で、それへの反動が高まるという現代世界の新たな問題状況に関わるテーマにも意欲的に挑戦する。

　現代法哲学は、現代社会・現代世界の根本的にして先鋭な問題に切り込んで、自らの学問的地平を拡大深化させると同時に、実定法学・哲学・倫理学・政治学・経済学など関連領域との学際的フィードバックを促進している。このような現代法哲学の多彩な展開の現状と方向を、可能な限り広い読者層にわかりやすく示すのが、本叢書第Ⅰ期の企図であった。この企図を継承し、さらに果敢に遂行することが、第Ⅱ期において試みられる。

◆第Ⅰ期◆

新版 自由社会の法哲学[オンデマンド版]	桂木　隆夫	4500円
権利・価値・共同体	長谷川　晃	3689円
神と国家と人間と	長尾　龍一	2913円
合理的選択と契約	小林　公	3495円
法と比喩[オンデマンド版]	松浦　好治	3500円
財産権の理論	森村　進	3800円
現代社会と裁判[オンデマンド版]	田中　成明	4200円
現代人権論[オンデマンド版]	深田　三徳	6500円
自由の契約法理論	山田八千子	3500円
遵法責務論	横濱　竜也	3600円

◆第Ⅱ期◆

法多元主義—交錯する国家法と非国家法	浅野　有紀	3600円
関係の対等性と平等	森　悠一郎	4700円
国際法哲学の復権	郭　舜	4400円
国際移動の正義—リベラリズムと入国在留管理	浦山　聖子	4100円
仕事の正義	大澤　津	3900円
法秩序と集合的交換	鳥澤　円	
リスクの法哲学	若松　良樹	
税の正義	藤岡　大助	
多文化主義の法哲学	石山　文彦	
生と死の法理	奥田純一郎	
刑罰の法哲学	瀧川　裕英	
批判的民主主義	井上　達夫	

弘 文 堂

＊価格(税別)は2025年2月現在